레페스 심포지엄 03

종교로
평화 만들기

레페스 심포지엄 03

레페스포럼 기획

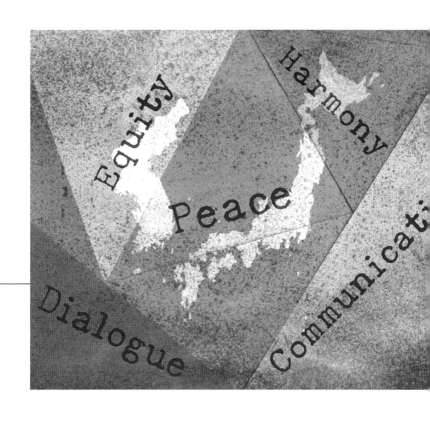

종교로
평화 만들기

반일과 혐한을 넘어

모시는사람들

종교가 평화이기 위하여, 레페스포럼의 짧은 역사

　종교와 평화의 세계를 각각 천착하다 보면 이 둘이 같은 곳을 향하는 다른 얼굴이라는 사실이 보인다. 가령 '이슬람'은 하나님(알라)의 뜻에 복종하는 데서 오는 평화이자 모든 피조물과의 조화라는 의미로 읽을 수 있다. 경험적 언어로 축약하면 '평화'이다. 그리스도교 '하느님 나라'의 구체적 내용도 '평화'로 번역할 수 있을 뿐만 아니라, 한국 신종교에서 말하는 '개벽'도 '적극적 평화'의 상태 내지는 과정과 상통한다. 불교적 이상세계인 '불국토'는 더 말할 나위 없다. 이들 이상세계를 구체화하려는 종교적 노력은 현실에서 폭력이 없는 상태를 만들어가려는 평화학적 추구와 내용과 형식에서 크게 다르지 않다. '평화학은 세속화한 시대의 신학'이며, 종교학과 평화학이 서로 보완하며 상생하면 '종교평화학'이 된다.

　레페스포럼(REligion & PEace Studies Forum)은 이름 그대로 종교와 평화의 상생을 도모하는 토론 모임이다. 2015년 창립한 이래 여러 종교적 세계관들이 평화의 이름으로 만나도록 학술적 토론을 해 왔다. 그 첫 결실이 『종교 안에서 종교를 넘어: 불자와 그리스도인의 대화』(2017)라는 단행본이다. 국내 최고의 불교와 그리스도교 전문가들이면서 서로에 대해 어지간히 이해하고 존중할 줄 아는 역량 있는 연구자들로 구성된 토론 팀이 1박 2일 합숙하며 불교와 그리스도교의 관계에 대해 심층 토론을 했다. 두 종교를 나누는 사상적 경계가 어디인지, 양쪽 세계관의 독특성은 무엇인지, 그 독특성이 서로 다르기만 한 것이 아니라 심층에서 상통하고 있다는 사실까지 깊이 있게 다룬 본격 솔직 토크였다. 이 정도 수준의 대화록은 지금까지 국내는 물론 해외에서도 거의 없었던 것 같다. 외적으로 상이한 듯한 두 종교의 심층적 상통성의 폭을 확장시키는 데 두고두고 기여할 책이다. 두 번째 결실은 『지속적 폭력과 간헐적 평화: 그 역전을 위한 종교적 대화』(2020)로 나타났다. 종교가 폭력 축소와 평화 구축에 기여하도록 종교와 폭력·국가·사회의 관계에 대해 토론했던 내용들을 몇몇 언론(에큐메니안과 가톨릭프레스)과 SNS를 통해 시민과 공유해왔다. 그 결과물을 수정 보완해 출판한 단행본이다.

책상 앞에 둘러앉아 토론한다고 해서 만연한 폭력을 일말이라도 줄일 수 있겠는지 토론자로서는 자괴감이 들기도 했다. '지속적 폭력과 간헐적 평화'는 강력한 폭력적 현실과 언어적 토론의 한계 같은 것을 담은 제목이었다. 하지만 평화가 간헐적으로만 보이는 듯해도, 그렇다고 해서 무력하거나 평화를 만들려는 일이 무의미한 것은 아니라는 것도 재확인했다. 그 간헐성이 견고해 보이는 폭력적 구조를 근저에서 흔드는 심층적 동력이기 때문이다.

인류의 평화운동은 끊어져 본 적이 없다. 현실이 아무리 엄혹해도 그것을 넘어서는 세계에 대한 상상과 움직임이 없었던 적은 없다. 평화가 표층적으로는 불연속적인 듯해도 심층적으로는 연속적이었다는 사실을 두 번째 책에 담으려 했다. 그렇게 반종교 혹은 무종교 시대에 종교의 가능성도 살리고자 했다.

레페스포럼에 일본 정토진종의 스님이자 원로 학자인 기타지마 기신(北島義信) 선생이 합류하면서 포럼은 한·일 양국 연구자 간 토론 모임으로 확장되었다. (선생은 인도-아프리카학 및 불교 전문가면서 뒤늦게 동학을 위시한 한국사상에 매료된 이후 한국어 공부도 열심히 하고 있다.) 한일 양국의 종교인들이 2019년 1월에 도쿄의 조치(上智)대학에서 포럼을 열었고, 8월에는 서울 대성사에서 "나는 왜 평화를 원하는가"를 주제로 심포지엄을 열었다. 다음 해 1월에는 쇼센지(正泉寺) 국제종교문화연구소(욧카이치 소재)에서 한일 학자들이 평화 관련 다양한 소재 하에 토론을 이어갔다. 자연스럽게 '아시아종교평화학회'의 설립으로 발전시키자는 의견이 모였고, 앞선 논의들을 토대로 2020년 여름 서울에서 정식으로 학회를 출범시킬 예정이었다.

아쉽게도 2020년 벽두부터 전 세계를 덮친 코로나19 팬데믹으로 학회의 출범은 잠시 유보되었지만, 그동안의 발표문들이 이번에 『종교로 평화 만들기: 반일과 혐한을 넘어』(2022)라는 제목으로 출판될 수 있었다. 향후 아시아종교평화학회가 더 풍성하게 출범할 수 있는 토대가 더 마련된 셈이다.

포럼의 참석자들은 평화의 길에 나서지 않는 종교는 종교라 할 수 없다는 데 동의했다. '평화가 폭력을 줄이는, 즉 감폭력의 과정'이라면, 종교인은 본질상 폭력을 줄이는 길에 나서지 않을 수 없는 존재이다. 폭력의 희생자가 겪는 아픔을 외면하는 것은 인간적 양심으로

도 불편하기 짝이 없는 일이기 때문이다. 폭력의 희생과 아픔에 대한 공감이야말로 종교인의 존재 이유이자 평화연구와 운동의 동력이다. 기타지마 선생이 이 책에서 소개하고 있는 『불설무량수경』의 법장보살 이야기는 그 대표적인 사례라고 할 수 있다. 고통받는 중생이 하나라도 남아 있는 한 결단코 성불하지 않겠다는 법장보살의 서원은 폭력의 희생에 대한 공감이 종교적 수행과 평화를 위한 실천의 근간이라는 사실을 보여주는 전형적인 사례이다. 이런 시각과 내용은 한일 양국의 불행한 역사를 성찰하는 데에도 반영되었다.

주지하다시피 누군가로 인해 생긴 상처는 가해자가 가해의 사실을 고백하고 피해자가 용서하면서 치유되기 시작한다. 일본인 학자들의 글에는 일본 제국주의가 행한 가해의 사실에 미안해하면서 그로 인한 피해자에게 사과의 마음을 전하는, 치유를 위한 학문의 길이 잘 담겨 있다.

물론 일본에는 옛 제국주의 시대를 그리워하는 이들이 여전히 많다. 이런 사실을 부끄러워하면서 오바타 분쇼(尾畑文正) 선생은 일본의 현주소를 다음과 같이 비판한다: "매스컴이 흘리고 있는 '혐한혐중(嫌韓嫌中)' 사상에 맹목적으로 휩쓸려 일찍이 천황제 국가체제 하에서 선전된 중국, 한반도에 대한 멸시 의식으로 두 나라를 가상의 적국으로 취급하고 자기를 정당화하며, 일본을 객관적으로 바라볼 수 있는 눈을 잃어버린 것이 우리 일본의 현실이다."(245쪽)

야마나시에이와대학의 홍이표 교수는 이러한 일본적 현실의 옛 상징이라고 할 수 있을 '팔굉일우(八紘一宇)'의 역사적 의미에 대해 비판적으로 소개하고 있다. 세계를 일본이라는 큰 우산 아래 있는 한 집처럼 간주하는 '팔굉일우' 사상은 군국주의 일본의 과거는 물론 그 현재적 영향력을 잘 보여준다. 홍 교수는 이러한 역사에 대한 비판적 반성이 평화로 이끄는 길임을 제시한다.

한일 관계에서 피해가 더 컸다고 해서 한국인에게 문제가 없는 것은 아니다. 일본의 역사와 문화를 이해하려는 노력을 제대로 하지 않은 채 반일 감정을 당연하게 여기며 언론에 등장하는 험한 분위기와 대결하는 자세만으로는 문제를 한 치도 해결할 수 없기 때문이다. 이 책의 한국인 필자들이 일본의 역사와 문화를 이해하면서 양국 간 접점을 늘려 가야 한다고 생각하는 것은 당연했다. 접점을 늘려가는 일은 거대한 이념과 사상에서만이 아니라 일상생활에서도 더욱 필요한 일이다.

이와 관련해 스님이면서도 일본에서 K-Pop 등 한국의 대중문화에 대해 강의하는 야마모토 조호(山本淨邦) 선생이 소개하는 부산 아미동 이야기는 시사하는 바가 적지 않다. 아미동의 일부는 일본인 공동묘지였던 터에 건설된 탓에 해방 전 일본인 비석이 그대로 주춧돌로 사용되는 일이 빈번했다. 부산 대성사의 주지 스님은 아무렇게나 한국인의 집터로 쓰이고 있는 비석의 옛 주인공들의 혼령을 위로함으로써 현 일본인에게도 감사의 마음을 불러일으킨다. 한일 간 공감대를 민간 차원에서 확대시키는 실질적인 사례라고 할 수 있다.

일본기독교단 목사인 가미야마 미나코(神山美奈子) 교수는 선교사를 꿈꾸며 20세기 전반에 미국에서 일본으로 귀화한 뒤 일본과 한국에 교회와 학교 등 대규모의 건축 설계를 했던 윌리엄 메렐 보리즈의 업적을 소개하면서 그가 추구했던 평화의 수준과 한계까지 보여준다. 이를 통해 천황제 하 일본 기독교인의 한국에 대한 이해가 어느 정도였는지 가늠하게 해준다.

지면의 제약 때문에 한국인 독자가 접근할 기회가 상대적으로 적은 일본 측 학자의 글을 중심으로 간단히 소개했지만, 한국인 필자들의 글에 대한 소개를 간략하나마 빠뜨릴 수 없다. 세속국가체제에서 종교가 어떻게 평화라는 공동선을 실현해 갈 수 있겠는지 가톨릭적 지혜를 중심으로 정리한 김용해 교수의 글, 손원영 교수가 부당한 해직사태를 겪으며 느낀 한국 개신교의 폭력적 현실과 그에 대한 대응으로 제시한 '개운사 종교평화 모델' 이야기, 한일 관계와 동아시아의 상황을 염두에 두고 일본 '비판불교'의 입장에서 평화 구축의 가능성에 대해 정리한 류제동 박사의 글, 진공묘유(眞空妙有)와 절대은(絶對恩)을 기반으로 하는 원불교의 영성을 소개하면서 한반도 평화의 가능성까지 모색한 원영상 교수의 글, 장정태 박사가 화쟁(和諍)을 중심으로 원효의 평화 사상에 대해 정리한 글, 차별을 둘 수 없는 '같은 것들'이 조화롭게 '같이' 울리도록 해야 한다는 내용을 불교적 시각에서 다룬 박연주 박사의 글, 한국인, 특히 한국 개신교인의 이슬람에 대한 오해와 편견을 바로잡으면서 이슬람의 본 모습에 대한 건실한 이해를 도모하는 이충범 교수의 글, 지구를 위험으로 몰아가고 있는 '인류세'에 종교는 어떻게 자연을 타자화하지 않고 평화의 길로 나아갈 수 있는지 모색하는 전철후 교무의 글, 한반도의 안보 상황을 다원주의적 관점에서 '안보다원주의'로 재해석하고 이를 '평화다원주의' 및 '종교다원주의'와 연결시키는 이찬수의 글 등, 무엇 하나 소중하지 않은 것이 없다. 이 모든 글에는 양적 확대를 도모하는 종단 중심적 종교가 아닌, 종교 본연의 정신과 가르침을 기반으로, 우열과 차별에 근거한 폭력적 현실을 극복하는 데 기여해야 한다는 선한 의도가 담겨 있다.

데라바야시 오사무(寺林脩) 선생이 현실을 직시하고 상대의 형편을 파악해 서로를 위한 길로 나서야 한다며 "있다·듣다·돕다·말하다·묻다"를 평화로 가는 다섯 키워드로 제시한 바 있는데, 이 키워드는 한일 양국이 서로를 대할 때도 꼭 필요한 자세가 아닐 수 없다. 있는 그대로의 너의 형편에 대해 듣고 묻고 말하고 돕는 자세야말로 평화 구축의 근간이다.

이 책에 담긴 열다섯 편 글의 제목과 소재는 다양하지만, 국적과 진영을 넘어 누군가의 아픔에 공감하는 자세를 근간으로 하고 있다는 점에서는 거의 같다. 지난 4년여 기간 동안 한국과 일본에서 했던 토론을 결집시키고 나니 감개무량하다. 일본인 독자를 위해 맨 뒤에 모든 글의 일본어 초록을 달았다. 일본어 사용자도 이 책의 취지와 정신, 대강의 내용을 파악할 수 있을 것이다. 이 책이 종교 간에, 한일 간에 평화라는 다리를 놓는 토대가 되기를 바라마지 않는다. '아시아종교평화학회'가 출범하게 되는 장면을 상상하니 즐겁다.

열다섯 필자를 대신하여 이찬수 합장

II. 역전: 굴절된 평화, 종교적 뒤집기

I. 거울

: 평화를 비추는 종교적 지혜

평화구축과 종교*
—정토교에서 평화구축을 생각하다

기타지마 기신(北島義信, 욧카이치대학 명예교수)

*   이 글은 『リーラー「遊」』 Vol.12(文理閣, 2022年 3月)에 수록된 졸고 '정토교와 평화구축'(浄土教と平和構築)을 축소 개정한 것이다.

1. 들어가며

모든 종교는 근저에 비폭력을 바탕으로 한 공생(상생)적 평화라는 소망을 가지고 있다. 이 소망은 상호의존성 개념에서 나온 것이다. 만물은 상호 의존하며 살아가기에 타자에게 해를 입히는 것은 나 자신의 생존도 위협하는 꼴이다. 기독교의 '고린도인들에게 보내는 편지' 12장의 '몸은 하나인데 많은 지체(肢體)가 있고'라는 구절을 보면, '몸은 하나가 아니라 여러 부분으로 이루어진 것'이며 상호의존관계이기 때문에 기능이 다른 각 부분이 서로 도와 '몸'은 온전히 존재한다고 서술한다. 불교의 '공, 연기관', 이슬람의 '타우히드(tauhiid)'에도 상호관계성, 상호의존성, 비분리성을 나타내는 중요한 기본개념이 담겨 있다. 이것이 바로 비폭력·평화의 뿌리가 된다.

남아프리카 토착사상인 '우분투(ubuntu)' 또한 마찬가지다. 남아프리카 공화국 성공회의 대주교 데스몬드 투투(Desmond Tutu)는 우분투에 대해 다음과 같이 말한 바 있다. '내 나라 아프리카에서는 "우분투"라는 개념이 존재한다. "Umntu ngumtu ngabantu"라는 코사어(Xhosa語) 속담이 있는데, 이 의미를 고스란히 전달하기란 매우 어려우나 의역하면 이렇다. "사람은 사람들(타자)을 통해 인간이 된다".

우리는 인간이 되는 법을 알기 위해 타자를 필요로 하는 것이다. 만일 다른 인간에게서 배우지 않는다면 인간답게 대화하는 법, 걷는 법, 생각하는 법은 영영 익히지 못한다. "우분투"란 인간의 본질이다. 즉, 어떻게 나의 인간성이 당신의 인간성과 불가피하게 얽히고 맺어져 있는지를 말하는 것이다. …나는 인간답기 위해 타자를 필요로 한다. …우리가 존재하기 때문에 비로소 내가 존재한다. …우리는 상호관계성이라는 연결망, 동료에 속하는 인간과 그 밖의 피조물 사이의 상호의존성이라는 그 촘촘한 연결망을 위해 창조된 것이다'(Desmon Tutu, *God Is Not a Christian*, Rider, pp.21-22.).

남아프리카에서는 이 '우분투'를 통해 종교, 정치사상, 인종의 차이를 뛰어넘어 사람들을 단결시키고 적대자를 포용하며, 폭력 없이 1994년 아파르트헤이트 체제를 철폐하는 역할을 했다.

종교의 근간에 있는 평화구축 사상은 남아프리카 사례에서 봤듯이 비폭력으로 사회를 변화시키는 것에 크게 공헌했다. 오늘날의 아시아 역시 정치적 대립을 극복하고 공생(상생)하기 위해 평화를 쌓을 구체적인 방안이 요구된다. 이러한 시대의 흐름에 발맞춰 한일 종교인과 종교에 관심을 가진 사람들이 대화를 통해 '상호관계성'을 깊이 하며 종교의 역할에 대해 고찰하는 자세 또한 매우 중요하다고 볼 수 있다. 본문에서 나는 정토진종의 경전 "불설무량수경(仏説無量寿経)"과 신란의 사상을 중심으로, 불교가 할 수 있는 평화구축을 생각하고자 한다.

2. "불설무량수경"에서 말하는 평화구축의 조건

정토진종의 경전 "불설무량수경"에서는 평화구축을 가장 중요한 과제로 분명히 제시하고 있다. 경전은 법장보살이 스스로의 깨달음과 중생구제를 위해 세운 48개의 서원(誓願)을 성취하여 아미타불이 되고, 그 후에 중생을 구제하기 위해 설법한 내용을 다루고 있다. 48개의 서원 중 첫번째부터 네번째 서원은 만인이 인정할 수 있는 평화구축의 전제조건을 말한다.

첫번째 서원은 '무삼악취의 원(無三惡趣願)'으로, '내가 부처가 될 때, 내 나라에 지옥과 아귀와 축생이 있다면 차라리 부처가 되지 않겠습니다'는 바람이다. 법장보살의 첫번째 서원이 평화를 파괴하는 '지옥, 아귀, 축생'의 배제로 시작한다는 것은, 평화실현의 첫걸음 또한 여기서부터 시작해야 한다는 사실을 드러낸다고 볼 수 있다.

우리가 사는 현실 세계는 평화와는 근본적으로 대립하는 '지옥, 아귀, 축생'이 가득한 세계다. '지옥'이란 사람들이 서로 증오하며 살육하고 분쟁과 전쟁이 만연한 세계이며, '아귀'란 '기아의 고통'과 '탐욕'이 만연한 세계다. 이러한 고뇌는 '축생'의 존재와 행동으로 인해 확장된다. "열반경"에 따르면 '축생'이란 '같은 죄를 번복하지 않고, 사람에게 죄를 짓게 하지 않는 마음'이 없고, '죄를 수치로 여기며 사람과 하늘에게 스스로의 죄를 고백하며 수치스러워하는 마음'이 없는 자, 타자의 존재를 부정하는 자기중심주의자이기 때문이다. 이 자기중심주의가 '자유'라는 명목으로 소수가 다수에게서 부를 수확하여 독점하고 전쟁을 합리화한다. 1980년대부터 노골적으로 모습을 드러낸 '신자유주의', '시장원리주의'의 본질에는 이 자기중심주의가 있다. '기아'란 욕망을 실현하기 위해 집요하게 모든 것을 먹어 치우는 '신자유주의'의 모습인 동시에, 그 결과로 열악하며 비인간적인 삶을 살아갈 수밖에 없는 민중의 현실이기도 하다. 이러한 현실 속에서 정치, 경제의 지배적 위치에 있는 자들은 더욱 많은 것을 수확하기 위해 '아귀' '축생'이 되어 사람들을 전쟁으로 내몬다.

전쟁과 기아를 없애려면 인간의 자기중심주의를 진실한 마음으로 바꿔야 하며, 그러기 위해 자기자신의 어리석음에 '눈떠야만' 한다. 뿐만 아니라 그것을 지속하여 다시는 자기중심주의에 빠지지 않도록 해야 한다. 이것이 두번째 서원 '불갱악취의 원(不更惡趣願)'이다. 이는 사람들을 두 번 다시 자기중심주의라는 '악'에 빠트리지 않겠다는 결의를 나타낸다. 일본이 과거 제국주의적 식민 지배의 결과 '패전'을 겪고, '일본국헌법'(1946년 공포)에 '항구평화'를 내건 것도 궤를 같이한다.

'항구평화'를 실현하려면 인간의 평등을 보장하는 기본권이 국내외로 완비되어 있어야 한다. 세번째 서원인 '실개금색의 원(悉皆金色願)'은 '모든 사람이 평등하게 가장 존엄한 존재여야 한다'는 요청을 담고 있으며, 기본인권의 존중을 의미한다. 네번째 서원인 '무유호추의 원(無有好醜願)'은 다른 나라와 지역에는 다른 사람들이 있으며, 사상·종교·문화에 차이가 있음을 인정하고, 그럼에도 불구하고 모든 것을 관통하는 인간적 공통성이 있음에 중점을 두는 것, 차이와 평등이 공존하는 것의 중요성을 서술한 것이다. '무유호추의 원'을 산스크리트어로 풀면 다음과 같다. '내가 부처가 되는 나라에서 그저 속세에서 배우던 대로 〈신[혹은] 인간〉을 셈하는 것과 별개로, 신과 인간을 구분 짓는 일이 드러난다면, 그 때 나는 무상정등각(無上正等覺)을 열지 않겠습니다(부처가 되지 않겠습니다)("범문일역무량수경" 후지타 코우타츠 역, 호조칸 출판, 58항, 1797).

위 네 개의 서원은 국제적 관점에서 항구평화, 기본인권, 차이와 평등을 보장하는 법적제도 확립의 중요성을 떠오르게 한다. 더불어 침략전쟁을 반성하며 평화의 바람을 담아 1946년 공포된 일본국헌법의 기본사상(국민주권, 철저한 평화주의, 기본인권 존중 등)과도 많은 공통점을 가지고 있다.

3. 평화구축과 인간의 주체화

그러나 여러 '법적 제도'가 완비된다 해도 정작 현실에서 구체화되지 않는다면 무의미하다. 그를 위해 필요한 것은 현실의 역사인식과, 타자와 자신 사이의 상호관계성을 명확히 하며, 그것이 '작용'하게끔 행동하는 것이다. 이는 부처와 보살이 어떤 일에도 방해받지 않고 자유로울 수 있게 하는 여섯 가지의 초능력, '육신통(六神通)'에도 명시되어 있다.

위에서 언급한 법장보살의 서원 중 다섯 번째에서 열 번째 서원은 이 '육신통'을 다룬다. 평화를 쌓기 위해서는 '육신통'이라 불리는 '뛰어난 지혜를 바탕으로 하는 여섯 가지의 능력'이 필요하다는 것이다. 그 여섯 가지를 나열하자면 다음과 같다. ① '자기나 타자의 과거, 역사를 아는 능력'을 뜻하는 '영식숙명(令識宿命)의 원', ② '자기 밖의 모든 세계를 보는 능력'을 뜻하는 '영득천안(令得天眼)의 원', ③ '자신이 포함된 세계의 모든 말과 소리를 듣는 능력'을 뜻하는 '천이요문(天耳遙聞)의 원', ④ '타자의 생각을 모두 아는 능력'을 뜻하는 '타심실지(他心悉知)의 원', ⑤ '자기 바깥에 있는, 자기가 원하는 곳에 자유롭게 갈 수 있는 능력'을 뜻하는 '신족여의(神足如意)의 원'으로 표현되어 있으며, ⑥ 이를 실현하려면 근본적으로 자기중심주의에서 비롯된 '번뇌'로부터 해방될 수 있는 '지혜를 얻는 것'을 의미하는 '불탐계심(不貪計心)의 원'이 필요하다. '불탐계심의 원'이란 역사 인식을 익히는 것이며, 무엇보다도 일본인은 근대 일본의 역사가 '구미형 근대'를 모델로 하여 아시아를 제국주의의 지배 하에 식민지로 삼았던 역사가 있다는 사실을 기억해야 한다. 근대 일본은 아시아와 밀접하게 연관되어 있으며, 아시아에서 일본을 보는 눈, 다시 말해 아시아 속의 일본을 보는 눈이 필요하다.

하지만 오늘날의 일본에는 이러한 사고방식이 자라나지 못했다. 패전 후 아메리카와 구 소비에트 연방의 대립으로 '냉전체제'가 심화되고 아메리카에 의해 일본은 사회주의 진영의 침범을 막는 '방파제' 노릇을 함으로써 정치적으로 '면죄' 받았기 때문이다. 이로 인해 일본은 교육의 장에서마저 자국의 식민지주의나 제국주의에 대한 객관적 사실을 외면해 왔다. 그 결과, 메이지 시대 이후 '희생자 일본'

과 '가해자 일본'을 분리하여 전자만 강조하게 된 것이다. '일본여론조사회'에서 올해 실시한 조사에 따르면, 일본이 전후 전쟁을 벌이지 않은 이유로 '헌법 9조'와 '전쟁의 비참함을 알려왔기 때문'이라고 답한 사람이 전체 70퍼센트를 차지한 반면, '일본 국민이 주변 국민에게 반성하며 계속해서 사죄의 마음을 가져야 하는가'라는 문항에는 '그럴 필요 없다'는 답변이 30세 이하 청년층의 52퍼센트에 이른다 (《주니치신문》, 2020년 8월 2일). 종교계에서도 일부를 제외하면 일본이 침략전쟁에 가담한 사실을 자문하는 경우는 없었다. 그것이 표면에 드러난 것은 '국가에서 야스쿠니 신사를 보호'하는 목적으로 '야스쿠니신사 법안'(1969)이 제출되자, 종교 교단을 필두로 하는 법안 반대 운동이 계기였다.

위처럼 전쟁 이후 곧바로 식민 지배 사실을 자성하지 않았던 것은 지금에 이르러 '일본군 "위안부" 피해자', '강제 징용 피해자' 문제에 대한 이해를 방해하는 장해물로 남았다. 한반도를 식민 지배했던 것이 원인이라는 '역사 인식'을 사람들에게 알리고 강조하는 일은 매우 의미가 크다. 이처럼 과거로부터 벗어날 수 없는 현실 세계 속에서 일본의 위치를 아는 것, 그 중요성을 이야기하는 것이 '적어도 십만·백만·천만 세계를 보는 천안(天眼)을 얻기를' 바라는 '영득천안의 원'이다. 현실 세계는 동떨어져 존재할 수 없다. 일본만이 '무류(無謬)'하며 '언제나 정의롭다'며 독선적인 이데올로기에서 벗어나려면 과거를 아는 것만이 아니라, 지금 이 자리, 아시아를 비롯하여 모든 세계와의 상호관계성 속 일본의 위치를 자리매김해야만 한다. 이것이 '영득천안의 원'의 취지이다.

나아가 현실 세계를 알기 위해서는 '타자'의 목소리를 들어야 한다. 한국 영화 "아이 캔 스피크(I Can Speak, 2018)", "귀향(Spirits Homecoming, 2016)", 대만영화 "격양지가(擊壤之歌, Song of the Reed, 2015)"는 제2차 세계대전 중 일본 정부가 군사적 업무를 빌미로 15세에서 25세의 여성을 속이거나 협박하여 성노예로 삼았던 현실을 피해자·희생자의 입장에서 이야기하고 있다. 우리는 이러한 영화를 통해 식민지 지배와 제국주의 지배 하에 얼마나 비인간적인 일을 저질러왔는지 깨닫는 동시에, 고통 속에 살아온 여성들의 내부에 존재하는, 인간 답게 살고자 하는 이들의 목소리를 들을 수 있다. 이것이 바로 '천이요문의 원'의 목표이다. 물론 이 힘을 얻는 것만이 아니라 더 나아가 실행에 옮길 수 있어야 한다. 이렇듯 실행과 행동의 중요성을 언급한 것이 어디든 갈 수 있다는 '신족여의의 원'이다.

지금까지 서술한 것들은 얼마나 노력하는지에 따라 어느 정도 몸에 익힐 수 있는 능력이다. 다만 완전히 제 것으로 만들기 위해서는 자기 자신을 뛰어넘을 필요가 있다. 그렇지 않고서 스스로를 향한 집착에서 벗어나기는 불가능하다. 자기중심적 사고, 즉 번뇌로부터 해방되려면 자신을 뛰어넘은 자신이 육체적인 자신, 다시 말해 자신을 객관적으로 응시할 수 있는 새로운 나를 탄생시켜야 하는 것이다.

'자신을 뛰어넘는다'는 것은 타자와의 관계성을 외면하고 그저 '자신'만 노력한다고 이뤄낼 수 있는 것이 아니다. 이는 관념적 자기초월에 지나지 않으며 결국 자기 안에 틀어박히게 될 뿐이다. 자신을 뛰어넘는다는 것은 타자와의 대화, 교류의 장에서 개체로서 존재하는 타자를 통해 절대자의 목소리-어리석은 자기중심주의에서 벗어나라!-를 들을 수 있어야만 가능해진다. 이 목소리를 받아들여 '어리석음에서 벗어나' 자신을 객체화하고 자신을 보는 또 하나의 자신이 탄생하는 것이다.

역사 인식의 중요성을 설한 '영식숙명의 원'부터 타자를 향한 작용의 중요성을 설한 '신족여의의 원'에 이르는 다섯 가지 서원은 모두 외부에 존재하는 '타자'를 우선시하며 타자와 교류할 것을 전제로 삼는다. 이 서원을 실현하려면 최종적으로는 자기중심주의에서 해방되어야 한다. 즉, 여섯 번째 서원 '불탐계심의 원'이며, '육신통'을 일체화하는 '매듭'이 되는 것이다. 자기중심주의에서 해방되는 것, 자기를 초월한다는 과제에 답하려면 종교적 세계가 필요하다.

4. 종교적 세계의 시작과 자기중심주의의 해방

열한 번째 서원 '필지멸도의 원(必至滅度願)'은 종교적 세계의 시작을 표현하고 있다. '내가(법장보살) 부처가 될 때 내 나라의 중생들이 정정취(正定聚)의 자리에서 반드시 깨달음을 얻지 못한다면 나는 차라리 부처가 되지 않겠습니다.'

'정정취'란 '이 세계의 생명이 다하면 반드시 깨달음을 얻어 성불할 것이 결정된, 진실로 눈을 뜬 동료'를 뜻한다. 마음은 정토(진실세계)에 살며 몸은 이 현세를 살고, 타자를 구제하려 힘쓰는 '환상(還相)의

보살'인 것이다. 신란에 따르면 '정토를 보고 중생을 구제하기 위해 현실 세계로 돌아간(還) 보살'은 '일생보처의 자리(一生補處, 내세에 성불이 정해진 자리)에 오른 미륵보살'과도 같다. '일생보처의 자리'에 오른 보살은 스물두 번째 서원 '환상회향의 원(環相廻向願)'에 적혀 있듯이, 아미타불의 힘으로 현실 세계에 돌아가 '자유자재로 사람을 이끌기 위해 굳은 결의를 다지고, 많은 공덕을 쌓아 모든 생명을 구하며, …수없이 많은 사람들을 이끌어 깨달음을 얻도록' 할 수 있다.

'정정취'의 자리에 오르는 것은 누구나 할 수 있다. "불설무량수경"에서 아난(阿難)이 인간석존에게서 아미타불을 보았듯이, 우리의 외부에 있는 타자, 민중을 이중화(二重化)하여 보편자(절대자)의 목소리를 듣고 자기중심주의적인 자신을 뛰어넘어 '정정취'에 이르는 것은 누구나 가능하다. 그저 현실도피가 아니라 현실에서 민중과 함께 약자와 함께 살아가기 때문에 가능한 것이다. 해방의 신학자로 불리는 구스타보 구티에레스(Gustavo Gutierrez)가 그의 저서에 서술했듯이, '그들은 빈민의 얼굴로 나타나며 숨겨진 주와 만남을 체험하는 것이다'("해방의 지평을 바라보며", 구스타보 구티에레스, 신교출판, 1985, 65항).

'취(聚)'라는 글자를 통해서도 알 수 있듯이 '정정취(正定聚)'란 옆으로 나란히 평등하며, 진실된 깨달음을 얻고, 타자를 위해 연대하여 주체적으로 행동할 수 있는 '동료들'이며, 인종이나 국경, 종교의 차이를 뛰어넘은 '동료들'이다. 이러한 사람들이 자유로이 교류하며 이야기하고 서로 간에 작용을 통해 평화는 견고해진다.

종교의 역할은 우리를 뛰어넘어 외부에 존재하는 영성의 '작용',

즉 '이대로 괜찮은지' 우리에게 가치판단과 자기 변혁을 재촉하는 것이다. 이렇듯 평화구축은 영성의 '작용'에 따른 자기 주체화, 타자와의 연대를 통해 비로소 가능한 것처럼 보인다.

신란은 '정정취'의 자리에 오른 사람들에게 '이 세계는 사회정의에 합치되지 않는다는 명확한 태도를 표명해야만 한다'("親鸞聖人御消息 2")고 서술한 바 있다. 진정한 깨달음을 얻은 사람들이라면 사회를 볼 때도 명확한 시각을 가져야 한다고 말하는 것이다. 이 시각은 행동을 포함하여 사람들을 향한 '작용'과도 동일하다고 볼 수 있다.

신란은 '정정취'의 자리에 오른 사람들(믿음을 얻은 동료들)은 '그 마음이'(믿음의 내용이) '여래와 같다'(마음이 부처와 같다)고 서술했으며, 또한 '정정취'의 사람들은 석가 입멸 후 56억 7천만 년이 지나면 부처가 될 수 있다는 '미륵보살'과도 '같다'고 서술했다. '정정취'의 사람들도 미륵보살과 마찬가지로 이미 '믿음'을 얻었으며 이 세계의 생명이 다하면 부처가 되기로 정해져 있기 때문이다. 물론 믿음을 얻은 사람들이라도 진정한 부처가 된 것은 아니기에, '정정취'의 사람들이 이 세계에서 타자를 구제하고자 평화를 쌓는 활동이 완전하다고는 볼 수 없다. 하지만, 설령 그렇다 하더라도, 아미타불의 본원력회향(本願力廻向)과 영성의 작용으로 완전한 것에 가까워지는 활동이라 받아들일 수 있을 것이다.

이 내용들을 종합한 것이 "불설무량수경(하권)" 서두에 적힌 '본원성취문(本願成就文)'이다. 신란은 다음과 같이 설명한다.

"'어리석은 자기중심주의를 깨달으라'는 목소리(나무아미타불의 내용)를 듣고 진심으로 믿으며 기뻐할 때의 그 믿음은 아미타불이 진실된 마음(지심, 至心)으로 부여한 것이다. 이때 진실 세계(정토)에 태어나기를 기원한다면 어떤 사람이든 곧장 낡은 자기중심주의적 사고방식이 필멸하고 부처와 함께 살아가는 자리에 설 수 있고, 이 세계의 생명이 끝나면 반드시 성불할 수 있다. 그리고 현실 세계에서도 다시는 망설임에 빠지지 않는 '정정취'의 지위, '불퇴전(不退轉)'의 지위에 오르는 것이다. 오역(五逆)의 죄를 저지르거나 정당한 법을 비방한다면 구제를 받지 못하지만, 아버지를 살해한 아사세왕처럼 회심참회(回心懺悔)한다면 구제받을 수 있다'.

 "불설무량수경"은 불제자 아난(阿難, Ananda)이 인간석존을 이중화하여 석존에게서 아미타불의 목소리를 듣는 이야기가 밑바탕이 되는 기본 사상을 풀어나가기 시작한다. 이와 마찬가지로 '일본군 "위안부"피해자'와 '강제 징용 피해자'로부터 부처의 음성을 들을 때 우리는 주체적이며 새로운 인간으로 재탄생하고, 전쟁에 가담한 죄를 깨닫는다. 이 깨달음은 "열반경" 속 아사세왕이 그랬듯, 악업을 끊고 평화를 향하도록 우리를 재촉한다. 신란은 "염불정신게(念仏正信偈)"를 통해 '방법(謗法)·천제(闡提)일지언정 회심(回心)하면 모두 이른다'고 말한 바 있다. 또한 대표적 사례로 아버지를 살해한 아사세왕을 언급한다. 아사세는 석존의 인도에 따라 자신이 저지른 죄를 회심참회하며 몸을 바쳐 중생을 구제하겠다는 결의를 다음과 같이 표한다.

 '저는 지금 부처를 영접하였습니다. 더불어 부처께서 얻으신 공덕을 영접하고, 중생의 번뇌를 끊고 악한 마음을 깨부수기를 간절히 바랍니다. …세존이시여, 만일 제가 중생의 온갖 악한 마음을 깨부술 수만 있다면, 항상 무간지옥에 있고 억겁의 세월 동안 모든 사람들을 위해 고뇌한다 하여도, 그를 고통이라 여기지 않겠습니다'("현정토진실교행증문류", 현대어판, 혼간지 출판, 2000, 296항)

맹세에 따라 아사세왕은 타자 구제활동에 힘썼으며, 자신이 통치하는 마가다 국의 셀 수없이 많은 사람들이 부처의 깨달음을 얻도록 이끌었다. 그리고 아사세는 이러한 말을 남긴다. '나는 죽기 전에 이미 정결한 몸을 얻었다. 단명을 버리고 장명을 얻었으며, 무상한 신체를 버리고 영원한 몸을 얻었다. 그뿐만 아니라, 여러 백성과 궁중에 있는 모든 사람들이 무상보리심(無上菩提心, 부처의 깨달음)을 일으키게 했다'(前揭書, 297항).

아버지를 살해한 아사세왕의 모습은 아시아를 식민 지배하에 둔 일본 권력자의 모습이며, 적극적으로 혹은 침묵으로 협력한 일본 민중의 모습과도 겹쳐진다. 아사세는 자신의 죄를 참회하고 평화를 실현하기 위해서라면 온갖 고난을 받아들이겠다며 굳게 다짐한다. 이렇듯 아사세의 다짐은 우리가 평화를 쌓기 위해 가져야 할 기본 자세라 할 수 있다.

5. 현실 세계와 평화구축

1) 말법오탁(末法五濁)의 현실 세계

평화구축에 힘쓰기에 앞서, 현실 세계의 구조를 파악할 필요가 있다. 일본 불교에 빗대어 말하자면 현실 세계를 인식하는 것은 말법 시대를 인식하는 것과 깊게 연관된다. 말법(末法)의 시대란 부처의 가르침만이 세상에 남았으나 그마저 점차 쇠퇴하고, 수행을 해도 아무런 깨달음을 얻지 못하는 시대를 말한다. 이 시대는 1052년부터 시작되어 그 후 1만 년간 계속된다고 전해지며 신란이 말한 바와 같이 '오탁(五濁. 다섯 가지 더러운 것)'과 일체된 것으로 볼 수 있다. '오탁'의 첫 번째는 '겁탁(劫濁)'이며 이는 병마나 전쟁이 넘치는 것을 의미한다. 두 번째는 '견탁(見濁)'으로 자기중심주의가 만연함을 의미하고, 세 번째는 '번뇌탁(煩惱濁)'으로 탐욕·분노·불만으로 사람들이 끝없이 고민함을 의미한다. 네 번째 '중생탁(衆生濁)'은 사람들의 도덕성이 스러짐을 의미하고, 다섯 번째 '명탁(命濁)'은 독으로 인해 사람들이 단명한다는 것을 의미한다.

우리는 거대한 '말법'과 '오탁'이 지배하는 시대를 살아가고 있다. 오늘날 일본의 사회·정치는 '말법' 그 자체가 되고 말았는데, 우선 집단적 자위권을 허용하도록 '헌법을 재해석'한 시점에서 전쟁법 강행으로 이어질 것은 분명해 보인다. 모리토모 학원을 둘러싸고 사가와 노부히사 전 이재국장(*한국의 기획재정부 국고국 국장)을 필두로 여러 의원이 배임죄·공문서 위조죄로 불기소 처분(2018년 5월 31일), 도쿄

고등검찰청 검사장 구로카와 히로무의 정년 퇴임이 연장(2020년 1월 31일)되었다가 '내기 마작'을 한 사실이 폭로되어 결국 사퇴했으며, 가와이 전 법무대신(*한국의 법무부 장관)과 그 부인 가와이 안리 의원이 공직선거법 위반(매수) 혐의로 체포(2020년 6월 19일)되는 등, 아베 신조 총리의 측근 인물들이 의심받는 정치사건이 빈번히 일어났다. 반면 경제계에서는 '코로나 감염증'이 퍼지는 2021년 1~3월 대기업의 내부유보액이 역대 최고 금액인 487.6조에 이르렀다. '신형 코로나 바이러스 감염증' 감염자 수가 도쿄뿐 아니라 주요도시까지 폭발적으로 늘어나고 있음에도 일본의 정권은 구체적인 대책조차 세우지 않고 오직 '경제 우선'을 외치고 있다. 결국 정치권력과 부를 독점하려는 지배 세력의 '자기중심주의'가 노골적으로 드러난 것이며, '말법'시대의 형상 그 자체라 할 수 있다.

한편으로는 비인간적인 현실에 변혁을 요구하며 들고 일어선 사람들이 있다. 미국 미네소타 주 미네아폴리스에서 흑인 남성이 백인 경찰의 과잉진압으로 살해당하고, 이에 항의하는 시위가 벌어졌다. 인종차별반대운동은 1960년대의 '공민권 운동' 이후 꾸준히 번져가고 있다. 그 밑바탕에는 인종차별로 인한 빈부격차가 있으며, 평균적인 흑인 세대의 재산은 백인 세대의 10분의 1에 머문다고 한다. 더욱이 신형 코로나 바이러스 감염증이 확산되며 흑인의 실업률이 치솟는 상황이다. 이러한 현실 속에서 벌어진 인종차별반대운동의 뿌리에는 '시장원리주의'에 반대하여 인간성을 회복하고자 하는 사람들의 바람이 담겨 있으며, 이 바람은 미국만이 아니라 프랑스, 캐나다, 오스트레일리아, 한국, 일본까지도 번져가고 있다. '침묵은 범죄' 라 말할 수 있는 주체적, 논리적인 슬로건이 등장하기도 했다. 또한 홍콩에서는 인권탄압에 일조하는 '홍콩국가안전유지법'에 항의하는 움직임도 커졌었다.

신자유주의에서 시작된 자본주의는 세계를 잠식했으며 지구환경 을 파괴하는 것은 물론 빈부격차를 심화하며 인간의 사회적 관계성, 존엄성을 붕괴시키고 있다. 하지만 이러한 현실에 대항하여 인간성 회복을 바라는 새로운 움직임 또한 나타나고 있는 것이다. 말법의 세계는 '오탁'의 세계지만, 동시에 안에서부터 '오탁'을 부수고 인간 을 회복시키려는 흐름과 그 흐름이 현실화한 평화구축, 그리고 이 상 호 모순적인 것들을 모두 품은 세계이기도 하다.

2) 말법오탁 세계에서 평화를 쌓는 길

11세기 중반에 시작되었다는 '말법'시대, 일본은 '헤이안 불교'를 대표하는 엔랴쿠지(延曆寺)와 다카노야마곤고부지(高野山金剛峰寺), '나라 불교'를 대표하는 '남도육종'의 불교 세력, 그리고 속세의 정치 권력이 상호 보완하는 '현밀체제(顯密体制)'가 확고하게 자리잡고 있 었다. 다수의 장원과 무력을 가졌던 종교 세력은 자기 보신을 위해 정치권력의 지지가 필요했고, 또 정치권력은 종교 세력의 이데올로 기적 지지를 원했다. 여기서 말하는 이데올로기란 세속권력의 근간 이 되는 신기사상(神祇思想)을 밀교에서 재구성한 것이며, 민중의 구 제와는 거리가 멀었다. 신란이 살았던 13세기에도 불교는 정치와 유착하여 민중 구제에는 등을 돌린 유명무실한 상태였다. 당시 불교의 행태에 발을 돌려 은둔하는 사람도 있는가 하면 반기를 드는 사람도 있었으나, 후자의 경우에는 정치와 결탁한 불교 세력의 탄압을 받았다.

위 체제에 저항한 것이 13세기, 깨달음과 인간 해방을 기본으로 삼은 가마쿠라신불교였다. 신란은 자신이 사는 '말법오탁'의 현실 세계를 '화신토(化身土)'라고 정의했다. '화신토'란, "진실이 아닌 세계"라는 의미와 "부처께서 진실함을 보여주실 세계"라는 두 의미가 담겨 있다. 그에 따르면 '화신토'는 '진불토(眞佛土, 진실정토)'의 일부가 섞인 이중화된 현실 세계다. 색도 형태도 없는 진여(眞如)인 '법성법신(法性法身)'은 우리를 위해 '방편법신(方便法身)'이 되어 '화신토', 즉 현실 세계에 모습을 드러낸다. 아난이 인간석존에게서 부처를 보았듯, 우리는 각각의 인간에게서 부처를 보고, 부처의 말-'어리석은 자기중심주의에서 깨어나라'-도 들을 수 있다. 그리고 비로소 우리는 자기를 객관적으로 보게 된다. 이는 경전을 읽고 이해할 때도 마찬가지이며, 현실의 고뇌를 해결하겠다는 다짐으로 경전과 마주할 때 그 내부에 담긴 부처의 진실한 음성을 깨닫는 것이다. 그 목소리는 현실에서 눈을 돌리지 않고 평화를 쌓아 올리겠다는 열망을 가진 자라면 누구에게나 들려온다. 아미타불의 영성을 받아들이면 말법오탁의 현실 세계가 진실 세계로 바뀔 것이라는 확신 또한 생긴다. 그 때 주체성을 가지고 평화구축을 받아들이게 되는 것이다.

6. 나가며

평화를 쌓는다는 것은, 상호관계성을 기준으로 논리에 따라 움직인다면 인간 스스로의 힘으로도 어느 정도는 이뤄낼 수 있다. 하지만 인간에게 '번뇌'라는 자기중심주의가 있는 한 자기 안의 세계를 혼자 뛰어넘기는 불가능하다는 것이 정토진종의 가르침이다. 한계를 뛰어넘으려면 자기 밖에 존재하는 타자=절대자의 도움이 필요하다. 우리는 절대자의 영성, 정토진종에서 말하는 아미타불 본원(本願)의 힘에 의해 눈이 뜨이고, 개별성 속의 보편성을 발견하며, 각자 존재하는 인간에게서 부처의 목소리를 듣게 된다. 더불어 현실 세계는 진실 세계를 안에 품고 있음을 깨닫는 것이다. 이 '깨달음'으로 인간은 더 망설이는 일 없이 평화를 향해 걸음을 내딛을 수 있다. 종교를 뛰어넘은 공통성이 여기에 있다.

신란은 '말법·오탁'의 현실 세계를 무너뜨리는 도리의 근본을 "불설무량수경"에서 찾아냈다. 현대를 살아가는 우리에게도 정토진종의 경전 "불설무량수경"에서 비폭력으로 평화를 쌓는 명확한 방향을 읽어낼 수 있을 것이다.

종교적 영성은 피해자와 약자, 버림받은 자에게서 '절대자의 목소리'를 들을 수 있도록 우리를 성장시킨다. 오늘날, 인간이 소외되는 세상에서 인간이 본래 가지고 있던 능력, 사물을 이중화하고 개별성에서 보편성을 발견하는 능력은 미약하기만 하다. 하지만 이 능력을 일깨운다면 평화를 쌓는 훌륭한 토대가 된다. 각 지역사회에 뿌리내

린 종교가, 또 나라를 뛰어넘은 종교간 대화로 이 능력을 활성화시키는 것이다. (이서현 옮김)

평화담론과 종교의 지혜
─가톨릭을 중심으로

김용해(서강대 교수)

1. 들어가며

하버마스는 20004년 '바이에른 가톨릭 아카데미'가 주최한 '라칭거 추기경과의 대화의 밤' 행사에서, "민주적 입헌국가의 정치 이전의 도덕적 토대들"이라는 강연을 통해 현대사회가 막다른 골목에서 벗어날 수 있는 길은 초월적인 것을 지향하는 종교에서 찾을 수 있다는 견해를 소개하며 종교의 역할을 새롭게 조명하였다. 하버마스는 테헤란에서 이란의 한 동료학자가 "비교문화적이고 종교사회적 관점에서 볼 때 유럽의 세속화는 기이한, 즉 수정을 필요로 하는 특별한 길이 아니었을까?"라고 물은 적이 있다고 말하면서 종교 혹은 신학과의 대화를 통해서 철학과 종교의 연결점을 모색하는 것이 헤겔 이후 이성의 자기반성의 길, 이성에 의한 이성의 회심임을 밝히고 있다. 하버마스가 최근 철학이 종교와의 대화를 적극적으로 시도해야 한다고 생각하는 데에는 다음과 같은 유대 그리스도교에 대한 새로운 이해와 평가가 배경으로 자리 잡고 있다. "그리스도교가 근(현)대성의 규범적 자기 이해를 위해 단지 선구자적 지위나 촉매 역할만 한 것이 아니다. 자유, 사회적 연대, 자율적 삶의 운용과 해방, 양심의 개인윤리, 인권과 민주주의 이념들이 흘러나오는 평등적 보편주의가 바로 유대의 정의 윤리와 그리스도교의 사랑 윤리의 직접적인 유산이다.[*] 철학은 종교적 신념으로부터 성실함과 진실성을 창조해내는 사람과 그들의 삶의 방식을 존중하고 종교적 전통으로부터 기꺼이 배우려는 자세를 가져야 할 이유가 분명히 존재한다고 하버마스는 주장한다. 그에 따르면 형이상학 이후의 사유, 즉 근현대 철학은 보편적으로 구속력을 가진 훌륭하고 모범적인 삶, 즉 윤리에 관해서는 전혀 언급하지 않는 반면, 성경과 종교 유산에는 죄와 구원, 구원받지 못할 것 같은 삶으로부터의 탈출과 같은 이야기, 즉 다른 곳에서는 사라져버린 어떤 것, 전문가들의 지식만으로는 복원할 수 없는 어떤 표현의 가능성과 감수성이 아직 훼손되지 않은 채 남아있다.[**]

'평화'라는 이념 역시 본래 종교에서 시작하였는데 점차 철학으로, 더 나아가 세속 사회의 정치와 경제, 외교와 국방의 영역으로 이동하였다. 평화가 인간 사회가 추구하는 공동선인 한, 본래 관여했던 종교가 그 본질에 대해 말하지 않을 수 없고, 평화건설에 대한 시민사회의 공동사명에서 종교 공동체가 배제될 수 없다. 또한, 세계의 많은 분쟁과 테러가 종교를 배경으로 하거나 종교 때문에 발생하기도 해서 종교담론과 평화담론은 깊은 연관을 맺고 있다. 종교 공동체가 평화를 어떻게 이해하고 있는지, 세속국가체제 하에서 종교는 국가

[*]   Juergen Habermas, *Time of Transitions* (edit. and trans. by Ciaran Cronin and Max Pensky, polity, 2006), 150f.
[**]   하버마스 & 라칭거, 『대화』, 48쪽 참조.

와 어떤 관계와 맥락에서 '평화'라는 공동선을 어떻게 실현할 수 있겠는지, 종교는 평화프로세스 안에서 갈등과 긴장 속에서도 어떤 원칙과 가치를 유지하며 평화건설에 이바지해야 하는지를 성찰하는 것은 평화담론에서 매우 중요하리라 생각한다. 현대의 세속국가의 헌법이 정교분리원칙을 선언하고 있다는 이유로, 종교가 정치영역의 평화담론에서 역할이 있다는 주장이 이성 중심의 계몽주의자들에게는 쉽게 이해되지 않을 수 있다. 그러나 헌법의 정교분리원칙이 국교를 부인하고 종교자유를 부여하는 국민의 기본권이라는 점을 이해한다면 특정한 종교가 직접 정치에 관여하지 않는 한, 모든 신앙인이 특히 평화담론에 신앙과 양심에 따라 참여하고 연대해야 하는 것은 당연한 기본권의 행사이기도 하다.

본 소고에서 그리스도교는 인간과 평화를 어떻게 이해하고 있고(2장), 종교가 세속사회의 평화담론에 참여하도록 세속사회가 요청하는 배경은 무엇이며(3장), 평화프로세스 하에서 갈등을 이겨내고 평화를 건설할 수 있는 근본원리를 종교는 어떻게 제시할 수 있는지(4장), 마지막으로 종교가 특별히 평화 공론장에 기여할 수 있는, 지향적 가치들은 무엇인지를 성찰해 보고자 한다(5장). 이러한 질문에 대한 답은 넓게는 종교 일반의 지평에서 찾겠지만 그리스도교적 관점에서 시도한다는 점을 우선 밝혀 둔다.

2. 그리스도교의 '평화관'과 인격주의적 인간관

1945년 UN은 창립의 일성으로 "모든 인류 구성원의 타고난 존엄성과 평등하고 양도할 수 없는 권리를 인정하는 것이 세계의 자유와 정의와 평화의 기초"[*]라 선언했다. 인간의 존엄성과 인권을 인정하는 것이 평화의 출발이라는 점을 유엔이 분명히 한 것이다. 평화는 자유와 정의가 실현된 결과로 생각할 때, 모든 인간의 존엄과 인권을 인정하고 옹호하는 문화건설이 곧 평화의 첫 걸음이라 할 수 있다. 여기서는 그리스도교를 중심으로 종교의 평화에 대한 이해와 인간의 완성과 어떤 관련을 가지고 평화를 다루어야 할 것인지 살펴본다.

종교는 인간의 고통과 비참한 실존에서 출발하지만 삶의 최종적 완성을 평화와 일치로 보고 그 수행과정을 공동체적으로 실천한다. 평화는 종교의 궁극적인 목표, 인간행복 또는 자기실현의 완성과 관련된다. 불교에서 인간의 완성을 열반(nirvana)이라고 하는데, 이것의 협의적 의미는 '평화의 나라'이다. 그리스도인들에게 평화는 궁극적으로 하느님, 곧 하늘과 땅의 창조주이자 모든 인류를 위한 생명의 근원뿐 아니라 창조물 전체를 위한 웰빙과 관련된다. 구약성서의 평화, 샬롬(šālôm)의 히브리 개념은 온전함, 건강, 조화, 번영, 안전과 질서를 나타낸다. 하느님은 계약을 지키는 사람들뿐만 아니라 공동체

---

[*]   유엔 총회, 〈세계 인권 선언〉, 1948.

전체를 위한 평화의 근원이다.[*] 평화의 비전은 올바른 관계에 뿌리를 두고 있다. "정의의 결과는 평화가 되고 정의의 성과는 영원히 평온과 신뢰가 될 것입니다"(이사 32:17). 신약의 전통에서는 그리스도가 곧 평화이다. "그리스도는 우리의 평화이십니다. 그분께서는 당신의 몸으로 유다인과 이민족을 하나로 만드시고 이 둘을 가르는 장벽인 적개심을 허무셨습니다. … 당신 안에서 두 인간을 하나의 새 인간으로 창조하시어 평화를 이룩하시고, 십자가를 통하여 양쪽을 한 몸 안에서 하느님과 화해시키시어, 그 적개심을 당신 안에서 없애셨습니다."(에페 2, 14이하). 그리스도가 하늘과 땅, 창조주와 피조물을 화해시키고 인류에게 평화를 가져다 준 분이기에 그리스도, 구원자로 고백하는 것이다.

성서에 근거한 그리스도교의 인간론은 인간이 '신의 모상(imago dei)'으로 창조되었고, 다른 생명에 대해서든 다른 인간과의 관계 안에서든 존엄한 존재로 대우받아야 한다는 것이다. 인간은 구체적인 개별적 삶 안에서 신과 전인적으로 소통을 할 수 있고 신의 부르심(의지)에 따라 자신의 실천이성(양심)과 의지를 통합하여 실천함으로써 자신을 완성해가는 존재이다. 인간이 존엄한 까닭에 양심의 자유와 종교의 자유는 인권 중 가장 기본적 자유가 된다. 가톨릭교회는 양심과 종교의 자유에 대한 권리를 실질적으로 인정하는 것은 모든

---

[*]   Ronald G. Musto, *The Catholic Peace Tradition*, Maryknoll, NY: Orbis, 1980, 12-14.

사회의 최상의 선 가운데 하나이며, 개인과 사회의 선을 진정으로 보장하고자 하는 모든 사람의 가장 중요한 의무 가운데 하나라고 가르친다.* 인간존엄성의 원리는 또한 사회교리의 다른 모든 원리와 내용의 기초이기도 하다. 존엄성에서 따라 나오는 사회원리로서 공동선, 보조성, 연대성의 원리들이 있다. 인간은 인격, 즉 이성적 본성을 지닌 개별적 실체로서 사회공동체를 이루고 공동체를 통해 공동체 안에서 자신을 완성해 가는 존재이다. 개인인 인간은 한편으로 사회(civitas)의 구성원으로 전체 사회에 종속되지만, 다른 한편 이성적 본성을 지닌 인격으로 자기 안에 스스로 전체이고 완전하며, 절대자와 직접 관계를 맺으며 사회를 초월한다. 개인과 사회의 긴장은 인격인 인간의 본성에서 나온다. 네오 토미스트인 마리땡(Jacque Maritain)은 인간의 사회적 요소와 인격적 요소를 인정하고, 개인과 사회의 조화와 합일을 추구하면서 일방이 다른 일방에 흡수되는 것을 인정하지 않는 '인격주의(personalism)'를 제안한다. 마리땡의 인격주의의 특징은 인격과 사회의 관계를 삼위일체의 위격적 사회 모델로부터 유비적으로 설명하고 있다는 점이다. 즉, 삼위일체에서는 세 개의 자립하는 관계들의 공동선인 하나의 전체, 즉 신의 본성이 있다. 삼위일체의 사회를 구성하는 삼자는 결코 전체의 부분들이 아니다. 그들은 완전히 전체와 동일하고, 그들은 전체인 세 개의 전체들이다.** 이와

* Pope Paul II, *Dignitatis humanae*, 1965, 2-3항.
** J.Maritain, *The person and the common good*, New York 1947, 47.

마찬가지로 그의 인격주의에 따르면 인격으로서 인격자는 사회에서 전체로 다루어지도록 요구한다. 사회는 모든 인격의 전체로부터 이루어진 하나의 전체이다. 그리하여 인격과 사회, 이 양자는 서로 배척하지 않고 서로를 필요로 한다. 사회는 인격이 존재함으로써 존립하고, 인격은 사회가 있음으로써 참으로 완성될 수 있다.* 사회는 구성원인 각 개인의 선 및 행위와 구별되는 고유한 자신의 선과 행위를 가지고 있지만, 그것들 역시 본질적으로는 인간적이고 또 인간적이 되어야 하고, 그 결과 인격의 발전과 개선에 기여하지 못하면 그것은 타락에 지나지 않는다고 마리땡은 주장한다. 인격주의는 "안식일이 사람을 위해 생긴 것이지 사람이 안식일을 위하여 생긴 것이 아니다."(마르코, 2,27)라는 예수님의 가르침과 일치한다. 사회, 또는 사회의 제도와 기구보다 인간을 중시하는 그리스도교의 인격주의의 사례는 개념적으로 종교 간 차이가 다소 있겠지만 모든 종교가 강조한 인간과 사회의 관계를 모범적으로 예시한 것으로 여겨진다. 따라서 인간을 인격, 즉 자기목적적 존재로 인정하는 인격들의 공동체가 될 때, 평화를 실현하고 있는 사회라고 말할 수 있다.

* 위의 책, 48.

3. 종교의 사명과 평화공동체 건설

위에서 살펴본 것처럼, 인격주의를 주창하는 근거를 종교에서 찾아볼 수 있다는 관점에서 볼 때, 종교는 인간의 존엄성을 강조하고 양심의 자율성을 존중하며 인격의 자기완성을 지원하는 의미체계라고 말할 수 있다. 그러므로 인격적 인간의 삶을 지지하는 사회공동체를 건설하는 것은 종교의 사명 중 하나라 할 수 있다. 종교가 특정한 지역과 사회 및 역사적 배경에서 발생한 것이지만, 특정 사회의 범주를 초월하지 못하는 이념을 가지고 있다면 진정한 의미의 보편적 인간 완성과 구원에 봉사할 수 없다는 것은 자명하다. 종교의 초월성이란 특정 시대와 지역을 넘어 보편적 진리를 지향한다는 것을 말하며, 특정 시대의 세속사회에 대해 무관심하다는 의미로 쓰여서는 안 된다. 그렇다고 국교의 부인, 정교분리 그리고 종교자유를 선언한 근대헌법국가에서 단체로서의 종교가 직접 국가체제를 비판하고 통제할 수 없는 노릇이고, 그리고 이것이 바람직하지 않다는 것은 역사가 증언하고 있다.

반면에 종교인, 혹은 평신도들이 시민으로서 평화담론장에서 자신들의 양심과 신앙에 따라 국가공동체의 권력을 비판하고, 평화일꾼으로서 타인 또는 시민단체들과 연대하는 일은 권장해야 할 뿐 아니라 시민됨의 의무라고 생각한다. 필자는 이런 의미에서 종교가 자본주의체제로 세계화된 이 시대에 시민들이 물신주의, 이기주의 그리고 쾌락주의에서 해방되어 양심의 분별력을 회복하고 진정한 평화를 구축하는 주체로 살아가도록 적극적으로 도와야 할 사명을 자각해야 한다고 생각한다. 더 나아가 인간을 중심에 둔 선의의 시민들이 연대가 미약해지고 있는 현대 세계를 바라보며 종교인들이 더 적극적으로 인격주의 사회공동체를 건설하는데 연대와 지지를 보내줄 것을 요청하고 있다고 생각한다. 그 요청의 배경은 다음과 같다.

첫째, 국가 권력체제는 인격에 봉사하는 제도나 수단이라기보다 그 자체로 목적이 되어 가려는 경향이 있다. 국가체제(state)는 엄밀하게 말하자면 정치체(politic body)와 구별되어야 한다. 양자는 서로 다른 영역에 속하는 것은 아니지만 부분이 전체와 다르듯이 부분인 국가체제는 전체인 정치체와 다르다. 정치체는 정부뿐 아니라 시민 단체 등 비정부기구를 포함하여 사회적 본성으로 요청되고 이성에 의해 성취된, 현실 사회에서 가장 포괄적이고 완전한 것이다. 정치체는 구체적이고 전체 인간들이 참여하는 실재이자 전체인 인간의 공동선을 지향한다. 정의는 정치체의 실존을 위한 우선 조건이지만 우정이야말로 정치체의 생명력을 주는 형태이다. 국가공동체가 역사적으로 지속하고 문화 에너지로 발전해야 하는 이유는 바로 정치체의 물질적 근거이자 인간의 생명과 안전을 보장하는 장치이기 때문에 그렇다. 그러기에 국가의 인식과 정책 기준은 정치체로부터 나와야 한다.[*] 그런데 프랑스 혁명 이후 전체로서의 왕정체제가 민

---

[*] J. Maritain, *The social and political philosophy,* 1956 London, 93 참조.

족국가로 바뀌면서 중세 제국과 근대초기의 절대왕정의 권위가 정치체로 계승되었다. 그 후 헤겔의 국가론과 루소의 일반의지론 등의 영향을 받은 18세기 철학에서 국가를 권력의 주체로 보려는 국가실체주의 경향이 생겨났다. 즉, 황제나 왕의 초월적 주권(sovereignty)이 국가에 넘겨졌다고 본 것이다. 그러한 국가의 주권 개념은 타국에 대한 권위뿐 아니라 자국의 시민이 지니고 있는 인권보다 더 높은 권위를 부여한 사례를 발생시켰다. 곧 20세기의 나치즘, 파시즘 등 전체주의적 국가들이 잘못된 국가주의의 사례이다.

그러나 국가는 개인의 존엄과 인권을 존중하고 자기실현을 위한 수단일 뿐이다. 대한민국의 헌법은 제1조에 "대한민국은 민주공화국이다(1항) 대한민국의 주권은 국민에게 있고 모든 주권은 국민에게서부터 나온다(2항)"라고 선언한다. 현대의 거의 모든 민주주의 국가에서는 바이마르 헌법을 따라 주권재민원칙을 채택하였다. 주권 개념을 어떻게 해석하든 주권은 국민에게서 나온다. 국민은 선거에 의해 대통령이나 국회의원 등 국가기관에 권력을 위임한다고 해도 주권이 권력자에게 이전되는 것이 아니고 여전히 국민에게 있고, 국가기관은 국민의 뜻에 따라(위임받아) 충실하게 실행하는 수단일 뿐이다. 권력남용을 이유로 통수권자를 국민에 의해 탄핵할 수 있다는 것을 대한민국은 2017년 생생하게 체험했다.

둘째, 현대 국가는 세계자본주의체제에 종속되어 시민이 정치체의 주체로 소통하고 연대하는 일을 적대시하거나 무시하는 경향으로 가고 있다. 물론 시민이 선거에 의해 국가 운영자를 바꾸는 제도를 가지고 있지만 정치가 경제에 종속되어 있고, 더군다나 국내 정치는 세계자본에 예속될 수밖에 없는 구조를 가지고 있다. 정치체의 식민지화는 한 국가 내에서 뿐 아니라 국제자본과의 관계에서 더 극적으로 가속화되고 있는 실정이다. 종교 역시 자본주의체제의 부역자처럼 전락하여 살아가면서 체제의 희생자들, 즉 비정규직, 실업자, 소수자, 가난한 이들과 함께 하는 일을 남의 일처럼 여기고 있는 것은 아닌지 성찰해야 한다. 청정한 정의와 자비심을 일깨워 평화로운 세상을 만들고자 하는 이들은 누구이고 이들이 연대를 호소하는 선한 세력을 종교를 믿는 이들 외에 어디서 찾을 수 있겠는가.

셋째, 세계가 하나의 자본주의 체제로 통합되고 있는 오늘날 자본주의에 대한 견제와 변혁의 요구는 종교가 지역적이든 세계적이든 서로 연대하지 않고서는 거의 불가능하다. 국가기관과 시민단체가 자유, 평화, 자비, 정의 등 세속화된 종교성을 가지고 과거의 종교를 대신하려 하고 있지만, 개인들의 양심과 신념을 양성하는 종교의 역할만은 대신할 수 없다. 종교인이 양심적 세력과 소통하고 시민들의 양심을 양성하고 생명력을 부여하는 영적 교사 역할을 해야 할 당위성이 여기에 있다. 시민들이 자아를 실현하기에 좋은 이상적 공동체를 이루기를 희망하고 있는 한, 전통적인 양심의 도량이자 교사였던 종교들은 그 만큼 더 분발하여 정치와 경제체제의 비인간적 요소를 해소하는데 서로 연대해야 한다.

4. 평화프로세스와 갈등을 극복하는 원리들

2장에서 나는 그리스도교가 인간을 양심과 신앙을 추구하는 인격으로 보기 때문에, 한 인간은 사회공동체를 이루고 자신의 완성을 기획하는 주체로서 사회에 종속되는 구성원이면서도 동시에 사회를 초월하는 존엄성을 지닌 존재로 선포하고 있다는 점을 언급했다. 그러나 평화와 관련해서 현실을 고찰해 보면, 인간존엄성과 공동선, 그리고 연대성과 보조성의 원리로 사회공동체가 운영된다는 이상론과 달리 구체적 상황에서는 각 개인들의 관심과 입장이 서로 다르고 갈등과 다툼은 끊이지 않을 뿐만 아니라 전쟁과 테러 속에 인류는 고통을 받고 있다. 평화롭게 산다는 것은 피를 나누는 부모 형제들 관계 안에서의 다툼과 긴장을 생각하면 지난한 일임이 분명하다. 다른 나라, 다른 문화, 다른 종교를 가진 사람들을 내 동포처럼 신뢰하고 협력하는 일이 어찌 쉬운 일일 것인가. 그래서 국제평화관계 이론에서도 평화란 일련의 과정이자 성장으로 이해한다. 광의의 평화건설(peacebuilding)이란 평화조성, 평화유지 그리고 평화건설이라는 세부 과정을 포괄한다. 평화건설의 첫 단계는 현재 계속되는 폭력과 전쟁 상태에서 소극적 평화 상태로 전환하고 안전을 우선 취하기 위해 충돌을 중지하는 행위이다. 이를 평화조성(peacemaking)이라 부른다. 다음 단계에서는 언제든지 다시 충돌이 발생하여 폭력행사가 재개될 것을 대비하여 이를 방해하는 요소들을 인지하고 점차 제거하거나 감소시키는 평화유지(peacekeeping) 행위가 이루어진다. 여기까지는 소극적 평화 상태로서 충돌이 일어날 근본 원인이 해소된 것은 아니다. 평화를 유지하면서 해야 할 일은 충돌과 폭력의 배경이 되는 원인을 찾아 제거해 나가며, 따라서 사회, 경제, 교육, 문화, 외교 등 모든 분야에서 비폭력적 방법으로 불의를 해소하고, 비공식적 대화, 타협 그리고 중재를 통해 파괴적인 충돌의 원인인 문화적 구조적 조건들을 변화시키는 일일 것이다. 이런 일련의 노력의 과정을 평화건설또는 평화구축 행위라 한다. 평화건설의 노력은 더욱 안정되고 평화로운 공존을 지향하여 개인과 그룹 사이의 단기 및 장기적 역동성을 변화시키기 위해서 신념과 태도 행동을 변화시킬 의도를 가지고 있다.[*]

이런 갈등과 충돌 속에서도 이 상황을 회피하지 않고 어떤 태도와 내적 지향을 가지고 평화를 건설해야 하는지에 대해서 프란치스코 교황은 네 가지 원리를 제시한다. 네 가지 원리들은 사회 안에서 빈번이 갈등과 충돌을 야기하는 기본요소들로 구성되어 있는데 이 중에서 어떤 기본요소가 더 본질적 가치를 지니는지를 가리키고 있다. 즉 네 원리는 가치의 경중을 식별하는 기준이 된다. '시간과 공간', '일치와 갈등', '실재와 이념', '전체와 부분' 사이에 항상 갈등이 발생하지만, 교황은 전자, 즉 시간, 일치, 실재, 그리고 전체가 후자, 즉, 공간, 갈등, 이념, 그리고 부분보다 더 우선해야 함을 주장하고 그 근

---

[*]   https://en.wikipedia.org/wiki/Peacebuilding.

거를 설명한다. 이 네 원리는 다툼과 갈등 사이에서 취해야 할 내적
태도, 즉 진리와 평화를 완성하기 위한 안목을 담고 있다.

1) 시간은 공간보다 위대하다

인간 세계 안에는 만족과 한계 사이의 긴장이 존재한다. 만족은
완전한 소유에 대한 열망을 일으키지만, 한계는 우리의 현실에 놓인
장애이다. 이상과 현실의 긴장 속에서 역사는 발전한다. '시간'은 우
리 앞에서 지평을 여는 표현으로서 유토피아적 미래와 한계를 지닌
현재를 하나로 묶어 볼 수 있도록 해주고 희망을 선사한다. 반면 공
간을 우선시한다는 것은 현재 안에 모든 것을 필사적으로 소유하려
하고 가두고 억누른다는 것을 의미한다.* '시간은 공간보다 위대하
다'는 원리는 현재의 공간을 소유하기보다는 먼 미래를 위해 과정을
시작하는 것에 더 큰 관심을 두도록 한다. "시간은 공간을 다스리고,
공간을 비추고, 공간을 끊임없는 확장의 고리 속에서 되돌아갈 가능
성 없이 서로 연결시키기" 때문이다.** 교황께서는 예수님께서 당신
지상 생활 동안 당신 제자들이 미처 이해할 수 없었던 일을 인정하셨
고 그들이 성령을 기다려야 할 것이라 자주 말씀하신 것(요한 16,12-
13)을 통해, 그리고 밀과 가라지의 비유(마태오 13,24-30)를 통해 시간

---

* 　같은 곳, 222항.
** 　같은 곳, 223항.

의 우위의 원리가 복음에서 연유하였음을 밝히고 있다.*

2) 일치는 대립을 이긴다

어떤 일을 추구하는 과정 안에서 대립은 불가피하다. 프란치스코 교황은 대립의 포로가 되어 당파적 입장에서 싸우면서 방향을 잃어 버린 부류의 사람들과 대립을 회피하려고 그 일에 제 손을 씻고 제 갈 길만 가는 부류의 사람들을 경계한다. 대신에 제3의 길을 걷도록 초대한다. 기꺼이 먼저 대립에 용감하게 맞서고, 그것을 해결하고 새로운 과정의 고리에 그 대립을 연결시키는 일에 우리를 초대한다. "행복하여라, 평화를 이루는 사람들!"(마태오 5,9)** 불일치 가운데 서도 친교를 구축하고 대립의 겉모습을 넘어 다른 이들의 존엄성을 보 려는 노력, 즉 사회에서 우정을 구축하는데 불가결한 원리로 '일치가 대립을 이긴다'는 점을 제시한다. 연대적 일치는 역사를 만들어가는 하나의 길이 되기 때문이다. 갈등과 긴장 그리고 충돌은 오히려 다 양성 안에서의 일치, 생명을 불어넣는 일치를 가능하게 한다. 이것 은 혼합주의나 통합주의를 말하려는 것이 아니라 오히려 더 높은 차 원에서 이루어지는, 양쪽에 타당하고 유용한 것을 보존하는 해결책 이다.*** 교황께서는 그리스도께서 하늘과 땅, 하느님과 인간, 시간과

---

* 같은 곳, 225항.
** 같은 곳, 226-227항.
*** 같은 곳, 228항.

영원, 육과 영, 개인과 사회, 이 모든 것을 당신 안에 하나로 만드셨다는 점을 상기시키시면서 이 원리가 복음의 핵심임을 밝힌다.* "그리스도께서는 우리의 평화"(에페소 2,14)라고 고백하는 것은 그분 안에서 모든 것의 일치와 화해를 보기 때문이다. 복음 메시지의 핵심은 평화의 인사, 즉 "그분 십자가의 피를 통하여 평화를 이룩함으로써"(콜로새 1,20) 세상과 세상의 대립을 이기셨고 화해시켰다는 것에 있다.**

3) 실재는 이념보다 중요하다

인간 정신의 이념과 실재 사이에는 항상 간격이 있기 마련이다. 이념은 인간이 노력해서 성취하려는 것이라면 실재는 단순하게 존재한다. 이념이 실재와 분리되지 않으려면 둘 사이에 끊임없는 대화를 하여야 한다.*** 단지 언어와 이미지 그리고 수사학의 영역에 안주하는 것은 위험하기 때문이다. 그러므로 '실재는 이념보다 중요하다'는 원리가 나온다. 이 원리에 따르면 실재를 포장하는 다양한 수단들을 거부해야 하는데, 프란치스코 교황은 순수를 가장한 천사적 형식들, 상대주의의 독재들, 공허한 수사들, 실재보다는 이념적인 목표들, 비역사적인 근본주의 상품들, 친절이 없는 윤리체계들, 지혜 없

---

*   같은 곳, 229항.
** 같은 곳.
*** 같은 곳, 231항.

는 지적담론들이 바로 그것이라고 천명한다. 본래 이념들, 즉 관념적 노력으로서 얻어진 것들은 소통, 이해 그리고 실천에 기여하지만 실재와 분리된 이념들은 관념주의와 유명주의라는 비효용적인 형식을 낳고 기껏해야 사태를 분류하고 규정하는데 쓰일 수는 있겠지만 확실히 행동으로까지 나아가게 하지는 못한다. 우리를 행동으로 불러내는 것은 이성에 의해 조명된 실재들이다.* 이 원리는 말씀의 육화와 말씀의 실천과 관련되어 드러난다. "예수 그리스도께서 사람의 몸으로 오셨다고 고백하는 영은 모두 하느님께 속한 영이다"(1요한 4, 2)는 진리는 실재를 중시하는 태도를 담고 있다.

4) 전체가 부분보다 위대하다

세계화와 지역화 사이에도 내재적인 긴장이 존재한다. 그러나 우리는 발을 딛고 있는 지역도, 자신의 편협과 진부함을 벗어나 더 큰 비전을 얻는 세계도 포기할 수 없다. 양극단에 함몰되지 않고 주체적이면서 동시에 새로운 경험에 개방적인 태도를 가질 때 하느님께서 인류에게 주신 아름다움을 모두 감상할 수 있을 것이다.** 교황께서는 우리의 지평을 넓혀서 우리 모두에게 이로움이 될 더 큰 선을 보아야 하며 그러나 그것은 자신이 서 있는 비옥한 땅과 장소가 지닌 역사에 뿌리를 내리면서 해야 한다고 강조한다. 개인적인 성장을 위

---

* 같은 곳, 232항.
** 위의 곳, 234항.

한 새로운 자극은 세계적인 전망에서 오기 때문이다.* 교황 프란치스코는 부분과 전체의 결합의 모델은 모든 점이 중심에서 같은 거리에 있고 각 점들 사이에는 아무런 차이가 없는 '구체'라기보다, 모든 부분을 수렴하며, 각 부분들은 각각 독창성을 유지하는 '다면체'가 더 적합하다고 생각한다. 다면체는 보편적 질서 안에서 사람들이 자기 고유의 개별성을 유지하는 모델이다.** 복음은 가장 작은 이 가운데 누구라도 잃지 않기를 바라시는 아버지의 기쁨을 전하는 것이고 잃어버린 양을 찾아 무리 속으로 데려오시는 착한 목자의 기쁨이기에 전체성과 통합성의 원리를 선포할 수밖에 없다.

이 네 가지 원리는 평화조성, 평화유지, 평화건설의 지향성을 가지고 나아가면서 현실적으로 만나게 되는 방해물과 유혹 속에서도 자신의 이익을 초월하여 더 큰 세계의 평화를, 지금 눈앞의 이익보다 더 지속적인 공동선을 위해 취할 수 있는 지혜라 할 수 있을 것이다. 종교, 특히 그리스도교의 종말론적 지평에서나 수용할 수 있는 영적 원리이기에, 세속사회의 평화건설과정에서 설득력을 얻기는 쉽지 않다고 말할지 모른다. 그러나 평화는 인류가 지속해서 성숙하여야 할 성장 과정이자 진화과정이라고 할 때, 그 평화가 어떤 당파적 입장도 넘어서는 보편적인 이상과 원리를 품고 있지 못하면 갈등 상황에 있는 모든 당파를 설득하고 평화의 일꾼으로 초대할 수 없을 것이다.

---

*   같은 곳, 235항.
** 같은 곳, 236항.

5. 평화담론과 종교의 지향적 가치들

최근의 평화담론을 이끄는 이론 중에는 종교 또는 영성을 기반으로 당파성을 초월하여 수행하는 자세로 양심과 인격성을 강조하는 이론가들이 등장하고 있다. 요한 갈퉁은 『평화적 수단에 의한 평화』에서 그리스도교와 불교 등 종교에서 '갈등'의 이해와 이를 극복할 지혜를 찾고 있다. 그는 동서양의 종교문명이 갈등과 불화를 '부조화(disharmony)'에서 찾았고 이에 대한 계명이나 계율을 두어 이를 경계했다고 파악한다. 종교는 부조화를 극복하는 수행법을 제공하며 갈등해결이 종교의 본질이라고 주장한다.* 젱하스(Dieter Senghaas)는 서구사회가 우연히 먼저 찾았고 지금도 갈등해소의 원리로 작동하고 있으며 다른 문화에서도 적용할 수 있는 헥사곤(hexagon, 육각형) 이론**을 제시했다. 젱하스는 이 이론을 어떤 특정 종교에서 직접 아이디어를 얻지 않았지만, 필자가 보기엔 이는 인간 본성 안의 종교성, 즉 정신의 초월성, 혹은 영성과 깊은 연관성이 있다. 헥사곤 이론은 개별 인간의 본능과 주관적 이해관계를 거슬러 갈등 해소와 연대의 문화를 지향하고 있다. 파머(Parker J. Palmer)는 『비통한 자들을 위

---

* 요한 갈퉁, 『평화적 수단에 의한 평화』(이재봉 외 역, 들녘, 2000), 187-196 참조.
** 여섯 가지 현대성의 원리란, '합법적인 국가 강제력의 단일화', '법치국가형태', '감정제어 장치', '민주주의적 참여', '분배정의' 그리고 '건설적 갈등조정의 정치문화' 등 여섯 가지 규범적 내용이다. 디이터 젱하스, 『문명내의 충돌』(이은정 역, 과학과 지성사, 1993), 39 참조.

한 정치학』에서 종교적 신념이나 양심을 가지고 갈등과 긴장 속에서
도 이상주의나 현실주의의 양극단으로 도피하지 않고 인내하며 창
조적인 제3의 길을 도출해 내어 세상을 변화시키는 교육을 제창하
였다. 파머는 교육과 종교 공동체는 인간의 마음을 연마하는 도량이
므로 민주주의 사회에서 창조적인 역할을 하는 능력을 양성하는 곳
이라 강조한다. 그러나 파머는 종교 공동체가 성직자가 중심이 되어
교조적 단일성을 유지하는 것보다 다양성과 다원주의를 수용하고
평신도가 중심이 되는 창조적 공동체 모델로 변해야 한다고 조언하
고 있다.* 이 밖의 종교와 계몽주의, 신앙과 세속적 가치가 융합하여
평화의 문화를 건설하는 평화 일꾼들의 사례와 이론들은 많다. 여기
서 필자는 이런 이론을 상론하는 것보다, 여러 종교들이 공통적으로
제시하는, 세속사회의 공론장에서 기여할 수 있는 지향적 가치가 무
엇인지를 성찰하면서 이 글을 마칠까 생각한다.

  종교는 때로 시민들의 신념과 태도를 근본주의적으로 고착시켜 오
히려 평화공존의 걸림돌이 되게 할 가능성이 있는 한편, 다른 한편 시
민들을 양성하여 인간의 존엄성과 평등을 중시하고 모든 인간의 완
성과 평화를 건설하는 평화 일꾼이 되게 할 수도 있다. 이런 이유로
나는 종교가 가지는 평화구축에 이바지할 수 있는 근본가치를 발굴
하는 것은 종교인과 신앙인들의 사명을 자극한다는 점에서 매우 중

---

* 파커 J. 파머, 『비통한 자들을 위한 정치학』(김찬호 역, 글항아리, 2012), 223 참조.

요하다고 생각한다. 여기서 성찰하는 지향적 가치는 그리스도교 관점에서 출발하지만, 이웃 종교에서도 발견되는 보편적 가치라 여겨지는 것이다. 이 성찰은 종교 간의 대화가 더욱 진전되어 한스 큉이 제창한 세계 윤리(Welt Ethos)를 만들어 가는데, 일조하기를 바란다.

1) 자기 초월성

> "그러자 예수께서 그에게 이르셨다. '어찌하여 나를 선하다고 하느냐? 하느님 한 분 외에는 아무도 선하지 않다.'"(마르코 10,18)

세속화된 사회는 이성의 한계를 인정하지 않고 이성을 절대화하고, 윤리적 가치증진보다는 과학과 기술의 합리성에 치중하면서 생명을 복제하고 죽음을 정복하여 마치 신의 지위를 얻은 것 같은 오만에 이르렀다. 종교는 이런 세속화 과정의 역사를 필연적 역사로 보지 않고 자기 비판적이고 자기 초월적인 방식으로 인류의 평화와 일치의 가치관을 찾는 모범이 될 수 있다. 신앙인은 자기 종교 체제 안에 인간 완성의 길이 존재하고 있음을 확신하고 더 나아가 이 길이 유일하다고 단언하는 순간, 자신의 의미체계를 절대화하고 스스로 '항상 더 큰 진리'를 배반할 위험에 놓인다. '하느님은 내가 생각하는 것보다 항상 더 큰 존재'라고 주장하는 안셀무스와 '도라 말할 수 있는 도는 영원한 도가 아니다'(道可道 非常道)라고 말하는 노자는 자기 초월성을 일깨우고 있다. 절대 진리에 순종하는 겸손과 개방성은 갈등 속에서도 평화의 길, 제3의 창조적 길을 찾고 타협하는 데 매우 긴요하다.

2) 양심

"양심은 인간의 가장 은밀한 핵심이며 지성소이다. 거기에서 인간은 홀로 하느님과 함께 있고 그 깊은 곳에서 하느님의 목소리를 듣는다."(사목헌장 16항)

모든 종교는 인간이 자율적이고 평등하다는 것을 전제로 인간 완성의 길을 제시한다. 인간을 존엄성을 지닌 인격이라 부르는 까닭이 양심, 즉 실천적 판단을 통해 스스로 자기 인생계획과 행복을 추구하는 존재임을 인정하기 때문이다. 양심은 자기 스스로의 통합을 이루는 균형자이자 자신과 타자 간의 정의적 관계를 숙고하고 판단하는 능력이다. 종교는 개인이 경제적 이익의 극대화에만 관심을 갖도록 부추기는 공리주의에 대항하여 자결권이 자기책임과 사회적 연대와 결합되어, 진리와 정의 등 참된 가치에 충실하려는 양심을 양성할 수 있다.

3) 연대

"네 이웃을 너 자신처럼 사랑해야 한다는 것이다."(마태오 22, 39)

종교는 창시자의 전인적 깨달음과 지혜를 제자 공동체가 복음(진리)으로 받아들여 함께 수행하고 세상에 선교하는 가운데 이를 타 문화와 시대적 흐름에 적응 발전시키는 의미체계이다. 시간과 공간, 문화와 사회에 개방적이고 연대하는 속성을 지녔다. 종교가 자기 비판적 성찰을 잃으면 하나의 이데올로기나 사이비 폐쇄 공동체가 되고 만다. 자기 초월성과 양심의 현실화와 사회적 소통으로서 연대성은 종교의 본질 중 하나로서 신앙을 가진 사람들의 진리와 참된 가치에 대한 갈망이 연대의 내재적 힘으로 작용하여 발현된다. 종교는 자율성과 주체성만을 강조하는 것이 아니라 개방적 연대와 협력을 도모할 힘을 가진다.

4) 용서와 화해 그리고 상생

"내가 너에게 말한다. 일곱 번이 아니라 일흔일곱 번까지라도 용서해야 한다."(마태오 18, 22)

자기초월성과 양심은 인간 정신의 내재적 성장 원리라고 한다면 연대와 용서는 대외적으로 구체적 상황 속에서 전인적 실천이 담보되어야 한다. 연대와 용서의 실천은 덕(virtue), 즉 윤리적 덕과 신덕이 실천 행위를 통해서 함양되어야 더욱 쉽게 가능한 일이다. 인간은 기억하는 존재이기에 기억을 통해 생명력이 활성화되기도 하지만 기억을 통해 자신의 고통과 억울함이 현재화되고 대상에게 보복하려는 심리적 욕구가 분출되기도 한다. 개인들 또는 국가 상호관계에서 평화를 지향하는 일 중 가장 어려운 부분이 서로 다른 기억을 어떻게 경청하면서 화해의 프로세스를 진행할 것인지가 아닌가 생각한다. 종교는 이 영역에서도 명상이나 영성기도를 통해 용서하고 화해하며 관계를 치료하는 실천적 지혜를 보유하고 있다. 피해자와 약자들의 고통이 인드라망(indrajala) 구슬의 빛으로 서로 경청하고 자신을 비추는 거울로 삼는 지혜가 화해 그리고 상생의 삶으로 나아가는 길이 될 것이다.

5) 비폭력적 수단

> "그러나 나는 너희에게 말한다. 악인에게 맞서지 마라. 오히려 누가 오른뺨을 치거든 왼뺨마저 돌려대어라. 또 너를 재판에 걸어 속옷을 가지려고 하거든 겉옷까지 내 주어라."(마태오 5, 39 이하)

평화가 적극적으로는 세상 만물의 웰빙과 관련되어 정의와 자비가 실현된 상태라고 한다면 소극적으로는 폭력이 없는 상태라고 말할 수 있다. 이 평화를 실현하기 위한 수단과 방법 역시 폭력이 아닌 평화여야 한다는 점이 중요하다. 자결권 또는 주체의 자율성을 강조하는 근대 계몽 사조에서는 정당방위와 정당행위라는 차원의 대응이 발전되었다. 여전히 윤리학에서 정당방위의 논리는 유효하지만 그런 차원만으로 진정한 평화를 만들 수 없다. 종교계(중세 신학)에서도 정의로운 전쟁론, 사형의 정당성의 논리를 인정하였지만, 종교 (그리스도교는 한 예)는 궁극적으로 세상의 모든 생명과 존재의 화해와 일치의 평화를 지향하고 창조주와 피조물 전체가 아버지와 형제자매로 통합된 가족(불교의 인드라망)임을 고백하고 있다. 따라서 종교는 타자에게 폭력과 혐오, 배제의 원리를 허용할 수 없고 갈등을 비폭력적 대화를 창조적으로 마련하는 문화를 건설하는 사명을 갖는다. 갈퉁은 평화는 창조적 갈등의 변형이 비폭력적으로 발생할 때 생기는 것이며 평화는 갈등을 처리하는 능력으로 시험될 수 있다고 주장한다.[*]

종교의 지혜에서 산출한 지향적 가치로 자기초월성, 양심, 연대, 용서와 화해 그리고 상생, 비폭력을 간단히 성찰하였는데, 이들을 관통하는 것은 결국 인간 마음이고, 마음속에 있는 '연민(compassion)의 원리'라 생각된다. 모든 사회제도와 정책은 인간을 중심에 두고, 특히 고통당하고 상처 입은 이들을 살피려는 마음에서 출발하지 않는다면 평화의 길은 요원할 것이다.

[*] 요한 갈퉁, 『평화적 수단에 의한 평화』, 187.

동아시아에서
종교 갈등의 해소를 통한
평화 추구와 불교*

류제동(성균관대 유학동양학과 강사)

* 이 논문은 2019년 대한민국 교육부와 한국연구재단의 지원을 받아 수행된 연구임
(NRF-2019S1A5B5A07111203)

1. 들어가며

21세기가 된지도 20년 가량이 흘렀는데 세상은 여전히 평화와는 거리가 멀다. 선풍적인 인기를 끌고 있는 베스트셀러 저자인 이스라엘의 역사학자 유발 하라리(Yuval Harari)는 가공할 핵무기 등의 발달과 함께 상대적인 전쟁의 빈도는 줄어들었다고 밝히고 있지만, 여전히 중동은 긴장 상태에 있고, 동아시아도 중국과 미국의 대립이나 북한의 핵무기 개발 등으로 인하여 평화로 가는 길은 아직도 멀기만 하다. 이찬수 교수의 감폭력(減暴力) 개념을 원용한다면, 그래도 폭력이 줄어드는 과정이 꾸준히 진전되어 왔다는 점에서 현실적인 위안을 얻을 수도 있겠다.

필자가 살아가고 있는 한반도를 둘러싼 동아시아의 평화 상황은 위와 같은 인식에서 지나치게 낙관적일 수도 없지만, 극도로 불안해 할 필요도 없다고 할 수 있겠다. 크게 보면 중국이나 북한과 자유민주주의 진영의 대립은 중국과 북한의 자본주의 수용 경향으로 인하여 완화되고 있다고 할 수도 있겠다. 이러한 정치 경제 체제의 변화와 더불어, 중국과 북한에서의 불교문화 부흥도 동아시아 평화구축에 일정한 기여를 하고 있다.

북한 측 학자들의 참여는 아직 아쉽지만, 불교학계에서 한국과 중국과 일본 학자들의 교류는 매우 활발하다. 일본은 동아시아 불교 연구에서 여전히 중요한 역할을 하고 있을뿐더러, 한국에서 중국 불교를 공부하러 중국으로 유학하러 가는 경우도 빈번해지고 있고, 중국 측에서 한국으로 공부하러 오는 경우도 많아지고 있다. 여기에 일본도 포함하여 한중일 공동으로 불교학술대회를 치르는 경우도 빈번해지고 있다. 평화의 증진이 상호 교류의 증가와 밀접한 관계가 있다는 점에서 매우 바람직한 일이라고 할 수 있다.

특히 동아시아의 근대에서 한국과 중국에 대한 침략과 식민지화로 부정적인 역할이 컸던 일본에서 자기 비판적 성찰의 특성을 보여주고 있는 비판불교운동의 대두는 매우 주목된다. 비판불교운동에서 특히 주목되는 것은 무아(無我) 사상의 실천적 함의에 대한 심층적인 천착이다. 이러한 맥락에서 전개되는 사회적 차별 철폐에 대한 노력은 동아시아 평화 증진에 크게 기여할 것으로 기대된다.

2. 동아시아 평화의 맥락에서 종교의 국가적 함의

물론 여전히 긴장 관계는 있다. 중국은 자본주의를 수용하면서도 여전히 공산당이 지배하고 있는 국가이다. 기독교는 물론이고 불교도 공산당의 일정한 통제 하에 놓여 있다. 북한의 상황은 더욱 열악하다고 할 수 있을 것이다. 다만 여기에서 국가의 종교 통제가 전적으로 문제만 있는 것은 아니라고 할 점도 있을 것이다. 일본에서 여러 해 전에 있었던 옴진리교 사건은 종교의 자유가 어느 정도는 제한되어야 할 필요성을 시사한다고 할 수도 있다. 종교 문제가 소위 일부 사이비 종교에 국한된다고 할 사람도 더러 있겠지만, 미국이나 유럽에서 가톨릭 사제들의 성추문(性醜聞) 문제들에 관련된 보도들은 기성 거대 종교들도 세속법의 통제하에 놓여야 할 필요성을 시사한다고 할 수 있다.

특히 최근 한국에서 코로나19의 확산 문제가 엄중한 가운데 일부 기독교 세력이 정부의 방역 정책에 저항하면서 그 전염병의 확산에 부정적인 영향을 주고 있는 현실은 매우 심각하게 성찰할 필요가 있다고 하겠다. 종교와 과학의 세계관이 부딪히고 있다고 할 수도 있겠지만, 종교적인 기도로 바이러스의 전염을 막을 수 있다는 사고방식은 건전한 종교적 신앙이라기보다는 전근대적인 미신으로 타파되어야 마땅하다. 국가의 정책은 과학적 인식에 토대를 두어야 하고, 종교는 그러한 정부의 정책에 적극적으로 따르고 협조할 책임이 있다.

다만, 코로나19의 방역을 명분으로 하여서 종교의 자유 등 국민의 기본권을 제한하려는 움직임 또한 심각한 우려를 낳고 있다. 어느 시대에나 전염병의 유행 또는 경제적 위기 등은 사람들의 마음을 불안하게 하고, 그러한 상황에서 대중들의 취약한 심리 상태를 악용하는 포퓰리즘 정책을 남발하는 정치가들의 등장은 민주주의의 위기를 부르고, 독재체제의 강고화와 더불어 종교의 자유에도 심각한 침해를 야기하는 경향이 있다.

일제 강점기에 전쟁의 위기를 틈타서 종교의 자유를 억압하고 신사참배를 강요한 것은 하나의 중요한 사례라고 할 것이다. 우리나라의 근세사에서는 물론이고 중국에서 오늘날에도 종교를 외세의 간섭과 결부지어서 종교의 자유를 제한하는 명분으로 삼고 있는 것은 다각도로 성찰할 필요가 있다. 종교의 자유를 어느 정도 허용해야 하느냐의 문제가 매우 까다로울 수밖에 없는 것이다. 최소한의 기준은, 특정 종교인의 자유가 다른 사람들의 자유나 생존에 위협이 된다면 제한을 가할 수밖에 없다는 것이겠다.

현대 과학의 입장을 더 적극적으로 고려하여 생각한다면, 오늘날 종교인들은 자신들의 선택이나 판단이 현대 과학의 입장과 상충하는 상황에서 어떤 선택을 할 때 과학의 입장을 더 감안하는 방향으로 나가야 한다고 볼 수 있겠다. 보다 적극적으로 이야기한다면, 종교인들, 특히 성직자들은 과학적인 인식의 기초 소양을 충분히 갖추어야 한다고 이야기할 수 있겠다. 그래야만 어처구니없이 기도를 통해서 코로나19의 전염을 피해갈 수 있다는 미신적인 사고방식을 고집하고 확산함으로써 수많은 사람들의 인명 피해를 야기할 수 있는 위험성을 막을 수 있을 것이다.

불교나 기독교나 원대하고 절대적인 이상을 꿈꾸는 면이 있지만, 현실 속에서 살고 있는 불자들이나 그리스도인들은 그 이상과는 거리가 먼 현실 속에서 세속적인 존재로서 삶을 영위하고 있기도 하다.

한중일 삼국의 과거 역사를 보아도 불교가 평화의 증진에 크게 기여한 역사도 있지만, 다른 한편으로 국가 간의 갈등에 기폭제 역할을 한 역사도 간과할 수 없다. 바람직하냐 여부를 떠나서 한국의 과거 역사에서 불교는 신라의 삼국 통일 전쟁에서 상당한 정도로 기여하였다는 평가가 있고, 고려(高麗)의 건국과정에서도 불교는 일정 부분의 역할이 이야기된다. 이러한 기여는 더 이상의 전쟁을 예방했다는 점에서 긍정적인 기여라고도 볼 수 있지만, 상대세력을 궤계 내지 무력으로 진압하였다는 점에서 정당성은 훼손될 수밖에 없다.

불교는 절대 평화를 지향한다는 이야기도 있고, 달라이라마나 틱낫한 같은 현대의 불교 지도자들이 어떠한 상황에서도 비폭력을 지향해야 한다는 설법을 하기도 하지만, 현실 속의 불자들은 여전히 다양한 입장들을 갖고 있다고 해야 할 것이다. 다시 말해서, 폭력의 감소 내지 최소한의 폭력에는 대부분의 사람들이 동의할 것이지만, 소위 정당한 폭력이 필요할 수밖에 없는 상황도 있다는 데에는 많은 사람들이 수긍할 것이다. 여기에서 어느 정도의 폭력이 받아들일만한 폭력이냐에 대한 인정 내지 합의가 이루어지는 것이 중요할 것이다.

최근 이란의 술레이마니(Qasem Soleimani) 사령관이 미국의 드론에 의하여 죽임을 당한 것은 동아시아와 직접적인 관련은 없다고 할 수도 있으나, 오늘날 평화가 어느 정도 수준에서 관리되고 있는지를 시사하는 사례라고 할 수 있다. 이란에 대한 미국의 대응은 경제적 제재를 지속하는 가운데에서도 직접적인 폭력은 자제하는 선에서 관리되고 있었다고도 할 수 있는데, 솔레이마니 사령관의 살해를 통하여 그 대응이 한 단계 엄중해진 것이다. 다만 그의 살해 뒤에도 미국이나 이란이나 모두 더 이상의 확전은 자제하고 있다는 점에서 상대적으로 여전히 평화가 유지되고 있다고 하겠다.

3. 동아시아 각국의 평화적 교류에서 비판불교의 중요성

남한과 북한 사이에서도 금강산 관광을 통하여 서로 간에 교류가 이어지던 와중에 남한 관광객 박왕자 씨가 관광 도중 위험 지역에 들어갔다가 사살되는 사건이 발생하면서 남북간의 평화가 뒷걸음치게 되었다. 그러나 금강산 관광이 중지되는 상황에서도 긴장이 더 확대되지는 않는 선에서 어느 정도의 평화가 유지되고 있다고 할 수도 있겠다. 그 외에도 여러 사건들이 남한과 북한 사이에 발생하면서도, 남한과 북한은 전면적인 대립으로는 치닫지 않는 선에서 상대적으로 평화가 유지되고 있다. 이처럼 동아시아는 다소의 대립 내지 긴장 속에서 상대적으로 평화를 유지해온 것이 최근의 현실이라고 하겠다. 북한과의 평화를 진전시키는 데 보다 적극적이었던 문재인 정부 하에서 일본 식민지 시절의 징용 문제와 관련하여 일본과의 대립이 다소 커지면서 일본의 반발과 더불어 경제적 대립이 커지기도 하였었지만, 그래도 서로 어느 정도의 평화를 유지하고 있다고 하겠다.

이러한 상황에서 동아시아의 평화를 유지 내지 진전시키기 위해서는 당연히 서로 간의 교류의 확대가 긴요하다. 그리고 그 교류의 기반으로서 한중일이 공유하고 있는 불교문화는 중요한 기여를 할 수 있다. 다만 여기에서 학자들의 교류에 있어서, 불교가 이상적인 차원에서 절대적인 평화를 지향한다는 관념에 경도되기보다는, 현실에서 불교가 어떤 역할을 해왔는지에 대한 객관적인 검토와 더불어서 평화를 증진하기 위하여 불교가 구체적으로 어떠한 기여를 할 수 있는지를 모색하는 것이 중요하다고 하겠다. 가령 일본에서는 하카마야 노리아키(袴谷憲昭)와 마츠모토 시로(松本史郎)의 비판불교(批判佛敎) 운동이 주목된다고 할 것이다.* 앞에서 언급했듯이 한국의 일본 식민지 시절 징용 문제가 지금도 여전히 살아 있는 문제이듯이, 과거 일본 군국주의 팽창에 불교가 얼마나 역할을 하였는지에 대한 비판적 검토가 동아시아 평화 정착에 중요하다고 할 수 있다. 일본에서는 주변국들이 이 문제에 대하여 얼마나 민감하게 의식하고 있는지에 대하여 비교적 둔감한 상황이라는 느낌이 있다. 여러 국제회의에서 일본 학자들을 만나본 경험에서, 단순히 개인적으로 그런 사람들만 만났다고 할 수도 있겠지만, 상당수의 일본 학자들이 일본의 침략시기에 대하여 별 개념이 없거나 오히려 미화적인 태도를 갖고 있는 것을 보기도 하였다. 이러한 태도는 동아시아 평화 정착에 상당한 지장을 초래하고 있다.

다만, 자국의 과거 역사를 미화하지 않고 통렬하게 반성하는 것은 정말로 매우 어려운 일이라는 점도 고려되어야 한다. 일본 제국주의 시대가 그 제국주의하에 놓였던 주변 국가들에게 과연 무조건 나쁜 시기이기만 했는지에 대해서 이견이 있다는 사실에도 주목할 필요

---

* Jamie Hubbard & Paul L. Swanson 편저, 류제동 역, 『보리수 가지치기: 비판불교를 둘러싼 폭풍』, (서울: 씨아이알, 2015).

가 있다. 특히 한국에서 최근 친일파 배격의 분위기가 강해지는 것과 동시에 일제시대에 대한 부정적인 시각에서 벗어나서 보다 객관적으로 파악해 보려는 학계의 움직임이 있기도 하다.[*]

4. 동아시아의 평화에서 무아(無我)의 함의

불교에서는 무아(無我)를 중요한 가르침으로 내세우고 있다. 그러나 이 무아는 자신의 자아를 부정하는 차원에서는 이기주의적인 태도를 완화시키는 점에서 평화에 기여할 수 있지만, 상대방의 자아를 부정하는 차원에서는 상대방과의 대립을 불러올 수도 있다. 그리고 자신의 자아를 부정하는 것도 왜곡된 방식으로 이루어질 때에는 상대방의 무리한 폭력에 대하여 속수무책으로 피해자가 되도록 할 수도 있다. 다른 종교도 마찬가지이겠지만, 종교적인 가르침은 그 내용을 얼마나 깊이 있게 이해하여 소화하고 실천하느냐에 따라서 현실에 미치는 영향이 엄청나게 달라진다. 불교 경전의 비유를 따르자면 같은 물을 먹고도 뱀은 독을 내고 소는 젖을 낸다. 불교의 가르침이 동아시아의 현실에서 평화의 정착에 얼마나 기여하느냐는 불교 자체보다는 불교 관련 지식인들이 어떻게 불교를 응용하느냐에 달

---

[*] 이러한 이견이 일반적으로 좋은 평가를 받고 있지 않음에도 유의해야 한다. 그렇다고 하더라도 한국의 소위 일류 대학에 속하는 경제학자가 이러한 이견을 내고 있고, 그 이견을 담은 저서가 금서로 되지 않고 자유로이 판매되고 있음은 주목할 가치가 있다고 하겠다. 이영훈 외 저,『반일종족주의: 대한민국 위기의 근원』, (서울: 미래사, 2019).

려 있다.

여기에서 우리는 지두 크리슈나무르티(Jiddu Krishnamurti, 1895-1986)의 다음과 같은 주장에 주목할 필요가 있다.

> 그대가 스스로를 인도 사람이라거나 무슬림이라거나 그리스도인이
> 라거나 유럽 사람이라거나 또는 그 밖의 어떤 사람이라고 자처할 때,
> 그대는 폭력적이다. 그대는 왜 그것이 폭력적인지 아는가? 그렇게 함
> 으로써 그대는 스스로를 나머지 인류와 구분짓고 있기 때문이다. 그
> 대가 믿음이나 국적이나 전통으로 스스로를 구분지을 때, 그 구분은
> 폭력을 키운다. 그래서 폭력을 온전히 이해하려는 사람은 어떤 국가
> 나 종교나 정당이나 정치체제에 소속되지 않는다. 그는 오직 사람에
> 대한 온전한 이해에 관심을 둘 뿐이다.*

정체성을 내세우는 것의 위험성에 대한 크리슈나무르티의 비판은
불교의 무아사상의 핵심을 잘 짚어내고 있다. '인도 사람'이나 '무슬
림'이나 '그리스도인'이나 '유럽 사람'이라는 표현을 긍정적으로 생각
해 볼 수도 있을 것이다. '인도 사람'은 인도의 여러 지역과 계층에 속
한 사람들이 그들 모두를 아우르는 호칭 아래 서로 다투지 않고 통합
될 수 있도록 도움을 주어 왔다고 볼 수 있다. '무슬림'이나 '그리스도

---

* Jiddu Krishnamurti, *Krishnamurti: Reflections on the Self*, Chicago: Open Court Publishing, 1998, 94.

인'도 마찬가지이다. 아랍의 여러 부족들이 서로 다투다가 '무슬림'이라는 하나의 호칭 아래 서로 단결하는 계기를 맞게 되고, 지구촌의 여러 지역과 계층의 사람들이 '그리스도인'이라는 호칭 아래 서로 형제애를 확인할 수 있게 되기도 한다. '유럽 사람'이라는 호칭은 유럽 지역의 각 나라 사람들이 좁은 애국심을 넘어서 '유럽'이라는 큰 정체성 아래 통합되도록 만든다. 동아시아 사람들도 중국이나 일본이나 한국이라는 작은 정체성을 넘어서 '동아시아'라는 더 큰 정체성 아래 단결할 수 있는 날이 오기를 기대할 수 있겠다.

그러나 오늘날 지구촌 사람들은 서로 빈번하게 교류하면서 섞이고 있다. 국제회의에서 서로 같은 테이블에 앉아서 식사를 하고 대화를 하는 상황이 비일비재하다. '인도 사람'이 중국 사람과 대화를 나누고, '무슬림'과 '그리스도인'이 대화를 나누고, '유럽 사람'이 '동아시아 사람'과 대화를 나누고, '아프리카 사람'이 '동아시아 사람'과 대화를 나눈다. 이런 상황에서 서로 자신의 정체성만을 고집한다면 어떻게 되겠는가? 또한, 외국어 학습의 기회가 더 많아지고, 통역 애플리케이션이나 번역 애플리케이션의 개발이 가속화됨에 따라 다른 문화권의 언어로 된 책이나 논문을 보다 손쉽게 접하게 되면서 글의 저자들은 자신의 글이 인류 공동체의 어떤 구성원에게든 다 읽힐 수 있다는 것을 의식해야 하는 시대가 되어가고 있다.

동아시아의 평화를 이루고, 더 나아가 동아시아의 평화가 세계 평화에 기여하게 하려면, 동아시아의 지식인들은 스스로의 정체성에 대해서 보다 보편적인 성찰을 이루어야 할 것이다. 학문에는 국경이 없어도 학자에게는 국경이 있다는 말도 있지만, 학자가 좁은 정체성에 갇혀서 학문 활동을 한다면 인류사에 기여하는 학자가 되기는 어려울 것이다. 그러한 학자에게는 곡학아세(曲學阿世)라는 불명예가 따라다닐 것이다.

일본의 세계적인 기업가이자 박애주의자인 이나모리 가즈오(稻盛和夫, 1932-)는 독실한 불자로서 국경이 있는 것의 문제점을 다음과 같이 밝히고 있다.

> 국가 간의 경제마찰 문제도 그 요인인 무역수지 불균형이 발생하는 이유는 '국경'이 있기 때문이다. 각 나라가 독자적인 정책을 시행하고 개별 통화를 갖고 있으므로 국가에 따라 무역 흑자나 무역 적자가 발생하며, 그 때문에 경제마찰이 일어나는 것이다.
>
> 경제도 세계화되고, 사람이나 물건도 국경을 넘어 자유롭게 이동하는 지금 시대에도 국경으로 구분된 국가의 정책이나 통화의 차이는 벽이 되어 경제 격차와 마찰을 발생시킨다. 그렇다면 국경을 없애고 세계를 하나의 나라로 생각하여 정책을 일원화하고 통화도 통합하면 문제는 해결되지 않을까?*

이나모리 가즈오의 이러한 주장은 여전히 서로 상당한 갈등을 겪

---

* 이나모리 가즈오 저, 김형철 옮김, 『카르마경영』 (서울: 서돌, 2019), 126-127.

고 있는 한국과 중국과 일본 사이에서는 무리한 주장이라고 할 수도 있을 것이다. 우리나라에서 항일 독립운동을 소재로 한 드라마나 영화가 여전히 인기를 끌고 있고, 중국에서는 더욱 그러한 것이 현실이다. 이러한 상황에서 무엇을 얼마나 기대할 수 있을 것인가? 그러나 이나모리 가즈오의 다음과 같은 진단은 여전히 주목할 가치가 있다.

선진국들 사이에서는 이미 경제 정책 실행에서 협조가 필요한 상황이 되었으며, 사실상 국가 주권은 조금씩 제한되는 방향으로 가고 있다. 또한 EU(유럽연합)의 탄생은 이 세계연방정부의 선구적인 현상이라 할 수 있다. 유럽은 하나의 공동체가 되었고, 나라마다 서로 달랐던 정치나 경제 정책도 통합되고 있는 추세이다. 유로라는 통합된 통화가 탄생한 것은 그 상징적인 것이다. 그러므로 이러한 움직임을 세계 규모로까지 확장시킨다는 것 역시 결코 불가능한 일은 아니다.[*]

유럽의 과거 역사를 생각한다면 유럽연합은 어쩌면 한국과 중국과 일본의 동아시아 연합보다도 가능성이 더 희박한 일이었다고 할 수도 있다. 그리고 지금도 유럽 각 국가의 상호관계를 생각한다면 그렇게 성공적이라고 하기도 어렵다고 말할 사람도 있을 것이다. 그러나 최근 한국 내에서의 반일 감정 고조를 다소 예외로 한다면, 상호 교류나 관광 붐 등을 고려할 때, 한국과 중국과 일본의 관계도 낙

---

[*] 위의 책, 127-128.

관의 여지가 없는 것도 아니다. 또한 이나모리 가즈오는 국경을 없애는 문제를 과도하게 우려할 필요가 없다는 점을 다음과 같이 이야기한다.

> 나라의 개념을 없애면 각 나라가 가진 역사나 문화도 소멸되지 않겠는가 하는 비난의 목소리도 있을 수 있다. 그러나 인류는 국가의 역사 이상으로 오랜 발자취를 걸어 왔으며, 이후로도 긴 세월을 살아나가야 한다. 즉 우선 인간이 있고, 그 다음에 국가가 있으며, 그것을 역행할 수는 없다는 뜻이다. 또한 국경을 없앤다고 해서 문화나 역사가 없어지는 것은 결코 아니다.*

여기에서 우리는 문재인 대통령의 "사람이 먼저다"라는 캐치프레이즈를 떠올려볼 수도 있겠다. 정파적 입장에 따라서 이러한 언급 자체를 거북하게 여길 독자도 있겠으나, 문구 자체만을 본다면, 현 한국 정부가 이 캐치프레이즈를 얼마나 따르고 있느냐 여부와 별개로 그 주장을 긍정적으로 볼 수 있을 것이다. 한국 사람들이 '한국'이라는 나라에 대해서 상당한 애착을 가지는 것은 당연하다고 할 수도 있지만, '한국'은 먼 훗날의 역사 연구 차원에서 볼 때에는 한반도의 남쪽에 일정 시기 동안 주권을 행사한 국가라고 할 수밖에 없을 것

* 위의 책, 128.

이다. 앞으로의 역사가 어떻게 전개될 수 있는지 장담하기는 어렵지만, 과거 역사로 볼 때 어떤 나라도 영원하지 않다고 이야기할 수밖에 없을 것이다. 국가는 국가를 위해서 존재하는 것이라기보다는 사람을 위해서 존재하는 수단이라고 해야 마땅하다. 종교도 마찬가지이다. 종교를 위해서 사람이 존재하는 것이 아니라, 사람을 위해서 종교가 존재한다. 국가나 종교가 지구촌의 사람들이 서로 분열하고 갈등하도록 부추긴다면 그러한 국가나 종교는 존재 가치가 부정적일 수밖에 없다.

5. 나가며

동아시아의 평화는 매우 중요하면서도 민감한 문제이다. 일본제국주의에 의한 한반도와 대만의 식민지화가 종식된 이래 75년이 흘렀지만, 여전히 중국과 한국에서는 매우 부정적인 감정의 앙금이 살아 있는 것이 현실이다. 여기에는 일본의 과거 악행에 대한 사과가 충분하지 않다는 중국과 한국의 불만도 한 몫을 하고 있다. 실제 필자도 국제회의에서 일본인 학자와 대화를 해보면 상당수의 일본인 학자들이 일본의 제국주의 시절의 악행에 대하여 무감각하다는 인상을 받기도 한다.

그러나 과거에 발목이 잡혀서 미래를 맞이하는 데 주저해서는 안된다. 과거사에 대한 엄정한 정리도 필요하지만, 지나치게 과거에 얽매이는 태도는 바람직하지 못하다. 현재 진행되고 있는 현실의 문제 개선이 더 중요하다. 동아시아의 평화를 이루기 위해서는 동아시아의 현재에서 평화의 만개를 가로막고 있는 것이 무엇인가에 대한 성찰이 더 중요한 것이다. 그리고 여기에서 우리가 주목해야 할 것은 사람의 평화와 행복이 중요하다는 것이다.

불교에서는 사람의 평화와 행복에서 중요한 것이 무아(無我)의 실천이라는 점을 강조한다. 사람은 무아적 존재라는 것이 불교에서의 탁월한 통찰이다. 사람은 그 무엇으로도 그 정체성이 규정될 수 없는 고귀한 존재라는 것이다. 사람이 자신의 고귀한 무아적 정체성을 망각하고 특정 국가의 신민이라거나 특정 종교의 신봉자로서의 정체성으로 스스로를 격하시킬 때, 스스로를 비굴하게 만들 뿐만 아니라 인류 공동체의 평화를 위협하게 된다. 인도 출신의 세계적인 명상가 크리슈나무르티는 이와 관련하여 다음과 같이 이야기한다.

폭력은 타자를 죽이는 것만이 아니다. 우리가 날카로운 말을 하는 것도 폭력이고, 남을 밀치는 자세를 드러내는 것도 폭력이고, 두려움 때문에 복종하는 경우에도 폭력은 존재한다. 곧, 신이나 집단이나 국가의 이름으로 조직적인 학살을 저지르는 것도 폭력이지만, 폭력은 훨씬 더 미묘하고, 훨씬 더 깊다. 우리는 폭력의 심연 그 자체를 탐구해 들어가야 한다.*

다시 말해서, 종교나 집단이나 국가의 이름으로 온갖 폭력이 자행

---

* Jiddu Krishnamurti, *Krishnamurti: Reflections on the Self*, 94.

되어오고 있는 인류의 현실에 대하여 우리는 통절한 반성을 해야 하지만, 그러한 미명하에 분출되고 있는 우리 내면의 폭력성에 대하여 우리는 더욱 깊은 반성을 해야 한다. 종교나 국가 자체가 문제라기보다는 종교나 국가를 팔아서 폭력을 분출시키고 있는 우리 자신이 더 문제라는 것이다. 우리 자신의 탐욕과 분노와 어리석음이 우리의 무아적 정체성을 훼손하고 옹졸하게 만들어서 서로 갈등하면서 다투게 만드는 것이다.

무아적 정체성을 살려나가자는 불교의 주장은 너무 이상적인 주장이라고 할 수도 있을 것이다. 한없는 탐욕에 끄달리면서, 그 탐욕을 종교와 국가에 대한 충성으로 숭고한 것인 양 포장하여서 위선적인 삶을 살아가는 것이 많은 사람들의 진면목이라고 할 수도 있을 것이다. 이러한 예토(穢土)에서 정토(淨土)의 구현을 꿈꾸는 것은 연목구어(緣木求魚)에 불과하다고 할 수도 있을 것이다.

그렇다고 하더라도, 동아시아는 유구한 역사의 불교적 사상과 문화가 살아 숨쉬는 유산을 공통적으로 품고 있다. 한국과 중국과 일본이 각자의 작고 특수한 정체성을 초월하여 보다 보편적인 정체성에 초점을 맞출 때, 특정 국가나 종교는 사람을 살리는 도구로서만 의미가 있다는 것에 더 유의하게 될 때, 동아시아 평화는 한 걸음 더 가까워질 것이다.

원불교 영성과 환경,
그리고 남북의 평화문제*

원영상(원광대 교수)

* 이 글은 〈2018 종교인 대화마당(2018.8.31. 원불교 중구교당)〉에서 발표한 것이다.

1. 불법에서의 환경과 국가의 의미

불교에서는 세간과 출세간으로 나누어 전자는 중생들이 사는 세계, 후자는 불문에 출가하여 수행하는 세계, 혹은 깨달음을 얻은 불보살들이 사는 세계라고 이름한다. 현재까지도 이러한 개념은 기본적인 것으로 받아들여지고 있다. 이는 다른 말로 하자면 성속의 2원적 세계관이라고 할 수 있다.

모든 세계는 정보(正報)와 의보(依報)에 의해 형성이 된다. 정보는 인간 개개인이 과거에 지은 선한 업(karma)과 악한 업에 의해 이생에 받은 과보를 말한다. 의보는 인간이 의지하고 있는 국토를 말한다. 의보는 기세간(器世間)이라고도 한다. 이 기세간은 세계, 즉 인간의 환경을 바라보는 관점에서 나온 것으로 부파불교로부터 대소승불교에 이르기까지 다양한 견해가 있다. 기세간은 유정중생(有情衆生)이 사는 세계로서, 산하대지와 같이 물리적인 시간과 공간이 전개되는 욕계·색계·무색계를 말한다.

욕계는 마음에 탐욕이 많아 물질에 구속된 세계로 이루어져 있다. 지옥·아귀·축생·아수라·인도·천상의 6도(途)가 속해 있는 세계다. 이는 탐욕의 정도에 따라 나누어진 것이다. 지옥에서 천상으로 갈수록 탐욕이 옅어지는 것이다. 욕심 또한 식욕·색욕·재물욕·수면욕·명예욕 등 일반적으로 우리가 취하고자 하는 마음이다. 색계는 욕망을 떠났지만 미세한 진심(瞋心), 즉 화내는 마음이 남아 있는 세계다. 마지막 무색계는 탐심과 진심이 사라졌지만 나에 대한 집착이 남아 있는 세계다.

이 삼계는 불교 수행에 가장 걸림돌이 되는 삼독심(三毒心)인 탐진치(貪瞋癡)의 마음을 정복한 정도에 따라 달라지는 세계로서 정신세계라고 할 수 있다. 이 마음에 따라 앞에서 언급한 6도를 윤회하게된다. 대승불교에 와서도 삼계는 수행에 의한 정도에 따라 달라지는 세계를 말한다. 이를 중생세간이라고 할 수 있다.

대승불교의 핵심 경전 중 하나인 『화엄경』에서는 세간·출세간의 성속의 세계를 다소 나누어 기세관·중생세간(衆生世間)·지정각세간(智正覺世間, 또는 지정세간)이라고 한다.* 기세관은 앞에서처럼 유정중생이 거주하는 국토를 말하고, 중생세간은 삼계에 의해 펼쳐지는 6도 세계를 말하며, 지정각세간은 5온(蘊, 색수상행식)이 공하다는 무아의 이치를 깨쳐 마지막이 등각·묘각위인 52위의 부처의 경지에 이르는 수행위계를 말한다.

수행을 통해 불지(佛地)에 오르는 것이 목표인 불교에서 이 삼계 육도는 모두 한 마음이 지어낸 것에 불과하다. 일체유심조라는 말로

---

* 신라의 고승 의상(義湘, 625-702)이나 화엄종 제3조인 현수법장(賢首法藏, 643-712)의 다양한 법문집에 잘 나타나 있다.

표현하는 것이 그것이다. 대표적으로 원효(元曉)는 삼계가 다 일심에서 나왔다고 한다. 이렇게 놓고 보면, 정보와 의보는 밀접하게 관련되어 있다는 것을 알 수 있다. 인간 개개인의 업인 정보가 모여 이 세계가 형성된 것이다. 이를 깨달음의 관점에서 보면, 의정불이(依正不二)의 세계가 된다. 예를 들어, 서방세계에 계신 아미타여래의 정토 극락은 『관무량수경』에서 설하듯이 법장비구가 서원하여 이루어진 것으로, 한 생각의 깨달음에 의해 부처(아미타불)를 이루고, 불국토가 형성된 것이다.

이러한 점에서 우리가 흔히 알고 있는 신토불이(身土不二)라는 말은 이러한 뜻에서 나온 것이다. 명나라의 고승 지욱(智旭)이 지은 『아미타경요해(阿彌陀經要解)』에서는 정토경전인 『아미타경』(鳩摩羅什 譯)을 해석하면서 "대승경전은 모두 실상으로써 정체(正體)를 삼는다. 무엇을 일러 실상이라고 하는가. 현전하는 일심의 자성이 바로 그것이다. …일체의 상(相)을 떠난 즉, 일체법이 되며, 오직 그 일체상을 떠난 고로 무상이다. …고요하면서도 항상 비추므로 억지로 이름하여 청정법신(清淨法身)이다. 마땅히 알라. 적조불이(寂照不二), 성수불이(性修不二), 신토불이(身土不二)이므로 실상 아님이 없다"*라고 한다.

---

* 智旭, 『阿彌陀經要解』(大正藏37, 364a22-b10), "諸大乘經皆以實相為正體. 何謂實相. 即現前一念心之自性是也. (중략) 離一切相即一切法. 唯其離一切相故無相. …寂而恒照 強名清淨法身. 當知寂照不二性修不二. 身土不二. 無非實相."

이 지욱의 말 가운데 신토불이는 수행의 경지를 말한다. 실상은 이 마음에 의해 이루어진 세계를 말한다. 그 마음의 근본인 청정법신이 발하는 성성적적(惺惺寂寂)하고 적적성성(寂寂惺惺)한 세계는 곧 둘이 아니며(定慧等持), 성품과 수행이 둘이 아니며, 몸과 국토가 둘이 아닌 바로 이 세계가 모두 실상이다. 지극히 관념적인 세계이기는 해도 앞에서 언급한 일체유심조나 삼계일심을 의미하는 것이다.

우리가 오늘날 말하는 환경, 즉 인간 삶의 유형무형의 모든 조건에 대해 이처럼 불교에서는 마음이 다 지어낸 것으로 가르치고 있다. 실제 우리가 겪고 있는 지구적인 환경의 문제는 모두 마음에서 일어난 것이다. 한 사람 한 사람의 마음이 어떻게 움직이는가에 따라 이 지구환경의 변화가 이루어지는 것이다.

국가 또한 마찬가지이다. 인간의 업력이 만들어 낸 하나의 조직사회인 것이다. 연구자들은 국가란 근대의 상상의 산물*이라고 하지만, 이 역시 업력의 산물이다. 남북이 분단된 것은 당연히 우리 중생들의 업력이다. 여기에는 한반도 백성들에게만 짐 지울 수 있는 업력만 있는 것은 아니다. 오랜 기간 쌓이고 쌓인 인류의 업력이 종합적으로 작용한 것이다. 한반도의 통일을 냉전 해체의 완결이라고 보기도 한다. 그것뿐만이 아니다. 소련연방의 해체를 프랑스혁명의 완결이라고 보는 것처럼, 한반도의 분단은 세계사적인 모순이 모여서

---

* 베네딕트 앤더슨(Benedict Anderson)은 『상상의 공동체』에서 국가는 영토, 민족, 단일 문화 등의 상상으로 만들어진 공동체라고 진단한다.

일어난 것이고, 이의 해결 또한 이러한 모순의 해체를 의미한다.

이처럼 국가는 기세간 가운데에도 삶에 가장 가까운 영향을 미치는 공업(共業)의 세계다. 국가 내부의 구성원만이 아니라 이 세계 전체의 업력이 작용하는 공동체인 것이다. 불교는 물론 종교는 이러한 국가의 업력의 체계를 넘어서 있다. 한 국가에 소속되어 있지 않고, 월경(越境)하는 문화공동체로서 국가는 종교에 비해 하부 구성요소가 된다. 그럼에도 전통적으로 불교는 국가 권력을 인정해 왔다.

물론 그 권력의 정당성 유무를 묻지도 않고 굴복하거나 유착한 역사도 가지고 있다. 그러나 그러한 국가에 대해서 불법은 중국의 혜원(慧遠, 334-416) 스님이 그랬듯이 그 권력에 고개를 숙이지 않는 당당한 역사를 가지고도 있다.* 국가와 불교는 언제나 평화로웠던 것은 아니다. 길항(拮抗) 관계 속에서 불교와 국가는 서로를 견제하고 있었다고 할 수 있다. 그럼에도 무저항의 불교는 중국의 3무1종(三武一宗)**의 난이나 조선의 숭유억불정책, 일본 근대의 폐불훼석(廢佛毁釋)처럼 언제나 국가 권력에 노출되어 있었다. 중생의 업장에 의해 형성된 국가에 종속된 것이다.

불교가 국가에 종속되는 것을 방편이라고 해야 할지, 아니면 국가를 초월한 출세간적인 세계를 지향하기 때문이라고 해야 할지 여전

---

* 중국의 고승 혜원(慧遠)은 『사문불경왕자론(沙門不敬王者論)』을 지어 사문은 왕에게 경례를 올리지 않아도 된다고 했다.
** 중국의 폐불사건으로써 북위의 태무제(太武帝), 북주의 무제(武帝), 당의 무종(武宗), 후주의 세종(世宗)에 의해 저질러진 불교 탄압을 말한다.

히 논쟁 중이다. 아무튼 한반도 민중의 고통인 남북문제는 중생의 업력을 해소한다는 차원에서 종교계, 특히 불교계의 적극적인 개입이 요청된다. 국가를 중생들이 살아가는 하나의 직접적 환경요소라고 한다면, 그 갈등과 모순 상태를 인간주의적 상황으로 변화시켜야 한다. 이는 불법을 주재(主宰)하는 불보살들의 대자대비한 발원에 의해 이 사바세계의 삶의 조건을 정의롭고도 평화로운 환경-불국정토의 세계-으로 변화시킨다는 것에 다름이 아닌 것이다.

그렇다면 원불교의 영성적 세계는 이러한 환경과 남북문제를 어떻게 바라보고 있는가. 본격적으로 들어가기에 앞서 언급해 둘 것이 있다. 원불교는 불교의 핵심 가르침인 불법승의 삼보를 근현대적으로 재해석한 개혁불교이자 현대불교, 나아가 참여불교라는 점이다. 즉, 전통적인 가르침은 그대로 계승하되, 근현대적 관점에서 불법을 새롭게 해석하여 세계를 변화시키고자 하는 교단이라는 것이다. 따라서 이제부터 전개되는 원불교의 영성 세계는 역으로 현대가 요구하는 새로운 불법의 가치를 드러내고 있다고 할 수 있다.

2. 원불교 영성의 세계

1) 진공묘유의 세계

원불교가 바라보는 세계는 앞장에서 언급한 것처럼 의정불이(依正不二)의 세계에 기반한다. 그것은 통합된 하나의 세계를 말한다. 그 핵심은 일원상(一圓相)*의 진리이다. 일원상의 진리를 설하는 "일원(一圓)은 우주 만유의 본원이며, 제불 제성의 심인이며, 일체 중생의 본성"**이라는 말은 일원으로 통칭되는 세계를 나타내고 있다. 우주 만유의 근본이자 깨달은 성현의 세계, 중생의 본성 즉, 불성(佛性)이 현현한 세계다. 그것을 도(道), 신(神), 진리, 실상 등 그 무엇으로 표현해도 좋은 하나의 세계인 것이다. 깨달음의 눈으로 보는 세계관이다. 나머지 일원상의 진리는 다음과 같다.

> 대소유무(大小有無)에 분별이 없는 자리며, 생멸거래에 변함이 없는 자리며, 선악업보가 끊어진 자리며, 언어명상(言語名相)이 돈공(頓空)한 자리로서 공적영지(空寂靈知)의 광명을 따라 대소유무에 분별이 나타나서 선악업보에 차별이 생겨나며, 언어명상이 완연하여 시방삼계(十方三界)가 장중(掌中)에 한 구슬같이 드러나고, 진공묘유의 조화는 우주만유를 통하여 무시광겁(無始曠劫)에 은현자재(隱顯自在)하는 것이 곧 일원상의 진리니라.***

---

* 원불교의 진리의 상징인 일원상은 중국 선종의 유파인 5가7종의 위앙종(潙仰宗)에서 깨달음을 상징적으로 나타낼 때 쓰던 방식이다. 아봐타 창시자인 해리 팔머(Harry Palmer)가 방황하던 젊은 시절 인도의 구루를 만났을 때, 그 구루가 종이 위에 그려준 그림이 세 개의 원이었다. 그는 그 원을 늘 화두로 삼고, 깨달음을 향해 정진했다.
** 『정전』 교의편, 일원상의 진리.
*** 같은 경전.

이 진리는 전통적인 관점에서는 진공묘유(眞空妙有)의 세계다. 즉 대소유무·생멸거래·선악업보·언어명상이 없거나 끊어진 자리다. 그것이 진공이다. 완전하게 비어있다는 이 진공이라는 표현은 극도의 추상적인 언설이다. 그것을 현실적인 언어로 표현하자면, 완전한 평등 혹은 무차별을 의미한다. 물론 텅빈 공간이라고 말하듯이 텅빈 세계를 의미하기도 한다. 텅 비었다는 것은 정신세계를 의미한다. 마음에 어떤 분별도 집착도 없음을 말한다. 원불교 영성의 가장 근본은 여기에서 출발한다.

모든 현상은 구분이 있게 마련이다. 색깔만 보아도 알 수 있다. 인간의 의식은 분별에 의해 사물을 인식하며, 그곳에서 차이를 찾아낸다. 그것이 인종, 문화, 지식 등의 차이를 통해 차별로 나타난다. 인류가 지금까지 쌓아온 역사는 이러한 차이에 따른 차별에 의해서였다. 만약에 인간이 차별을 무화(無化)시킬 수 있다면, 역사는 그처럼 전쟁과 정복으로 점철되지는 않았을 것이다. 모든 것은 색깔을 구별하듯 애초에 분별에 의한 것이다. 인간의 분별 인식은 자신과 타자를 구분짓는 경계를 만들어내었다. 그리고 여기에 타자를 자기화하고자 하는 동일화의 욕망이 인간을 분열과 갈등으로 몰아세운 것이다.

이 분별을 무화시키는 것이 곧 진공이다. 이는 초기 불교의 무아(無我)와도 깊이 연동되어 있다. 이 무아는 영원히 변하지 않을 그 무엇 즉, 그 자신의 정체성은 없다는 것이다. 그 정체성은 '아(我)'의 안에 내재되어 있어 절대적 불가변성의 성격을 지녀야 한다. 그러나 그러한 것은 없다. 그것이 무다.

그렇다면 존재는 무엇인가. 존재는 연기(緣起)적 방식으로 존재한다. 모두는 공존한다. 상대의 존재가 나의 존재의 근거다. 그 존재는 내가 없으면, 존재하지 않고, 나의 존재 또한 상대 존재의 근거가 된다. 상호 존재의 근거가 되는 것이 연기다.

따라서 이 존재는 영원한 것은 없다. 언제나 상대적이기도 하지만, 내 안의 영원불변한 그 무엇은 없는 것이다. 그러니 현실적으로 내가 대하는 존재는 근본적으로 차별이 없다. 영원한 시간을 놓고 보았을 때, 나와 그는 완전한 평등의 자리에 있다. 이 순간 어떤 비교의 대상도 없으며, 영원한 시간 속에서 나와 그의 차이는 없다. 그것이 진공이다.

묘유는 무엇인가. 대소유무·언어 명상·시방 삼계가 명확히 드러난다. 이것이 묘유다. 있는 존재 그대로 존재하며 나타나 보인다. 깨달음의 경지는 비로소 여기에 이르러야 확립된다. 하나하나의 존재는 연기적 존재인 동시에 그 자체로서 완전함을 갖추고 있다. 어떠한 형태, 어떠한 성격을 가지고 있더라도 그 존재는 존재로서의 절대적 의미가 있다. 묘유는 묘한 존재라는 뜻이 아니라 수승(殊勝)한, 절대적인, 완전하고도 유일한이라는 의미를 가지고 있다.

묘유는 부처로서 모든 존재가 존재함을 말한다. 부처라는 말에는 전지전능한 자라는 뜻이 들어 있다. 물론 이 우주의 진리를 깨친 자를 말한다. 그 외에도 스스로 자신의 세계 내에 모든 진실을 포함하며, 그것을 그대로 현현(顯現)하고 있는 자를 부처라고도 한다. 모든 존재는 이미 이러한 상태에 있다. 그러한 묘유의 존재를 확인할 수 있다면 그는 부처가 된 것이다.

모든 존재를 절대적 존재로서 떠받드는 것이 불공(佛供)이다. 그 불공이야말로 기존의 종교가 가지고 있는 성스러움에 대한 보편성을 확립하는 일이다. 존재 그 자체가 성스러움을 드러내고 있음을 인식하는 것이야말로 원불교적 영성의 개화가 된다.

그리스 신화에서 대지의 여신을 가이아(Gaia)라고 하는 것처럼, 이 세계 전체는 일원상 진리의 현현이라고 할 수 있다. 그러므로 어느 것 하나 부처님의 분신이자 화현이 아닐 수 없다. 모든 존재는 부처로 존재한다. 거대한 나무의 분신인 뿌리, 가지, 잎, 꽃 모두가 하나의 나무를 구성하는 분신이자 그 자체로서 부처의 위엄을 지니고 있다. 이는 불교의 화엄철학과도 관련이 있다.

사사무애법계 즉, 현상 하나하나가 상즉상입(相卽相入)인 동시에 하나의 세계가 모든 세계를 포함하고 있다. 만물은 하나의 유기체이다. 따라서 한 존재의 가치는 모든 존재의 가치와 맞먹는다. 일원상의 진리는 어느 존재도 소외시키지 않는다. 하나의 무한 세계, 무한이 유한을 감싸며, 유한이 무한을 내포하는 세계로서, 테두리가 없다. 오직 하나로서 존재할 뿐이다. 탄생이 곧 소멸이며, 소멸이 곧 탄생이다. 모든 것은 끝인 동시에 시작이다. 모든 존재의 극과 극이 혼연일체가 된 세계, 무어라 이름 할 수 없지만 이를 억지로 이름하여 일원상(一圓相)이라고 한다.

2) 절대은(絕對恩)의 관계

원불교의 신앙의 대상은 법신불 사은이다. 법신불은 산스크리트어로 다르마 카야 붓다(Dharma-kāya-buddha), 즉 법의 몸인 부처라는 뜻이다. 부처를 부처이게 하는 부처, 근원불이라고 할 수 있다. 이를 대승불교의 핵심경전 중의 하나인 『법화경』에서는 구원석가불(久遠釋迦佛)이라고 한다. 현상계에 중생구제를 위해 석가모니불을 보낸 부처를 말한다. 이를 구원본불 즉, 시간적으로나 공간적으로 이 우주의 근원에 자리한 부처가 바로 법신불이다. 법신불은 상징적으로 일원상이라고 한다. 따라서 앞에서 언급한 일원상의 진리가 된다.

그런데 법신불과 이 세계는 불가분의 관계에 놓여 있다. 소태산 박중빈(朴重彬, 1891-1943, 이하 소태산)은 "일원상의 내역을 말하자면 곧 사은이요, 사은의 내역을 말하자면 곧 우주 만유로서 천지 만물 허공 법계가 다 부처 아님이 없"*다고 한다. 즉 법신불은 일원상의 내적 세계이며, 진리인 법신불의 상징인 일원상의 전모는 곧 우주 만유 전체가 된다. 하나의 거대한 부처인 셈이다.

일원상의 구체적 세계는 사은이다. 사은은 천지, 부모, 동포, 법률의 은혜를 말한다. 없어서는 살 수 없는 관계다. 물론 이 사은은 불교에서 연유되었다. 하나의 현실 윤리적인 관계로서 성립된다. 대표적인 것이 대승의 『심지관경』에 등장하는 부처, 부모, 국왕, 중생의

---

* 『대종경』교의품 4장.

은혜다. 그 외에도 다른 경전이나 종파에서는 다소 다르게 설명하고 있다. 그런데 이러한 불교의 사은은 현실 세계에서 실제로 입게 되는 은혜 즉, 하나의 보은의 대상 혹은 깨달음을 회향(回向)하는 대상으로 삼고 있다. 지극히 윤리적인 세계라고 할 수 있다.

원불교의 사은은 이를 진리의 궁극적인 세계로서 나타낸다. 우주 전체가 하나의 은혜 덩어리라고 보는 것이다. 이는 석가모니불이 깨달은 연기의 세계를 보다 적극적으로 해석한 결과다. 연기는 존재가 무한하게 관계를 맺고 있음을 말한다. 그러한 관계성을 원불교에서는 은혜로 파악한 것이다. 절대은이다.

그리고 이의 속성을 네 가지로 본다. 천지은은 응용무념의 도, 부모은은 무자력자 보호의 도, 동포은은 자리이타의 도, 법률은은 불의를 제거하고 정의를 세우는 도*라고 한다. 은혜를 각각의 도로써 표출한 것으로 은혜를 재생산하는 원리이기도 한 것이다.

응용무념의 도는 『금강경』의 "응무소주이생기심(應無所主而生其心)",** 즉 응한 바 없이 그 마음을 내라는 것과 상통한다. 이 말처럼 천지은은 세계의 모든 존재에게 어떤 대가도 없이 베풀고 있다. 이 은혜를 본받아 인간 또한 이렇게 은혜를 베풀라는 것이다. 그것을 상(相) 없는 은혜라고 한다. 상은 집착을 의미한다. 하늘에는 구체적으로 8가지 도가 있다. 이러한 도가 모두 천지가 베푸는 은혜의 보다

---

* 『대산종사법문집』 제1집, 정전대의(正典大意) 사은(四恩).
** 중국 선종의 6대 조사인 혜능(慧能)이 깨달음을 얻은 구절이기도 하다.

구체적인 속성이다. 그 대표적인 것 중의 하나가 응용무념의 도라고 할 수 있다. 이 천지은은 환경문제와 관련해 다음 장에서 언급하고 자 한다.

부모은은 육신을 낳아 양육시켜 주신 은혜와 인도(人道)의 대의 를 가르쳐 주신 은혜가 있다. 이는 무자력한 자녀에게 무한히 베푸 는 은혜다. 이를 갚는 것은 무자력한 사람을 보호하는 것이다. 부모 은은 인간의 고유한 관계인 부모와 자식의 인연을 인류 전체로 무한 히 확장하는 것이다. 오늘날 자본주의의 폐해는 강자와 약자로 분화 되는 것이다. 이 가운데 약자는 강자의 지배하에 있게 되고, 인간적 권리를 빼앗기고, 존재 의미의 쇠퇴를 불러오고 있다. 따라서 이러 한 부모은의 속성이야말로 오늘날 종교의 사회적 역할에 중요한 동 기를 부여한다. 동포은의 속성인 자리이타의 도는 나도 이롭고 너도 이롭다는 원리를 말한다. 공생(共生), 공존(共存), 동붕(同朋), 동행(同 行) 등 함께 사는 삶을 말한다. 어느 누구도 홀로 존재할 수 없다. 여 기서 말하는 동포는 동식물까지를 포함하는 지구의 모든 자연을 말 한다. 사실 사해동포(四海同胞) 즉, 이 지구상 한 포태 속의 인류를 지 칭하는 이 말은 유교로부터 발현되었다. 일종의 이념적 유토피아라 고 할 수 있다.

인간적 단위에서는 모든 형태의 직업과 그 직업을 통한 생산, 유 통, 소비의 과정이 이러한 자리이타의 연쇄 속에 이루어지고 있다. 오늘날 정치, 경제, 문화 등 모든 측면에서도 새롭게 바라 볼 필요가 있다. 하나의 존재가 살려지고 있으며, 나라고 하는 존재 또한 역으로 타자와 더불어 생명의 공동체를 이루고 있다. 사회적 연기는 이러한 자리이타의 관계로 존재하는 것을 말한다.

법률은은 인도정의의 공정한 규칙, 특히 삼권분립을 통해 나타나는 입법, 치법, 사법의 은은 인류가 현재까지 발명한 하나의 국가 체제가 진화한 것으로 이를 충분히 존중할 필요가 있다. 물론 이것은 모든 것이 공평하고 정의로울 때 가능하다. 따라서 법률은은 인간의 질서를 위해 존중할 필요가 있다. 여기에는 세상의 보다 근본적인 질서를 세우는 성자 철인의 가르침의 은혜 또한 포함된다. 그 속성인 불의를 제거하고 정의를 세우는 도는 원불교의 수행과 솔성요론(率性要論),* 선의 생활화인 무시선법(無時禪法)의 최종적이면서도 일관된 가르침이다. 오늘날 모든 평화가 정의로움으로부터 이루어져야 하는 것처럼, 이 법률은은 평화로운 세상 구현의 근본적 지침이 될 수 있음을 알 수 있다.

3. 환경 및 남북 평화문제에 대한 원불교 영성의 실천원리

그렇다면 이러한 일원상의 진리와 사은의 절대은의 세계는 오늘날 신음하는 지구문제에 어떠한 해답을 줄 것인가. 물론 이미 앞에서 언급한 열린 세계관에 기반한다면 이미 모든 문제는 스스로 제어

---

* 계문의 금지 조항과는 달리 적극적으로 실천할 것을 가르치고 있는 『정전』 수행 편의 한 조항.

되고, 해결되었을 것이다. 그러나 현실은 그렇지 않다. 원불교의 영성은 이제 막 피어난 꽃에 불과하다. 열매를 맺기에는 상당한 세월이 필요할 것이다. 그럼에도 개혁불교로서 새로운 세계관에 뿌리내린 종교인 원불교는 오늘날 함께 살아가는 이웃들의 절망적인 현실에 대해 답해야 할 책무가 있다.

원불교는 이 세계가 병들었다고 본다.* "물질이 개벽되니 정신을 개벽하자"는 개교 표어는 이 병든 세상을 잘 나타내고 있다. 원불교 탄생 배경은 개교의 동기에 잘 나타나 있다.

> 현하 과학의 문명이 발달됨에 따라 물질을 사용하여야 할 사람의 정신은 점점 쇠약하고, 사람이 사용하여야 할 물질의 세력은 날로 융성하여, 쇠약한 그 정신을 항복받아 물질의 지배를 받게 하므로, 모든 사람이 도리어 저 물질의 노예 생활을 면하지 못하게 되었으니, 그 생활에 어찌 파란고해(波瀾苦海)가 없으리요. 그러므로, 진리적 종교의 신앙과 사실적 도덕의 훈련으로써 정신의 세력을 확장하고, 물질의 세력을 항복 받아, 파란 고해의 일체 생령을 광대무량한 낙원(樂園)으로 인도하려 함이 그 동기니라.**

인간은 물질에 의해 노예가 되었다. 물질의 주인이 되어야 할 정

---

* 『정전』 수행 편, 병든 사회와 그 치료법.
** 『정전』 총서 편, 개교의 동기.

신이 주체를 잃고 노예가 된 것이다. 세상이 병들어 가는 여러 현상 중의 하나는 이 노예적 현실 때문이다. 모든 기세간은 인간 전체의 업의 산물이다. 그러한 업 중의 하나가 물질이다. 여기서 말하는 물질은 인간이 노동을 통해 형성한 문명의 이기(利器)를 말한다. 그런데 편리하자고 만든 문명에 의해 인간이 구속받고, 심지어는 노예로서 살아갈 수밖에 없다. 문명으로부터의 소외 현상이 바로 이것이다. 주체가 객체가 되고, 객체가 노예가 된 것이다.

현대 종교의 존재 이유는 이러한 현상을 다시 원점으로 돌려놓는 것에 있다. 특히 물질이 뒷받침되어 스스로 문명을 파괴하는 반문명을 자행한 행위는 전쟁이다. 전쟁이야말로 인간 안보환경의 가장 큰 비극이라고 할 수 있다. 어떻게 신성한 인간의 생명을 과학으로 도살할 수 있는가. 대량 살상은 과학의 힘이다. 소태산이 도학(道學)과 과학을 대비시킨 것도 이에 연유한 것이다. 도학과 과학 문명의 병진이 절실하다는 것이다.*

소태산이 살았던 시대는 19세기 말에서 20세기 전반이다. 대량 살

---

* 『대종경』교의품 31장 "안으로 정신문명을 촉진하여 도학을 발전시키고 밖으로 물질문명을 촉진하여 과학을 발전시켜야 영육이 쌍전하고 내외가 겸전하여 결함 없는 세상이 되리라. 그러나 만일 현대와 같이 물질문명에만 치우치고 정신문명을 등한시하면 마치 철모르는 아이에게 칼을 들려 준 것과 같아서 어느 날 어느 때에 무슨 화를 당할지 모를 것이니, 이는 육신은 완전하나 정신에 병이 든 불구자와 같고, 정신문명만 되고 물질문명이 없는 세상은 정신은 완전하나 육신에 병이 든 불구자와 같나니, 그 하나가 충실하지 못하고 어찌 완전한 세상이라 할 수 있으리요. 그러므로 내외 문명이 병진되는 시대라야 비로소 결함 없는 평화 안락한 세계가 될 것이니라."

상이 가장 무자비하게 일어났던 시기이기도 하다. 그가 경험한 것만 해도 청일전쟁, 러일전쟁, 제1차 세계대전, 제2차 세계대전이며, 태평양 전쟁의 와중에 열반했다. 한반도는 제국의 식민지였다. 그가 열반 후 2년 뒤에는 한반도가 분단되었으며, 그 7년 후에는 동족상잔인 6·25남북전쟁이 일어났다. 이 대량 살상의 시기, 인류는 수억 명의 인간을 과학으로 살상했다. 그리고 수많은 사람들을 육체적, 정신적으로 불구를 만들었다. 역사가 흐른 뒤 어떠한 이유로도 변명될 수 없음을 지적하지만, 오늘날에도 여전히 대량 살상을 멈추지 않는다. 국지적인 전쟁은 여전히 일어나고 있으며, 살상 기능은 더욱 정교해지고 있다.

이 중에서도 가장 큰 문제는 핵무기의 생산과 유통이다. 몇 사람의 분노면, 그 분노와는 전혀 관계없는 시민이 대량으로 죽는다. 명목상의 민주주의인 현대의 통치체제는 지구를 순식간에 지옥으로 만들 가능성을 지금도 확장시키고 있다. 핵무기와 핵발전소 문제 또한 불가분의 관계를 가지고 있다. 인간의 욕망이 가져온 이 양자의 핵문제는 이제 지구의 생존과도 직결된 시급한 문제가 되었다. 세계적인 대전은 아직 그 기미가 없다고 하지만, 현재의 판도로는 언제든지 지구는 다시 양분되어 모든 전쟁무기 및 물자를 인간의 문명 위에 퍼부을 기세다. 인류의 미래는 과연 있는가.

무엇보다도 천지은을 회복하는 것이 우선이다. 사은 중에서도 천지은은 세계의 환경문제를 보다 거시적 차원에서 바라보게 한다. 우리는 천지에 의지해 살아간다. 하늘의 대기가 있어 호흡하고 살아간다. 땅의 바탕이 있어 집을 짓고 곡식을 기르며, 그것을 먹고 성장한다. 풍운우로상설이 있기에 우리의 생명은 유지된다. 이러한 과정이 무한히 반복된다. 해가 동쪽에서 뜨고, 서쪽에서 지는 자연의 운행이 한 번도 바뀐 적이 없다.

너무나 일상적인, 너무나 당연시 하는 이러한 현상에 대해 우리는 얼마나 감사하며 살아왔던가. 비로소 지구가 극도로 뜨거워지고 극도로 차가워지며, 태풍과 해일이 일고, 화산과 지진이 문명을 위협함을 알고 나서야 자연의 질서가 소중함을 알게 되었다.

삼라만상이 유기적인 관계 속에서 어느 존재 하나 모자람이 없이 키워주고, 보호해주는 이 은혜야말로 어떤 은혜보다도 큰 은혜다. 그것은 불보살이 한없이 품어주는 대자비의 세계와 다름이 없다. 법신불의 의지에 따라 자동적으로 운행하는 것을 천지의 도라고 한다. 그리고 그러한 무위이화(無爲而化) 자동적인 운행에 따라 나타나는 결과가 천지의 덕이다. 그 천지의 도를 8가지로 나누어 이를 자기화하는 작업이 이 은혜에 보답하는 길이다. 생명, 윤리, 신앙의 근본 원리에 속한다고도 할 수 있다.

천지에는 지극히 밝은 도, 지극히 정성스러운 도, 지극히 공정한 도, 순리자연한 도, 광대무량한 도, 영원불멸한 도, 길흉이 없는 도, 응용무념(應用無念)의 도 등 여덟 가지 큰 도가 있다.* 천지 8도는 법

* 『정전』 교의 편, 천지은 조목.

신불의 진리가 작용하는 원리이기도 하다. 이 대도의 덕분에 인간이 살아가는 대덕의 혜택을 받는 것이다. 그 천지 8도를 인간 또한 자신의 영성의 기본조건으로 확립해야 한다. 즉 이 8도를 통해 천지와 합일하는 인격체를 이루는 것이다.

천지의 지극히 밝은 도는 이치나 일에 걸림이 없고 막힘이 없는 큰 지혜를 얻는 것이며, 지극히 정성스러운 도는 쉬지 않는 정성으로 일하고 수행정진하며, 지극히 공정한 도는 희로애락과 원근친소의 감정에 끌리지 않고 모든 일에 과불급이 없는 중도행을 하는 것이다.

또한 순리자연한 도는 인간의 모든 일들을 질서 있게 진행하고, 선후·본말·주종 등을 알아서 순서 있게 행동하며, 광대무량한 도는 부처나 성현들과 같이 한량없이 자비롭고 큰마음을 가져서 천지만물을 국한 없이 다 포용하는 것이다.

그리고 영원불멸한 도는 불생불멸의 진리를 깨치고 생사를 해탈하며, 길흉이 없는 도는 길흉화복·빈부귀천·염정미추·시비장단 등의 모든 상대성을 초월하며, 응용무념한 도는 은혜를 베풀고도 일체의 보답을 바라지 않고 아상(我相)·인상(人相)·수자상(壽者相)·중생상(衆生相)의 4상을 벗어나 상이 없는 대해탈의 대자유인이 되는 것이다.

이러한 천인합일의 경지는 인간 그 자체를 어떻게 볼 것인지의 문제의 근본적인 관점과도 관련되어 있다. 즉, 정보와 의보는 인간이 만드는 업에 의해 형성된다는 점에서 그렇다. 인간 내면의 모든 문제가 현실화되어 있다는 점이 바로 이 지구의 환경문제로 보는 관점과 통한다. 결국 인간 내적 질서가 이 천지 8도로 인해 바르게 자리 잡힐 때, 비로소 모든 문제의 실마리, 아니 그 문제의 원인과 해법이 드러날 수 있다.

사실 마음공부는 이러한 것에 기반하고 있다. 유식학(唯識學)에서 말하는 오직 마음뿐이라는 유식무경(唯識無境)은 이러한 사상을 뒷받침 한다. 경식구민(境識俱泯) 또한 의식의 주체인 마음과 마음이 바라보는 대상인 경계를 다 잊어버린다는 일체유심조의 원리와 다름이 없다. 모든 것은 마음먹기에 달려 있다. 한 마음이 생하면 이 세계 전체가 생하고, 한 마음이 멸하면 이 세계 전체가 멸한다.

이 세계를 처처불의 세계로 인식하는 것 또한 마음이다. 그 처처불에 대해 어떻게 불공을 드릴 것인지 판단하는 것도 마음이다. 그러한 마음이 천지와 하나가 되는 참된 영성을 회복할 때, 비로소 지구의 모든 문제는 하나하나 실타래가 풀리듯이 풀어질 것이다. 이제까지 우리는 모든 문제의 근원을 살펴보지 못했다. 그저 현상 하나하나의 문제와 해결을 위해 고군분투했던 것이다. 그러나 지금이라도 늦지 않았다. 모든 것을 마음의 현현(顯現)으로 볼 때, 그리고 그 마음의 주체 없는 주체(공적영지의 광명)를 확립하고, 모든 경계를 새로운 차원에서 접근해야 할 때인 것이다.

남북문제 또한 원불교의 영성 차원에서 바라볼 때, 하나의 세계를 향한 당연한 요구라고 할 수 있다. 이 문제는 앞에서도 언급한 인간 안보의 문제로 현재는 가장 시급한 문제다. 갈수록 제국화 되어 가는 주변 강대국들의 이해관계와 맞물려 한반도의 명운(命運)은 혼자 힘으로는 어떻게 할 수 없는 현실이기도 하다. 그럼에도 정산 송규 (宋奎, 1900-1962, 이하 정산)는 낙관적인 예언을 한다.

> 한국 사람이 된 것을 불행하게 생각하는 사람이 있을지 모르나 후일 에는 한국 사람이 된 것을 다행으로 생각하게 될 것이다. 힘없는 한국 으로서 세계에 드러낼 것이 별로 없으나 오직 도덕으로써 세계 제일 이 될 것이다. 세계 전쟁의 시초는 갑오 동학란으로 인하여 청일전쟁, 러일전쟁, 세계 제2차 대전이 일어난 후 남북이 막혀 있다가 앞으로 다시 남북이 트이면서 세계가 크게 움직여 한국에서 모든 분쟁이 종 결을 짓게 될 것이다. 과거에는 영웅호걸 시대이었으나 앞으로는 성 현 군자의 세상이다. 그러므로, 공익사업을 하는 사람이라야 세상에 드러나게 될 것이다.[*]

분단의 고통은 불행한 일임에는 재론의 여지가 없다. 단 이 시련 으로 인해 도덕 국가로서 세상에 드러날 것이다. 남북한의 평화통일 이 세계분쟁의 종결을 이룰 것이라는 말은 종교가의 예언으로서는 매우 희망적인 것이다. 이러한 예언적 전망은 원불교의 종교적 영성 의 근원인 일원주의에 있다. 하나의 세계를 강렬히 희구하는 인간 정신의 발현이라고 할 수 있다.

---

[*] 박정훈 편저, 『한울안 한 이치에』, 원불교출판사, 1982, 109.

여기에 정산은 일원상의 진리를 배경으로 한 삼동윤리(三同倫理)를 제창했다. 삼동윤리는 동원도리(同源道理, 모든 종교와 교파가 그 근본은 다 같은 한 근원의 도리인 것을 알아서 서로 대동화합하자는 것)·동기연계(同氣連契, 모든 인종과 생령이 근본은 다 같은 한 기운으로 연계된 동포인 것을 알아서 서로 대동화합하자는 것)·동척사업(同拓事業, 모든 사업과 주장이 다 같이 세상을 개척하는데에 힘이 되는 것을 알아서 서로 대동화합하자는 것)을 말한다. 이를 쉬운 말로 풀어 "한 울안 한 이치에, 한 집안 한 권속이, 한 일터 한 일꾼으로, 일원세계 건설하자"라고도 한다.

정산은 일만(一萬) 선의 근본을 바른 마음으로 보고, "모든 사상이나 주장도 오직 바른 마음이 근본이니 민주주의가 좋다 하나 잘못 쓰면 불행하고, 공산주의가 좋다 하나 잘못 쓰면 더욱 불행하다"*고 한다. 한 발 나아가 통일 후의 한반도는 공화제도에 의해 수렴될 것이라고 본다.**

이처럼 원불교의 남북문제에 대한 접근은 하나의 세계를 구현하는 필연적인 과정으로 인식하고 있다. 양자의 사상을 회통하고, 화

---

* 같은 책, 26.
** 『정산종사법어』 도운 편(道運編) 25장. 정산은 "근래에 여러 방면에서 공화(共和)라는 말이 많이 쓰이나니 이는 참으로 좋은 소식이라, 이 세상이 모두 이름과 실이 함께 공화의 정신을 가진다면 천하에 어려운 일이 무엇 있으리요. 그러므로 우리는 세상을 상대할 때에 권리를 독점하려 하지 말며, 이익을 독점하려 하지 말며, 명예를 독점하려 하지 말며, 대우를 독점하려 하지 아니하면, 스스로 공화가 되어 평화는 자연히 성립되리라." 고 하여 대중이 서로 양보하여 화합하는 제도로서 공화제도를 언급하고 있다.

해시키며, 마침내는 회복적 정의(Restorative Justice)*의 길로 가는 여정인 것이다. 이야말로 종교와 정치는 하나의 마음으로 세상을 바라보고 나가야 한다는 정교동심(政敎同心)의 발현이기도 하다. 동아시아의 종교적 전통은 내성외왕(內聖外王) 즉, 안으로는 성현을 이루고 밖으로는 세상의 평화와 행복을 위해 일한다는 것이다. 원불교 또한 이러한 전통을 계승하며, 남북의 평화와 통일을 보는 관점 또한 세상을 하나로 보는 영성의 세계에 발을 딛고 있음을 알 수 있다.

4. 맺는 말

이렇게 해서 환경 및 한반도 평화문제와 원불교의 영성과의 관계를 살펴보았다. 결국 현대문명의 문제는 인간에 대한 새로운 관점을 정립하는 것으로 귀결된다고 할 수 있다. 실제로 인간을 어떻게 볼 것인지는 유사 이래 수많은 현철(賢哲)들의 과제였다. 아시아를 막론하고 유럽, 아메리카, 아프리카의 모든 종교 지도자들은 이 마음을 근본 과제로 삼은 성현들이다.

인간 존재가 하느님의 창조물이든, 자연 진화 속의 결과물이든 인간은 이제 이 지구의 강자가 되었다. 인간이야말로 이 지구를 영구히 보존하거나 아니면 파멸시킬 전지전능한 존재의 반열에 올랐다.

---

* 하워드 제어(Howard Zehr)의 『회복적 정의』에서 나온 말이다.

신마저도 부정하고 오직 인간의 삶 하나만을 위해 모든 환경을 변화시키고 있다.

오늘날, 『사피엔스』를 쓴 유발 하라리가 말하듯 인간의 상상력에 의해 인간은 거대한 지구적인 네트워크를 형성하고, 이를 통해 하나의 세계로 만들어 가고 있다. 이제 SNS의 물결이 지구를 어떻게 변화시킬 것인지, 서로가 서로에게 예측 불가능한 미래를 묻고 있다. 주체가 객체가 되고, 객체가 주체가 되어 이 세계를 변화시키고 있는 것이다. 그리고 이제 이 지구는 생존의 임계치(臨界値)를 넘어서고 있다. 필자는 이 상황을 초래한 것은 과학, 자본주의, 국가라고 본다.

이 세 분야는 이미 전통적인 종교의 영역을 차지했다. 과학은 신을 분석하고, 신의 자리에서 인간의 모든 운명을 좌지우지한다. 자본주의 또한 신의 명령보다는 현실적으로 더욱 강렬한 카리스마를 구축하고 있다. 인간의 욕망을 극대화하며, 자본으로 세계의 모든 질서를 구축하고, 노동과 삶의 기쁨으로부터 인간을 스스로 소외시키고 있다. 인간의 기계화는 이 두 조건인 과학과 자본의 공모가 일으킨 것이다.

국가는 이미 스스로 신적 권위를 취득했다. 근대 정교분리의 원칙을 엎고, 국가의 신성성을 민주제도라고 하는 합법성을 통해 스스로 확립했다. 그리고 헌법을 비롯한 다양한 법률체계를 통해 '세속경전'을 쌓아가고 있으며, 국가의 하부 구성원인 국민을 자신의 신도로 삼아 권력을 통해 조세제도 및 복지체계를 확립하여 인간의 삶의 질을 굳이 신에게 위탁하지 않아도 스스로 자신에게 의지하게 하는 무소

불위의 권력화를 구축하고 있다.

그러나 과학의 성과는 우주적인 차원에서는 일시적이다. 과학은 우주의 창조를 설명할 수 있을 것 같이 행동하지만 결코 우주의 마음을 읽지 못하고 있다. 왜 이러한 질서가 형성되었는가 하는 질문에는 답하지 못한다.

자본주의 또한 인류 최고의 발명품이라고는 하지만, 결국 지구의 모든 자원을 다 거덜 내고 나서야 반성할 수 있는 체계에 불과하다. 한 순간의 욕망을 채워줄 수는 있을지 몰라도, 인간 영혼의 고귀함과 영원성에 대한 욕구를 대체하기에는 불가능하다. 영혼마저도 피폐하게 하는 소유욕을 자본주의 스스로 다 해결할 수 없다. 함께 사는 지구의 물질세계를 황폐화하고, 인류를 분열시키는 행위는 언젠가는 소멸할 수밖에 없는 운명이다.

국가 또한 인위적인 경계에 의존하는 일시적인 존재에 불과하다. 대중의 무지(無知)에 의거한 폐쇄적인 시스템은 새로운 대체 시스템으로 전환되고 붕괴될 것이다. 이미 SNS혁명으로 국경을 넘어서고 있는 현실에서 국가는 서로의 장벽을 통해 갈등과 대결, 심지어는 전쟁을 통해 정복을 꿈꾸는 권력의 화신에 불과함을 대중은 깨달아 가고 있다.

이러한 차원에서 남북의 평화통일은 칸트가 『영구평화론』에서 구상하듯 세계연방국가로 가는 길목에 위치하는 작업이 될 것이다. 영토를 가지고 국가를 논하는 시기는 당분간일 것이다. 물론 여전히 국지전인 일어나고, 한 국가 내에서도 멸시와 탄압이 이루어지고 있다. 그러나 이는 시대착오(anachronism)일 뿐이다. 현재의 4차 혁명은 국가의 지도를 어떻게 바꿀지 아무도 예상할 수 없다. 어떤 과학자나 정책가도 이 혁명으로 인한 국가의 존재 문제를 논의하지 않고 있다. 이미 이를 논의하는 유무형의 정보가 국경을 넘고 있다.

남북의 평화통일 문제는 여전히 교착 상태다. 그러나 남북정상회담을 통해 데탕트의 맛을 본 이상 이제 평화에 대한 열망은 더욱 강해지고, 남북의 동질성을 향해 더욱 전진할 것이다. 그리고 남북은 평화통일로 세계의 모순을 해결함과 동시에 세계평화에 대한 새로운 역사를 쓰는 동반자로 세계사에 등장할 가능성이 높다. 시작은 새로운 형태의 국가일 것이다. 외형으로는 국가의 기능을 빌리지만, 내적으로는 새로운 형태의 통일국가 즉, 보다 친밀한 인간공동체인 동시에 보다 높은 정신세계를 구가하는 국가를 형성할 것이다. 또한 한반도의 통일은 지구의 묵은 원한을 해원하는 그 어떤 축제로 갈 것이다. 앞에서 말한 국가의 한계를 넘어선 그 무엇이 한반도의 통일을 기다리고 있다고 할 수 있다.

이제 '오래된 미래'로부터 다시 교훈을 얻어야 한다. 모든 종교가 오랜 꿈에서 깨어나 이 현실을 직시하는 일, 그리고 묵혀진 자신의 영성을 회복하여, 자신들의 리더들이 바라보았던 정의롭고 평화로운 인간의 조건, 삶의 조건을 다시 회복하는 일이 시급하다. 원불교를 비롯한 모든 종교계가 또한 이 일을 위해 이 시대를 함께 살아가는 종교로서 자신의 영성이 부여하는 역할에 충실해야 할 때다.

원효의 평화사상

장정태(한국민속불교학회 회장)

1. 들어가며

사람들의 특성 가운데 하나가 집착이라 할 수 있다. 자신의 믿음에 대한 무오류성이다. 자기 자신에 사로잡혀 자신만이 옳다는 주장을 한다. 이와 같은 개인적 성향이 집단을 형성하면 자신들과 다른 견해에 대한 광기에 가까운 공격성을 보이게 된다. 원효는 이와 같은 극단적 성향을 보이는 개인과 집단에 대해 대화와 타협을 권하고 있다. 그것이 화쟁의 출발이다. 논쟁에서 논쟁으로 가는 것을 막고, 서로가 다름을 인정하는 것에서부터 시작하는 것이다.

원효가 주장하고 있는 화쟁은 단순히 화해하는 것을 말하고 있지 않다. 서로 다르다고 해도 모두 가치로 인정되어야 한다는 것이다. 다양한 교설로 인해 다툼과 분쟁의 소용돌이에 놓여 있던 불교의 모든 이설을 화해시켜 부처의 올바른 진리에 도달시키고자 하였다.* 그것은 모든 사상적인 문제 간의 갈등에 대한 화쟁의 해답에서부터 출발한다. 원효의 화쟁의 가장 큰 특징은 극단에 치우쳐 집착하지 않

---

* 진동길, 「원효의 화쟁사상을 통해 본 종교 간 대화 원리에 대한 연구」, 인천 가톨릭대 석사학위 논문, 2007, 56.

는 것이다. 그것은 다양함에 대한 이해로부터 시작된다. 원효가 생존했던 6세기는 한반도에서 크고 작은 전쟁이 끊임없이 발생했다. 이 모든 전쟁의 끝은 승자와 패자였다. 그 사회를 살았던 원효의 화두는 화합이며 평화다. 그것을 다툼이 아닌 화쟁을 통해 주장했다. 21세기 한반도는 원효가 살았던 그 시대의 자화상이며 축소판이다.

2. 원효의 신분과 활동

원효(617-686)는 우리 민족이 불교를 받아들인 지 1백 년 만의 가장 뛰어난 불교 사상가다. 그는 한국의 불교를 정리하여 사상적으로 불교를 토착화시킨 종교다원주의자다. 불교 이론의 천재일 뿐 아니라 불교 정신을 신라통일의 대업에 실천적으로 발휘하게 한 위대한 교육자이기도 하였다.[*]

원효는 진평왕 39년 압량군 불지촌(지금의 경상북도 경산시 자인면) 북쪽 율곡에서 태어났다.[**] 신라의 대표적인 고승일뿐 아니라 중국과 일본까지도 큰 영향을 준 스님이다. 관련 기록이 스님이 세상을 떠난(686) 뒤 약 1백 년 후에 세워진 경주 고선사 「서당화상탑비」[***]에 전

---

[*]   이기영, 『한국의 불교』 (세종대왕기념사업회, 1985), 64.
[**] 경산시 출신으로 주장되는 『삼국유사』 저자 일연과 원효 스님, 원효의 아들 설총 등 3인을 성현으로 추대하는 삼성현 기념사업 중이다.
[***] 서당화상비문은 신라 애장왕(재위 800-809) 때 만들어진 것으로, 일연(1206-1289)의 『삼국유사』 원효불기조 및 찬녕(918-999경)의 『송고승전』 「신라국 황룡사 원효전」과

하고 있다. 고려 명종 때 분황사에 '화쟁국사비'를 세웠으나 전해지지 않는다.

원효 관련의 자료는 『삼국사기』 권46 「설총전」, 『삼국유사』 권4 「원효불기조」, 그 외 「낭지승운보현수」, 「사복불언」, 「의상전교」, 「이혜동진」, 「낙산이대성관음정취조신」, 「광덕엄장조」에 관련된 일화가 소개되어 있다. 중국 측 자료로는 『송고승전』이 있다. 원효는 『금강삼매경론』, 『대승기신론소』, 『십문화쟁론』 등의 저술을 포함해 대략 100여 종, 240여 권(또는 85종 170여 권)으로 알려져 있다.

그의 사상의 핵심은 화쟁에 있다고 할 수 있다. 화쟁사상의 연원은 인도인의 사유 경향으로까지 거슬러 올라간다. 붓다가 활동하던 인도 사회에서 인도 원주민을 정복한 아리안(Aryans)의 종교는 그가 만나는 새로운 힘들은 자기 안으로 융화시키고, 자기보다 낮은 종교를 무시하거나 그 존재를 말살하기 위하여 싸우거나 하지 않았다. 즉, 자신의 것만 유일하고 참된 종교라는 광신은 없었다. 이러한 인도인들의 사유 경향이 붓다에게 이어져 불교에서 화(和)의 사상을 있게 하였다. 붓다에서 싹이 나타났으며 붓다 이후 1200여 년만에 신라 통일기에 나타난 원효가 실천을 중시하면서 화쟁사상의 기치를 높이 든 것은 바로 붓다 이후 대승불교에 이르기까지 화(和)의 정신의 시대적 재현이다.* 원효의 화쟁은 붓다 사상의 완성이다.

함께 원효의 일생을 전하는 3대 전기에 속한다.
* 은정희, 《승가대신문》, 불기 2537년 6월 10일 자.

화쟁사상은 〈삼국유사〉를 집필한 일연의 사상과도 연결된다. 일연은 우리나라 고대사, 더 나아가 우리 역사의 원형이 다양한 존재가 모두 모여 하나로 엮인 장엄한 것이며, 유교와 불교, 국가와 사회, 지배층과 민중이 계급과 분파를 달리하여 존재하는 것이 아닌, 전통적 공동체적 생활에 토대를 둔 것으로 인식했다. 화쟁은 일연의 이러한 편집 의도*와 무관치 않다.

또 이에 앞서 의천도 〈원종문류〉에서 화쟁론을 적은 바 있다. 고려 숙종 6년(1101) 8월 의천의 병이 위독하여 왕이 친히 위문했다. 그 자리에서 의천은 「왕에게 원하는 것은 정도의 중흥이온데, 병이 저의 뜻을 빼앗아 가서, 바라옵건대 지성으로 외호하여 유교에 부응토록 하시면 죽어도 여한이 없겠습니다」라고 아뢰었다. 그리고 숙종이 의천을 위문했던 바로 그달에 원효에게 〈화쟁국사〉 호를 추종했다. 의천의 권유가 화쟁이라는 말을 확산시키는 데 도움을 주었다고 할 수 있다. 대각국사 의천은 원효를 평가하며 「백 가지의 소나무에 나투었다.」고 표현했다.

〈삼국사기〉 저자 김부식(1075-1151)은 화쟁국사영찬을 지었는데, 그 내용을 살펴보면 다음과 같다.

넓고도 넓게 이룩한 도

* 장정태, "삼국유사를 통해 본 민간신앙 습합", 『문학광장』, 2013, 89.

막힘 없이 활달한 그 말씀

듣는 이 근기 따라 각각 다르니

크고 작으며 얕고 깊다네

세 배에 비친 달과 같고,

일만 구멍의 바람과 같네

지인은 크나큰 거울이라

다른 것으로 일치가 되네

유가의 명상이며

방광의 원융이로다

나 스스로 도를 봄에

통하지 않는 법이 없도다.

온갖 냇물이 넓은 바다 이루고

만 가지 모습은 하나의 법일세

넓고도 큼이여

이름 지을 수 없구나

  김시습(1435-1493)은 분황사의 화쟁국사비를 보고 「무쟁비」라는
제목의 시를 썼다.

  그대는 보지 않았는가! 신라 이승 원욱씨가

  머리 깎고 신라의 저자에서 도 행한 것을

  당에서 공부하고 고향으로 돌아와

승려와 세속인 구분 없이 여염에 행하였네

거리의 아이와 여인들 쉽게 얻게 되니

누구 집 누구 아이라 손짓으로 가리켰네

그러나 몰래 큰나큰 무상을 행하여

소 타고 법을 연설해 종지를 해석했네

여러 경의 소초들 책궤에 가득하니

후인들 그를 보고 따르기를 다투었네

국사로 추봉하니 그 이름 무쟁이라

저 비석에 새긴 것 퍽이나 칭찬하였네

비석 위의 금자는 번쩍번쩍 빛나는데

법화와 좋은 말도 역시 기뻐할 만하여라

우리 역시 잘 변하는 도당이라

환어에 대하여도 대강은 알았다네

다만 내 옛 것 좋아해 뒷짐지고 읽지만

이 서쪽에서 오는 조사 보지 못했어라

이러한 사료와 함께 현존하는 20여 종의 원효 저술이 원효사상 내지는 화쟁주의를 조명할 수 있는 절대적인 자료로 평가되고 있다. 그 속 내용을 좀 더 살펴보자.

3. 화쟁의 내용

원효에 대한 최초의 기록인 '서당화상 탑비'에는 스님의 신기하고 기이한 탄생과 함께 화쟁사상에 대해서도 비교적 구체적으로 기록되어 있다. 그 중에 화쟁사상과 관련한 내용을 정리하면 다음과 같다.

여래가 재세시에는 붓다의 원음 설법에 힘입어 중생들이 빗방울처럼 모여들었으며, 공공(空空)의 논리가 구름처럼 분분하였다. 혹자는 자기의 말은 옳고, 타인의 말은 그르다 하며, 혹자는 자기 생각은 그럴듯하나 너의 주장은 옳지 않다면서 시시비비 서로서로 자기의 주장에만 집착하여 하한(河漢;黃河와 漢水)과 같은 많은 파벌을 형성하였다. 마치 큰 산이 골짜기로 돌아가듯 유는 싫어하고 공만을 좋아하는 것이 나무를 떠나 장림(長林)에 나아가려 함과 같고, 비유하건대 청색과 쪽 풀이 공채(公體)이며, 얼음과 물이 그 근원은 하나인 것과 같다. 거울은 모든 형상을 받아들이고, 물은 통융함으로 나툰다. 이에 관한 서술을 『십문화쟁론(十門和諍論)』*이라 하나니, 모든 사람이 이를 보고 부정하는 자는 없고 모두 훌륭한 저술이라고 칭송하였다. 그리고 『화엄종요』는 그 내용인 즉 진리는 비록 하나이지만

---

* 십문화쟁론은 관점을 성립시키는 조건들의 열 가지 연기적 인과계열에 관한 화쟁이론 혹은 '관점을 성립시키는 조건들을 열 가지 연기적 인과계열로써 화쟁하는 이론'이라는 의미가 된다.

(결락) 듣는 사람들의 근기에 따라 이해를 달리한다.*

이러한 전승에서도 알 수 있듯이, 원효는 다양성을 포용하는 걸림없는 삶을 살았다. 잘 알려진 이야기이기도 하거니와, 원효는 붓을 꺾은 뒤에는 스스로를 소성거사라 지칭하면서 무애 박을 쥐고 무애 노래를 부르며 무애춤을 추면서 방방곡곡을 두루 돌아다니며 교화하였다.** 화엄경의 한 구절인 '일체의 무애인(無㝵人, 부처를 이름)은 한 길로 생사에서 벗어난다.'는 문귀를 따서 이름을 무애라 하고 계속 노래를 지어 세상에 유행하게 했다. 이 도구를 가지고 일찍이 수많은 마을을 돌며 노래하고 춤을 추며 교화시키고 읊다가 돌아오니 이로 말미암아 상추옹유(가난한 사람의 집), 확후(몽매한 사람)의 무리들도 다 부처의 이름을 알고, 나무을 일컫게 하였으니 원효의 교화는 참으로 커다란 것이었다.*** 그러나 김영태는 '나무아미타불' 염불 신앙을 했다는 구체적 행위를 논하지 않은 반면 문경현은 무지몽매한 무리들로 하여금 모두 붓다의 이름을 알고 모두 나무아미타불을 부르게 하였다고 한다.**** 구체적으로 나무아미타불을 염불했다는 것이

---

* 가산문집, "서당화상탑비", 『역주 역대 고승 비문』, 1993, 49-50.

** 김영태, 『한국 불교사』, (경서원, 2006), 96.

*** 華嚴經一切無㝵人, 一道出生死, 命名曰無㝵. 仍作歌流于世. 瞥持此. 千村萬落且歌且舞. 化詠而師, 使桑樞瓮牖獷之輩. 皆識佛陀之號. 咸作南無之稱.(일연, 『삼국유사』, 제4권 의해 편 「원효불기조」)

**** 《皆識佛陀之號 咸作南無之稱》나무(南無)는 namas를 소리 나는 대로 적은 것이고, 귀명, 경례, 귀식, 구아, 도아라고 번역한다. 정토종에서는 염불에 대한 찬양을 종지로 하여 항상 불호(佛號)앞에 '나무' 두 글자를 붙였다.(김승동, 『불교사전』, (민족사, 2011), 137). 중생이 부처님에게 진심으로 귀의 경순한다는 말(운허 용하, 『불교사전』, (동국

다. 가마타 시게오는 원효의 염불인 '나무아미타불'을 아미타 신앙으로 연결하고 있지만, 원효에게 '나무'는 귀의의 대상을 특정하지 않고 있다. 사람의 근기에 따라 불보살에 귀의하는 신앙적 수준의 다양성을 인정하며 그것을 화쟁으로 연결시켰던 것이다.

원효의 화쟁사상은 전래의 샤머니즘적 전통 위에 새로운 불교적 종교문화가 접합되는 과정을 잘 보여준다. 불교신앙이 고유문화와 서로 습합되면서 신라 불교는 법흥왕 15년 공인된 이후 급속도로 뿌리를 내려, 국가체제를 정비하며 흩어진 정신계를 수습하는 구심점(求心點)의 지위를 차지하게 된 것이다.* 가령 예로부터 신성시해온 천신(天神)숭배사상은 불교의 제석천으로 회통되고, 또 산 그 자체를 신성시했고 바다가 곧 해신(海神)이던 재래신앙은 산신과 용왕으로 불리는 등 불교와 재래의 토속신앙은 서로 의지하게 되었으니, 원효의 화쟁은 종교적 갈등의 치유책도 되었던 것이다. 붓다가 인도 사

역경원, 1985), 112)이다. 「나무아미타불」 주장은 문경현 역주, 『삼국유사』, (민속원, 2015), 468-469, 이재호 역주 (명지대학교 출판부, 1988), 「나무」 주장은 (한정섭, 『삼국유사』, (삼원사, 1996), 권상로, 『삼국유사』 (동서문화사, 1978) 참조. 북한학자 이상호의 삼국유사에서는 '오막살이 가난뱅이와 어중이 떠중이들까지도 죄다 부처님 이름을 알게 되고 모두 염불 한 마디는 할 줄 알게 되었으니 원효의 교화야 말로 컸다고 적고 있다.(이상호, 『삼국유사』 (과학원출판사, 1960), 406) 소를 모는 목동도 길쌈하는 처녀도 방아찧는 할아버지도 무애가와 무애무를 모르는 이가 없게 되었으며 이로 인하여 부처의 명호를 알고 그 높은 뜻을 알게 되었으니 누구나 〈나무아마티불!〉하는 염불을 한 마디쯤은 부를 수 있는 그러한 생활에 젖어들게 되었다.(김대은, 황영진, 박윤호 공저, 『원효 인간시대의 새벽과 그 영광』 (삼장산, 1980), 32)

* 김대은, 황영진, 박윤호, 『원효 인간시대의 새벽과 그 영광』 (삼장산, 1980), 54-65.

회 기존의 종교적 정서를 받아들였듯이, 원효는 신라 사회 고유신앙을 통해 회통의 이론적 체계화를 이룬 것이다. 김영태는 원효의 회통사상에 당시 붓다의 교설 해석을 통해 혼란스러운 교학을 하나로 통일하여 붓다의 가르침을 정확하게 전달하려는 목적도 포함된 것으로 해석하고 있다.

원효의 중심사상은 불교 안의 제가이쟁(諸家異諍)을 화해시키고 경교제설(經敎諸說)을 회통하여 하나의 부처님 세계로 돌이키려는 것이다. 모든 경교(經敎)의 사상을 화의(和會)하고 통일함으로써 부처님의 참 정신을 구현하려고 하였다. 당시 여러 문(門)을 화쟁회통(和諍會通)하여 이땅에 부처님의 산 가르침을 실현하고자 한 것이다.[*] 이와 관련하여 김영태는 원효가 불교적 관점에서 불교 안에서 화쟁을 시도한 것으로 이해하고 있다면, 이이화는 불교를 넘어 사회통합의 수단으로 회통을 이해하고 있다. 이이화의 해석을 따른다면, 원효는 분열의 조짐을 보이는 신라 사회를 통합하고 화합시키는 데 기여했다는 뜻이 된다.[**]

화쟁주의 세계란 어떠한 언설로도 해명될 수 없는 그야말로 진(眞)을 부수지 아니하고도 속(俗)을 밝힐 수 있는 높은 봉우리이며 어떠한 상상도 이를 허용할 수 없지만 허망한 마음도 스스로 통해지는 깊은 의미를 간직하는 것임을 알 수 있다. 절대한 그 이상의 경계이며,

---

[*] 김영태, 『한국 불교사』, (경서원, 2006), 100.
[**] 이이화, "역사속의 한국 불교", 『역사비평사』, 2003, 76.

상대심(相對心)으로는 도저히 해명될 수 없는 진리인 것이다. 그에 있어 모든 생성(生成)을 시간적으로 인식하는 유대승(有大乘)의 연기론이나 공간적으로 보는 공대승(空大乘)의 실상론과 같은 구분에도 전혀 구애되지 않았다.

원효는 화합과 통일의 사상, 조화와 평등의 원리를 가지고 서로 다른 주장으로 갈려 있는 불교 이론을 화쟁하며 왜곡된 불교 풍토를 쟁화(諍化)하려 하였다. 이처럼 간절한 염원이 담긴 화쟁적 논리는 무엇보다도 그 자신이 처해있는 시대상황 속에서 마치 불난 집처럼 온갖 갈등과 대립과 모순과 아집으로 가득 찬 현실 사회를 구출하려는 것이었다. 그리하여 화기(和氣)를 불어넣고 조화회통(調和會通)의 대도를 열어 이 동녘 해돋이 땅에 이상 사회를 건설하려는 무애한 원력을 발하였던 것이다.

원효의 화쟁주의는 세계사상에 도전하는 동양정신의 종합된 표현이며 따라서 그것은 유현한 동양사상의 진수라 할 수 있다. 이론이 아니고 실천행이었던 화쟁론이야말로 매우 진보적인 사상인 까닭에, 그것이 이 시대에 충만할 때 물질 우위, 인간 비하의 정신 풍토는 치유될 수 있으며 나아가 인류사회의 영원한 평화*는 성취될 수 있다.

원효의 화쟁사상은 오늘날 학문상에서나 그 밖의 정치, 경제 등 사

---

* 김대은, 황영진, 박윤호 공저, 『원효 인간시대의 새벽과 그 영광』 (삼장산, 1980), 345-346.

회문제에서 흑백양론으로 대립되어 자시비타(自是非他;자기만 옳고 다른 사람은 그름)의 외고집만을 고수함으로써 야기되는 온갖 병폐와 해악의 요소를 일소하는 데 큰 시사가 되리라 믿는다.[*]

4. 나가며

우리 학계는 원효사상을 연구하기 시작한 시기가 짧다. 짧은 만큼 많은 시행착오를 범하고 있다. 한동안 원효의 사상을 민중불교와 정토신앙으로 간주하고 연구하는 경향이 있었다. 그러다가 이제는 서민불교, 화쟁사상으로 유행처럼 바뀌고 있다.

하지만 이러한 흐름이 또 하나의 세력화로 이어져 다른 주장을 무시하는 근거가 되어서는 안 된다. 사람들은 흔히 자기의 생각이나 기준으로 타인의 사상을 이해하려 든다. 간섭과 관심은 자기의 입장에서 바라본 모습이다. 자기 중심의 이기심을 벗어나지 않고서 상대방과 평등해질 수는 없다. 객관적인 진실을 있는 그대로 인식하기 위해서는 자신의 입장을 비우는 노력이 따라야 한다. 지금까지 논쟁의 심판자적 입장에서 원효의 사상을 바라봤다면, 앞으로 원효의 연구는 정치, 이념적 시각에 머물지 말고, 더 근원적 접근을 해야 한다. 원효의 사상은 단순히 한 주제만으로 다 볼 수 없기 때문이다.

---

[*] 은정희, "원효대사-회통과 화쟁사상을 정립한 신라의 고승", 『한국 불교인물사상사』, 불교신문사, 1997, 50.

II. 역전

: 굴절된 평화, 종교적 뒤집기

「팔굉일우」에 의한
평화 개념의 변용과 수용
─전시 하 한국 기독교계의 태도를 중심으로

홍이표(야마나시에이와대학 준교수)

1. 들어가며

널리 회자되는 '팍스 로마나(Pax Romana)'라는 말의 '팍스(Pax)'는 라틴어로 '평화'를 뜻한다. 영어의 'peace'도 이 말의 목적격 'pacem'에서 유래했다. 1-2세기를 중심으로 광대한 영토 확장을 실현한 로마제국이 전쟁 발생을 최소화한 것이 곧 '평화의 실현'이라는 발상에서 비롯된 말이다. 곧 '로마제국의 지배 = 세상의 평화'인 것이다. 이 말은 미소 냉전시대의 '팍스 루소-아메리카나(Pax Russo-Americana)'에 이어, 1990-2000년대의 '팍스 아메리카나(Pax Americana)', 그리고 러시아의 우크라이나 침공 등에서 발견되는 '팍스 루시아나(Pax Russiana = Русский мир)'까지 여전히 '전쟁과 지배'를 '평화'라는 말로 둔갑시켜 사용되는 역사적 전범(典範)이 되고 있다.

그런데 로마제국의 '지배'는 반드시 로마제국의 '평화'였을까? 제국의 지배 계층에게는 평화였을지 모르나, 지배를 받는 식민지민들에게 폭력과 착취는 일상이었고, 반란과 국지전이 끊이지 않았던 것이 사실이다. 쉽게 말해 '팍스'의 민낯과 본색은 폭력과 지배에 의해 연출되는 '가짜 평화'일지도 모른다. 로마제국에 저항했던 켈트족 수장 칼가쿠스의 "그들(로마제국)은 폐허를 만들어 놓고 이를 평화라고 부른다"(They make a desert and call it peace)라는 말은 이러한 모순을 극명히 보여준다.

동양 세계의 오랜 중국 패권을 '팍스 시니카(Pax Sinica)'로, 대영제국의 번영을 팍스 브리타니카(Pax Britannica)로, 독일의 발흥을 팍스 게르마니카(Pax Germanica) 등으로 표현하는데, 사실 일본에 대해서는 '팍스 야포니카'(Pax Japonica)라는 말이 1970-80년대의 경제 부흥 시기를 지칭하기 위해 사용될 뿐, 19-20세기의 '제국 일본'을 그렇게 표현하지는 않는다. 그것은 패전 직후 연합군 최고사령부(GHQ)가 '대동아공영권'과 더불어 그 공식 사용을 금지한 용어 '팔굉일우'(八紘一宇)에 대한 뿌리 깊은 경계심이 영향을 미쳤을 것으로 보인다.

2015년 3월 16일, 일본 국회(참의원)에서는 집권 자민당 소속 미하라 준코(三原じゅん子) 의원이 질의를 이어가던 중, 전시 하에 일본 군국주의를 상징하던 '팔굉일우'(八紘一宇)라는 용어를 언급했다. "건국 이래 소중히 간직해 온 가치관인 팔굉일우를 소개하겠다. … 팔굉일우의 이념 아래 전 세계가 하나의 가족처럼 서로 돕는 경제를 운용토록 하는 숭고한 정치적 합의문서 같은 걸 아베 총리가 세계에 제안해야 한다"라고 주장한 것이다.[*] 이 내용은 국내외로 알려져 일본의 퇴행적 우경화의 단면을 보여준다는 비판에 직면했다. 미하라 의

---

[*] 질의를 받던 아소 다로(麻生太郎) 부총리는 "팔굉일우는 전쟁 전 노래 안에도 여럿 있었고 주류적 사고의 하나라고 생각한다"고 대답했다. ("일본 국회에서 침략전쟁 정당화한 팔굉일우 슬로건 등장", 《중앙일보》, 2015년 3월 17일 자. ; https://www. huffingtonpost.jp/2015/03/17/hakko-ichiu_n_6883314.html)

원은 『건국(建國)』(1938)이라는 책을 소개하며 "세계에서 가장 강한 나라가, 약한 나라, 약한 민족을 위해 일하는 제도가 생겼을 때, 비로소 세계는 평화로워진다."[*]라는 말을 발언의 근거로 제시했다. 즉 '팔굉일우'는 '평화'를 실현하는 첩경이라는 주장이다. 일본이 강조한 이 '팔굉일우'라는 말이야말로 '팍스 저팬(Pax Japan)', '팍스 야마토(Pax Yamato)'의 일본 자생적 표현이라 말할 수 있다.

'팔굉일우'는 과연 무엇이며, 이를 통해 실현되는 '평화'란 어떤 '평화'일까? 이 글은 '팔굉일우'와 '평화'라는 두 개념을, 과거 식민지 한국의 종교인들, 특히 기독교인들이 전시 하에서 어떻게 수용하였는지 살펴보고자 한다. 당초 일본 종교계에서 조어(造語)된 이후, 제국 팽창이라는 욕망의 투영과 함께 변용되어 간 '팔굉일우' 개념이 당시의 '평화' 개념까지도 어떻게 왜곡시켰는지를 확인해 보려 한다. 이 작업은, '팔굉일우'라는 말이 다시 공식석상에서 회자되기 시작한 일본의 우경화 상황 속에서, 한일, 나아가 동북아시아의 종교인들이 어떤 자세를 취해야 할지에 대한 하나의 참고 자료가 될 수 있으리라 생각한다.

---

[*] 「八紘一字とは, 世界が一家族のように睦(むつ)み合うこと. …世界中で一番強い国が, 弱い国, 弱い民族のために働いてやる制度が出来た時, 初めて世界は平和になる」(『建國』, 1938, 58.)

2.「팔굉일우」 개념의 탄생과 변용 과정

1) 일본 종교계에서의 '팔굉일우' 신용어 창안과 군부의 이용 과정

원래 '팔굉일우(八紘一宇)'라는 말은, 니치렌슈(日蓮宗)에서 나온 신종교인 국주회(国柱会)*의 창시자인 다나카 치가쿠(田中智学)가 『일본서기』(日本書紀)에서 진무 천황(神武天皇)이 야마토가시하라(大和橿原)에 미야코(都, 도읍)를 정할 때 언급한 신칙(神勅)에서 발췌하여 1913년에 조어(造語)하고 발표한 개념이다.**

> "육합(六合, 쿠니노우치, 온 천하)을 겸하여 도읍을 열고, 팔굉(八紘, 아메노시타, 온 세상)을 덮어 집(宇)으로 삼는 일이 얼마나 좋은 일인가."(兼六合以開都, 掩八紘而為宇 不亦可乎)***

'팔굉일우'라는 말 자체는 일본 고전에 등장하는 '팔굉이위우(八紘而為宇)'를 '팔굉일우(八紘一宇)'로 변형시켜 새로이 만든 말이다. 다나카는 "정(正)을 키우는 마음을 넓히고 굳힌 다음"(「下則弘皇孫養正之心. 然後」)이라는 진무 천황의 말에 주목하여 '양정의 회홍(養正の恢弘)'이라는 문화적 행동이 일본 국민의 사명이라고 주장하며, 그 이

---

* http://www.kokuchukai.or.jp/about/hitobito/paulrichard.html
** 1913년(大正2) 3월 11일에 발행된 국주회의 기관지인 『国柱新聞』에 게재된 '진무 덴노의 건국'(「神武天皇の建国」)에 '팔굉일우'가 처음 언급된다.
*** 「兼六合以開都, 掩八紘而為宇, 不亦可乎」, 『日本書紀』(卷第三), 「神武紀」中.

념을 확장시키기 위한 실천 덕목 혹은 도덕적 가치로서 '팔굉일우' 개념으로 조어하였다.* 이처럼 '팔굉일우'라는 개념은 그 탄생 과정부터 불교계 신종교의 종교가의 손을 통해 종교적 측면에서 고안된 개념이었다. 실제로 전쟁을 비판하고 사형제도의 폐지까지 주장한 다나카의 면모를 생각할 때, 이후 군국주의자들에 의해 '팔굉일우' 개념이 선전 문구로 이용된 것은 그의 사상을 제대로 계승한 것이라 보기는 어렵다. 하지만 이후 다나카는 1923년 11월 3일에 진무 덴노의 '양정'(養正)이라는 말을 차용하여 '입헌양정회(立憲養正會)'라는 단체를 설립하여 정치화의 길로 접어들기도 한다.**

'국체'를 비롯한 '팔굉일우' 개념이 군국주의자들에 의해 자의적으로 이용당하기 시작한 대표적인 사례는 1936년에 발생한 2.26 쿠데타 사건이다. 쿠데타를 주도한 황도파 장교들이 궐기취의서(蹶起趣意書)***에 '팔굉일우'가 등장한다. 이것은 '팔굉일우'라는 종교적 개념이 정치적으로 변용되는 결정적 계기가 된다. 정치적 색채가 덧입혀

---

* 島田裕巳, 『八紘一宇: 日本全体を突き動かした宗教思想の正体』, 東京:幻冬舍, 2015.

** 이 단체는 1929년 차남 다나카 타쿠지(田中澤二)에게 계승되어 중의원 및 지방의회 등에 후보를 세우는 등, 천황의 대명(天皇の大命)이 내세운 '국제주의의 정치 흥립'(国体主義の政治を興立)을 목표로 하는 정치단체로까지 성장해 간다. 물론 1940년대에 접어들면서, 군부가 말하는 '국체' 개념에 문제제기를 하는 등의 반발 사례가 오히려 탄압의 빌미가 되어 1942년 3월 17일 결사 불허 처분을 받고 해산당하기도 했다.

*** "삼가 생각해 보건데 우리나라가 신국(神國)인 까닭은 만세일게이신 천황 폐하의 통수 하에 국민 모두가 생성화육을 이루고 마침내는 팔굉일우(八紘一宇)를 달성하여 국체를 보전했기 때문이다." 「二·二六事件: 蹶起趣意書」, 今井淸一, 高橋正衛編, 『現代史資料4 国家主義運動1』, 東京: みすず書房, 1963. 참조.

지자 '팔굉일우'는 전시 하에 전쟁 동원을 위한 '흥아론(興亞論)'의 선전 문구로서 맹위를 떨치게 된다.

'팔굉일우' 표현을 최초로 사용한 정부는, 제1차 고노에 후미마로 (近衞文麿) 내각으로서, 1937년 11월 10일에 내각, 내무성, 문부성이 『국민정신총동원자료』(제4집)을 발행한 자료집에 "팔굉일우의 정신" 이라는 표현이 등장한다. 1940년 7월 26일에는 제2차 고노에 내각 에서 발표한 『기본국책요강』(基本国策要綱)에서도 '팔굉일우' 개념은 '황국의 국시(國是)'로서 전면에 등장한다. 여기에서 팔굉일우는 '세 계평화의 확립을 초래하는 것'임을 명시하며 '평화'의 개념과 직접 연 결시킨다.* 같은 해 9월 27일에는 추축국(樞軸國) 3국(일독이) 동맹조 약 직후의 조서(詔書)에서도 "대의(大義)를 팔굉(八紘)에 선양(宣揚)하 고 곤여(坤輿)를 일우(一宇)로 함은 실로 황조황종의 대훈(大訓)"**이라 고 강조하였다.

황기 2600년을 기념하던 1940년에는 미야자키 신궁 근처에 팔굉 일우 정신을 기념하는 '아메츠치노모토하시라(八紘之基柱)'라는 탑 을 세웠고, 1944년 11월 1일에 발행된 10전 지폐의 도안으로 사용되 기도 했다. 하지만 제2차 세계대전에서 일본이 패전한 이후, 연합국 군 최고사령관 총사령부(GHQ)가 공포한 신도지령(神道指令)에 의해

---

* 『基本国策要綱』, 1940. 참조.
** 「大義ヲ八紘ニ宣揚シ坤輿ヲ一宇タラシムルハ実ニ皇祖皇宗ノ大訓ニシテ朕ガ夙夜眷
々措カザル所ナリ」.

'대동아전쟁'이나 '팔굉일우' 등의 용어는 과격한 국수주의 및 군국주의, 그리고 국가신도를 연상시킨다는 이유로 공식 문서에서의 사용이 금지되기에 이른다.

2) 식민지에서의 '팔굉일우=평화' 개념의 보급

제국일본은 만주사변(1931)을 일으킨 뒤, 이듬해에 '오족협화(五族協和)'를 내세우며 만주국(滿洲國)을 수립한다. 이 시기에 식민지에서도 '팔굉일우' 개념이 본격적으로 등장한다. 1935년부터 일본에서는 천황기관설(天皇機關說)이 배격당하면서 천황의 절대성을 강조한 국체명징운동(國體明徵運動)이 본격화되었다.[*] 동시에 조선인의 전쟁 동원 수월성 확보를 위해 '내선일체'를 강조하는 과정에서 '팔굉일우'도 본격 보급되기 시작한다.

> "천황은 육합(六合, 온 천하)을 합쳐서 도읍을 열고, 팔굉(八紘, 온 세상)을 덮어 우(宇)로 하지 않으면 안 된다'는 칙서를 내려 천업회홍(天業恢弘)을 지향하였던 것이다. 이리하여 떠도는 나라들을 수리고성(修理固城)하여 팔굉(八紘)을 우(宇)로 한다는 것은 결코 단지 제목이 아니라 분리되어 있는 세계 국가들을 하나로 합치는 것을 의미한다. … 세계 평화 역시 거기에서 약속되는 것이다."[**]

---

[*] 大日本帝國學士院編纂, 『帝室制度史』(第1券), 東京: ヘラルド社, 1937, 126.
[**] 日本世紀社同人, "聖戰の本義," 『文藝春秋』, 1942년 1월호, 96-97.

미나미 지로(南次郎) 조선 총독은 1939년 신년사에서 "우-우(偶偶) 만주사변(滿洲事變)은 일만일체(日滿一體)의 신관계(新關係)를 생(生)하였으며, 일만지(日滿支)에 긍(亘)한 민족단결, 동아연맹(東亞聯盟)의 신조직(新組織)을 현출(現出)하는 대기운(大機運)"이라고 묘사한 뒤, "차(此)를 일본사(日本史)의 입장에서 보면 멀리는 신무조국(神武肇國)의 팔굉일우(八紘一宇)의 대이상(大理想)에 발(發)하며 가까이는 명치 천황(明治天皇)의 성모(聖謨)에 기(基)한 동양평화보전(東洋平和保全)의 국시(國是)가 … 그 귀결을 현현(顯現)하려 함으로 진(眞)히 장엄한 사적(史的) 위관(偉觀)이다"[*]라고 강조하였다. 같은 해 『문교의 조선』(文敎の朝鮮)이라는 총독부 기관지에서도 '팔굉일우'[**]라는 제목의 글이 게재되는 등 조선에서의 이 개념 선양 및 보급 작업이 적극적으로 개진되기 시작했다.

황기 2600년을 맞이한 이듬해(1940)에도 미나미 총독의 신년사[***]뿐 아니라 내각 문부상까지도 팔굉일우 개념을 더욱 적극적으로 선전하고 있다.[****] 이에 부응하여 전조선사상보국연맹 간사였던 김두정(金斗禎)도 "내선일체는 팔굉일우의 조선적 연장"이라는 점을 강조하

[*] 南次郎, "碧血로 歷史를 綴하노라," 『三千里』 제11권 제1호, 1939년 1월 1일 자, 34-35.
[**] 大關將一(朝鮮總督府敎學硏修所), "八紘一宇," 『文敎の朝鮮』, 1939년 11월호.
[***] 「八紘一宇의 理想으로써, 國內의 服從하지 않는 者를 服從케 하자」, ("1940年 元旦을 맞아 南總督의 新年辭가 발표," 『朝鮮總督府官報』, 1940년 1월 1일 자.)
[****] "神武創業의 大御心을 廣布 八紘一宇의 意義에 對한 松浦文相答辯(東京)," 《東亞日報》, 1940년 2월 15일 자. 1면.

면서 "흥아적(興亞的) 대사명으로 본 내선일체"라는 논설에서 "아세아(亞細亞) 제 인종을 구제하고 나아가 팔굉일우의 대이상의 실현에 매진하지 않으면 아니 된다"*고 역설했다. 1941년에도 미나미 총독은 "동양(東洋)이 통(通)털어 팔굉일우(八紘一宇)의 황풍(皇風)에 균점 왕도악토(均霑王道樂土)를 건설시킬 수 있을 것으로 확신한다"**고 강조했다. 1942년부터 총독부의 '대동아교육체제'가 새롭게 개편되면서 "일본 역사는 팔굉일우의 일본정신을 앙양하고 서양 역사는 영·미 기타 적성 국가의 동아착취사(東亞搾取史)에 중점을 두어 지도할 것"***이라는 '역사교육 지침'을 하달했다. 동시에 행정 계통에서 '팔굉일우' 사상이 대동아공영권 건설의 핵심 이념으로 동시에 강조된다.**** 1943년 '기원절'의 총독 훈시에도 그러한 내용이 반복되었다.*****

대표적 지식인이었던 이광수도 1942의 논설에서 "미영(米英)을 격멸하여 팔굉일우의 정신 하에 동아(東亞)가 새로 세워지고야만, 동아 제 민족에게 평화와 번영이 올 것이며, … 미영을 완전히 격멸하더라도 이 (앵글로) 사상을 격멸하지 않는 이상, 팔굉일우는 오지 못 한다"******고 역설하면서, 서구, 특히 영국과 미국의 '앵글로 사상'과의 대결

---

* 金斗禎, "興亞的 大使命으로 본 內鮮一體," 『三千里』, 제12권 제3호, 1940년 3월 1일, 54.
** "南總督이 臨時各道知事會議에서 訓示하다," 『每日新報』, 1941년 2월 1일 자.
*** "朝鮮總督府에서 이번 新學期부터," 『每日新報』, 1942년 2월 24일 자.
**** 江上征史, "大東亞共榮圈と八紘一宇の視野," 『朝鮮行政』, 1942년 1월 1일 자.
***** "社說-國體本義의 透徹," 『基督教新聞』, 제42호, 1943년 2월 10일 자, 1.
****** 香山光郎(李光洙), "東洋의 侵略者 英·米 打倒의 大獅子吼!," 『三千里』, 제14권 제1호, 1942년 1월 1일 자. 46-47.

구도로서 '팔굉일우' 사상을 전면에 내세우면서 그 궁극 목표로서 '평화'를 제시하고 있다.

기무라 간(木村幹)은 제국 일본 당국이 조선의 주체적 근대화를 주창하는 '민족개조론'을 억압해야 했다고 주장한다. 그 과정에서 일본이 서구의 근대와는 다른 초근대적(보편적) 존재임을 강조하기 위해 '팔굉일우로서의 일본'을 고안했다고 보았다.* 즉 팔굉일우는 '일본을 통한 근대'만이 선하고 절대적이라는 것을 맹신토록 하기 위한 개념이었다. 처음에 팔굉일우 이상은 일개 신종교 집단의 교리처럼 보였지만, 결국 국가주의 권력과 결합하여 강력한 실천적 동력을 확보하였다. 15년 전쟁 시기의 일본은 이 '팔굉일우'라는 말 속에 응축되어 일본 인식의 핵으로 자리매김한다. 일본은 곧 '팔굉일우'의 실현을 사명으로 부여받은 유일한 나라라는 인식이 그것이다. 그러므로 그러한 일본이 수행해 온, 그리고 앞으로도 수행하게 될 모든 '전쟁'은 팔굉일우라는 천업을 회홍(恢弘)키 위한 수단이 되며, 그 자체로서 모두가 '평화의 회복 과정'으로 인식된 것이다. 바로 이것이 '팔굉일우'를 '평화의 실현'과 동일시하게 된 이유이다.

* 木村幹, 김세덕 역, 『조선/한국의 내셔널리즘과 소국의식』, 서울: 산처럼, 2002, 368.

3. 한국 종교계의 「팔굉일우」 수용 과정과 '평화'
- 기독교계를 중심으로

황기 2600년을 맞은 1940년에 천도교의 합동교회에서는 초대 교령(敎領)이 된 이종린(李鍾麟)이 일본제국에 의한 동아 신질서를 '팔굉일우의 현현'이라고 강조하였다.[*] 유림 측에서도 제2회 전선(全鮮) 유림대회(부민관 대강당)를 통해 "팔굉일우의 정신을 봉체(奉體)하여 일만지(日滿支) 영구의 정신적 연계를 굳게 함을 기한다"[**]고 역설하였다. 천도교 청년당에서 발행하던 기관지 『농민』의 편집자 김오성은 "팔굉일우는 국민정신의 기초가 되는 동시에 또한 민족협화의 정신도 된다"[***]면서, 일본과 조선의 하나 됨과 만주국의 탄생이 지닌 의의를 강조했다. 천도교 출신의 『매일신보』 사장 최린도, "황국의 국시는 팔굉일우의 조국(肇國) 정신에 기하여 세계평화의 확립을 초래하는 것으로써 근본을 삼고, … 대동아(大東亞)의 신질서를 건설함에 있다"[****]고 강조하였다. 이처럼 '팔굉일우' 개념은 천도교, 유교, 불

---

[*] "이 敎義는 八紘一宇의 顯現인 동아신질서의 이상, 대정익찬 정신의 발양인 신체제의 출현 모두 혼현 기맥 상통하므로 … 감격해 마지않는 바이다. 이에 황기 2600년의 佳年을 기하여 좌의 4개조를 천하에 선포함. …1. 我等은 八紘一宇의 皇道精神에 기초하야 세계 신질서 건설로써 布德天下 同歸一體 이상 도달을 확신함." (李鍾麟, "余의 就任辭," 『三千里』, 제12권 제5호, 1940년 5월 1일자. 48. ; 1940년 12월 24일, 천도교선언, 『일제협력단체사전』, 634.)

[**] "第2回 全鮮儒林大會가 府民館大講堂," 『每日新報』, 1941년 10월 17일 자.

[***] 金午星, 「西洋과 東洋(世界史의 轉換), 『每新』, 1942년 4월 27일, 5월 5일 자.

[****] 崔麟, 朴興植, 吳兢善, "新政治體制와 近衛新內閣에 대한 朝鮮人 要望,' 『三千里』, 제12

교, 기독교 등 한국의 주요 종교인들이 적극 수용한 개념 중 하나이다. 본 논고에서는 특히 기독교계의 수용과정을 통해 일본 종교계에서 탄생한 '팔굉일우' 개념이 식민지 조선의 종교인들에게 어떻게 수용되어 갔는지 살핌으로써 그 개념이 어떻게 변용되어 가는지 확인해 보고자 한다.

1) 야마토(大和) 선민의식과 '팔굉일우'의 평화

조선전도론을 주창하며 기독교를 통한 조선의 일본으로의 동화(同化)를 모색한 일본조합기독교회의 에비나단조(海老名弾正)는, 1904년 러일전쟁을 계기로서 "자신의 생명을 나라에 바치는 것을 주저한다면, … 진정한 대국민이 될 수가 있다"*면서 참전을 부추기는 설교를 빈번하게 행했다. 그 과정에서 에비나는 "죄악과 싸우시는 그리스도혼(クリスチャン魂)과 어떠한 적국과 싸우더라도 반드시 이기게 해주는 일본혼(日本魂)은 모두 생명력으로 역동한다는 점에서 실로 동일한 것"**이라며 국체와 기독교, 즉 야마토혼과 그리스도혼의 합일을 주장하였다. 1905년에 그의 설교 내용을 살펴보자.

"이 사랑해야 할 야마토혼(大和魂)이 머무는 나라를 사랑하지 않고서

권 제8호, 1940년 9월 1일, 30.

* "わが神観,"「新人」, 第5巻 第4号, 1904年, 加藤常昭編, 『海老名弾正説教集』(東京: 新教出版社, 1973), 155-158.

** 古屋安雄, 大木英夫, 『日本の神学』(東京: ヨルダン社, 1989), 133-134에서 재인용.

는 견딜 수가 없다. … 우리 안에서 생성되는 이 야마토혼(大和魂)은 그리스도혼(キリスト魂)과 일치하고 있다. 그러므로 나는 더욱 이 나라를 사랑하지 않고서는 견딜 수 없다."[*]

이처럼 "야마토혼과 그리스도혼의 일치"를 주장한 에비나는 일본적 정신이 이미 기독교의 본질과 동일성을 지닌다고 확신하였다. 이러한 '야마토'(大和)라는 개념은, 역시 1911년에 일본조합교회의 도시샤대학 신학부를 졸업하고 귀국한 홍병선을 통해서 본격적으로 한국에 전해졌다. 그는 병합 직후인 1911년부터 1913년까지 일본조합교회 소속의 한양기독교회 전도사를 역임하면서 에비나, 와타제 츠네요시 등 조합교회 인사들로부터 배운 사상과 일본 인식을 적극적으로 전파하였다. 이후 감리교회로 옮기면서 그의 영향은 감리교회에까지 적잖이 침투해 간다. 그는 1938년 조선기독교연합회 평의원을 맡은 뒤, 신흥우의 적극 신앙단에 참여했다가 다시금 과거 조합교회 시절의 에비나로부터 영향받은 일본 인식을 적극적으로 표명한다.

"야마토(大和) 민족의 무사정신(武士精神)은 서양 문명의 장(長)을 취하고 단(短)을 사하야 백인의 마수를 타파하고, 동양을 구하는 급선봉이 될 것이다. … 이번 기회에 내선일체의 완벽을 이루어야 할 것이

---

[*] "予が最も愛するもの,"「新人」, 第6卷 第3号, 1905,『海老名弾正説教集』, 195.

다."*

이러한 선민(選民)으로서의 '야마토' 개념을 식민지 일반에까지 적극적으로 보급하기 시작한 것은 만주사변 이후로 보인다. 1936년 만주사변 5주년에 관동군 사령관이 발표한 문서 '만주국의 근본이념과 협화회의 본질'을 보면, 소련의 공산주의나 영미의 자본주의 노선은 모두 실패했지만, 황도(皇道)에 입각한 일본만은 유일하게 성공한 체제임을 강조한다. 그러한 성공의 이유는, 야마토(大和) 민족이 타민족을 지도하여 결여된 점들을 보충해 주며, 도의세계(道義世界)로 이끌 선민적 사명이 있기 때문이라고 주장한다. 그 과정에서 만주국 건국은 '팔굉일우'(八紘一宇)의 이상을 실현할 야마토 민족의 세계사적 발전과정의 제1단계이며, 이후 중국, 인도, 시베리아 등지로까지 진출하는 것이 '일본의 사명'**이라 주장하였다.

이광수도 1940년에 "조선 민족은 야마토(大和) 민족에 스며들어감으로써 새로운 생명을 얻자. … 여기에 이르러 조선 민족은 혈액적으로 정신적으로 병합(倂合)되었다"***면서 야마토 민족과의 동화(同化) 필요성을 역설하였다. 같은 해 기독교조선감리회 혁신안의 제2항에 "그리스도의 세계 일가주의(一家主義)는 팔굉일우의 사상 관철

---

* 　홍병선, "국민정신총동원과 총후후원," 『青年』, 1938년 10월호.
** 　日本世紀社同人, "聖戰の本義," 『文藝春秋』, 1942년 1월호, 94.
*** 이광수, "朝鮮文藝の今日と明日," 『京城日報』, 1940년 9월 30일 자.

에 의하여 실현된다는 점을 철저히 인식시킬 것"이라고 명시된 것
도, 그러한 야마토 민족을 중심으로 한 '일가(一家)' 개념의 수용이라
볼 수 있다. 1940년 10월에 발표된 감리교회 혁신안에서도 첫 번째
사상선도(思想善導)의 장에서 "(1) 신동아 건설과 내선일체 원리를 철
저히 인식케 할 것과 더불어, (2) 그리스도(基督)의 일가주의(一家主
義)는 팔굉일우의 현현에 의하여 구현될 것임으로 이를 철저히 인식
할 것"**이라는 내용이 등장한다. "그리스도 안에 한 가족"이라는 기
독교 공동체의 이념을 일본 제국의 '팔굉일우' 사상과 접맥시켜 일치
시키고 있다.*** 이듬해(1941) 『조선감리회보(朝鮮監理會報)』에서 "황국
의 문화는 동서의 정수(精粹)를 섭취소화(攝取消化)하여 야마토정신
(大和精神) 속에 화육(化育)시킨 것"****이며 그 결과 "완전무결한 나라를
이루게 된 것"이라 주장한 것도 같은 맥락이다. 1942년 『기독교신문
(基督敎新聞)』은 다카하시 텐키(高橋天輝)의 말을 통해 야마토 세계를
'지상천국'으로 묘사하며 그 천국을 완성하기 위해 '야마토 민족'에
사명이 부여돼 있음을 역설하고 있다.

　　"세계황화(世界皇化) 즉, … 팔굉일우(八紘一宇)의 실현에 의하여 눈물

---

* 　　「基督敎朝鮮監理會革新條項」 참조.

** 　『每日新報』, 1940년 10월 4일 자.

*** 　신흥우도 "전체의 행복을 구하는 생활을 하여 인류가 一家族이 되기를 힘써야 할 것"이라
　　고 강조했다. (高靈興雨 "新體制下의 基督敎," 『朝鮮監理會報』, 1941년 2월호, 3.)

**** "奉祝紀元節," 『朝鮮監理會報』, 1941년 2월호, 1.

과 고통이 없는 진선미가 겸비한 애(愛)의 지상천국인 '야마토세계'(大和世界)를 건설하는 것이, … 전 인류를 도생(度生) 구제할 의무와 책임이 있는 아둥 야마토 민족(大和民族)에게 부여된 대사명이다."[*]

심지어는 '야마토'가 '평화' 그 자체를 의미한다는 주장까지 등장한다. 하지만 여기서의 '평화'는 근대적 의미의 '상대적인 평화'가 아닌 '절대적인 평화'를 말한다. 즉 '절대'로서의 '야마토'가 실현된 곳에는 무조건적으로 평화가 실현될 수밖에 없다는 것이다. 그러므로 '야마토'의 실현은 '평화의 실현'이 되며 그 평화를 방해하는 모든 것은 격멸되어야 하는 대상으로 전락한다. 1942년 발행된 『문예춘추』에는 일본이 행하는 모든 전쟁이 '평화'를 위한 것임을 강조하고 있다.

"평화란 어디까지나 야마토(大和)를 의미하며 소위 정치적 통용어인 '평화'와는 그 본질을 달리한다. 근대 정치의 평화가 영미적(英米的) 구질서의 현상유지를 의미하는 것이라면, 우리의 야마토(大和) 평화는 천의(天意)에 따르지 않는 것에 대해 단호한 신무불살(神武不殺)의 검(劍)을 휘둘러 평정하고 성전의 완수를 일관했을 때 비로소 부여되는 것이다."[**]

[*]   高橋天輝, "世界皇化華와 我國의 使命,"『基督教新聞』, 제23호, 1942년 9월 30일 자, 8.
[**]   日本世紀社同人, "聖戰の本義,"『文藝春秋』, 1942년 1월호, 97.

이러한 '야마토'의 절대시 경향 속에서도, 무라키시 키요히코(村岸淸彦)는 이제 대만, 조선, 만주 등 제 민족이 야마토 민족에 합세하였기 때문에 제한적 의미로서의 '야마토 민족' 보다는 대일본제국의 신민(臣民)이라면 모두를 '일본인(日本人) 혹은 일본민족(日本民族)'으로 불러야 된다고 아래와 같이 주장하였다.

> "이 해방과 건설의 전쟁은 일본건국의 대정신인 팔굉일우(八紘一宇)의 대이상을 표현하는 것 … 즉 세계를 화기애애한 일가(一家)와 같이 하고저 하는 진무(神武)의 어정신(御精神)에 기(基)하야 일본은 … 야마토 민족(大和民族)을 낳어서 여기에 등장한 것입니다. 야마토 민족은 다시 여러 선주민족(先住民族)인 한(韓), 지(支), 남양마래(南洋馬來)의 제 민족까지도 맞어 드러서 대국을 이루는 것입니다. 명치(明治)에 들어와서 대만(臺灣), 조선(朝鮮)의 2민족이 가하여지고 대동아전쟁(大東亞戰爭) 이래 다시 많은 제 민족이 가하여진 것 … 이제 일본은 … 누구나 '일본(日本)'의 이름 아래서 일가족(一家族)을 형성하고저 하는 것이다."[*]

1942년 4월에 발표된 감리교회 심명섭 목사의 '기독교의 혁신'이란 제목의 논설 안에도 시종 "우리 일본인"이라는 표현과 함께 '신동아

---

[*] 村岸淸彦, "大東亞戰爭의 意義와 半島基督敎의 新體制," 『基督敎新聞』, 제32호, 1942년 12월 2일 자, 4.

건설과 내선일체의 원리'를 철저화 하고 '팔굉일우의 대이상과 기독(基督)의 일가주의(一家主義) 실현'을 연결시켜 서술하고 있다.

"영미식(英米式) 기독교는 그런 고로 우리 日本人으로서는 이해할 수 없고, 적당치 아니한 것이 많고, 흉내만 낸 것도 있다. … 우리는 단연히 영미식 기독교를 혁신하야 일본적 종교로 재출발하게 한 것이다. 또한 신동아 건설과 내선일체(內鮮一體)의 원리를 철저히 주지케 하야 1억1심 총후의 책무를 다하도록 할 것이다. … 팔굉일우(八紘一宇)의 대이상과 기독의 일가주의를 잘 이해케 하야 이의 완성을 목적하고 헌신매진하야 성은을 봉답할 것이다."[*]

전시 체제가 갈수록 강화된 1943년에는 이화여자전문학교의 김활란 교장도 '거룩한 야마토다마시이(大和魂)를 명심, 적 격멸에 일로매진'이라는 제목의 논설에서 "야마토다마시이(大和魂)를 소유하자"[**]며 앞서 소개한 에비나 단조의 견해를 그대로 답습한다. 김활란과 함께 YWCA 창립을 주도했던 유각경도 "어머니 자신들이 우리나라의 야마토다마시이(大和魂)를 몸소 인식하지 않으면 안 될 줄 알며, 이

---

[*]   沈明燮, "基督教의 革新," 『基督教新聞』, 제1호, 1942년 4월 29일 자, 5.
[**] "우리는 배 속으로부터 야마토다마시(大和魂)의 소유자가 되어야 한다. … 충성된 그 마음을 한결같이 대군에게 바침으로써 표현할 수 있는 야마토다마시(大和魂)는 3천 년 간 쉴 사이 없이 흐르고 흐르고 크나큰 역사를 가지고 있다." (김활란, "거룩한 大和魂을 명심, 적격멸에 일로매진," 『毎日新報』, 1943년 8월 7일 자.)

정신을 장래 군인이 될 어린 아이에게 교육시켜야 할 것"이라며 자식들의 징병을 앞둔 부녀자들도 '야마토혼'을 지녀야 함을 강조했다.

1944년 8월 15일의 『기독교신문』은 1년 뒤 천황의 항복 선언을 듣게 되리라고는 상상조차 못한 채 '야마토 일치(大和一致)의 장로교단'이라는 제목의 사설을 게재했다.** 감리교회는 『감리회보』가 『기독교신문』으로 통합되자, 교단 내부의 기관지를 별도로 내기 위해 『야마토세계』(大和世界)라는 제목의 정기간행물을 발간하며 전국 교회에 구독을 의무화***하는 등 '야마토' 개념의 적극적 수용 자세를 보인다. 감리회의 이동욱 목사는 1944년에 『대화세계(大和世界)』를 발행하던 대화세계사 이사에 취임했으며, 갈홍기(葛弘基)는 이 잡지의 기자로서 활약하였다.

일본 제국 안에서도 오직 혼슈, 시코쿠, 큐슈의 이른바 '내지인(內地人)'만을 의미하는 '야마토' 민족이라는 '선민의식'의 개념을 한국 기독교인들은 무비판적으로 적극 수용하고 있다. 이는 '팔굉일우'의 가운데 정점에 '야마토' 민족을 배치함으로써 나머지 식민지 민족들은 주변화 시키는 '선민의식'에서 비롯된 모순적 행태였다. 문제는

---

*   유각경, "어머니 자신부터 가질 大和魂," 『每日新報』, 1942년 5월 12일 자.

**   "우리가 야마토 일치(大和一致)하는 것은 미영(米英)을 격멸하고 세계 신질서를 건설하자는 그 목적을 도달하고자 하는 것이니 장로회 30만 교도는 모름직이 1억 국민으로 한 덩어리가 되어서 웅휘(雄輝)한 목적 달성에 용왕매진할 것이라 한다." ("社說- 大和一致의 長老敎團," 『基督敎新聞』, 제95호, 1944년 8월 15일, 1.)

*** 이덕주, 『종교교회사』, 333-334.

144 | 종교로 평화 만들기

'평화'의 개념도 '야마토 민족'만이 실현할 수 있다는 절대적 가치로서 독점하고, 식민지 제 민족이 그 앞에 굴복함으로 오히려 다양한 민족의 평화적 공존이 파괴되는 결과를 낳았다.

2)「성업·성전」으로서의 '팔굉일우'

'평화'를 파괴하는 대표적 행위인 '전쟁'은, '성업(聖業)' 혹은 '성전(聖戰)'으로 미화되어 오히려 평화 실현의 수단으로 정당화되기도 한다. '아시아 해방의 성화(聖火)'로 표현된 만주사변을 시작으로 중일전쟁과 태평양전쟁도 그러한 '성업·성전'으로 언급되기 시작한다. 천황 절대주의라는 망상 속에서 전쟁 자체를 악(惡)으로 규정하는 가치판단이 약화되자, 결국 '전쟁의 습관화', '전쟁의 치매현상'*이 발생하였다. 그때도 '팔굉일우'는 여지없이 등장한다.

'성전'(聖戰)이라는 말은 1937년 중일전쟁 때부터 본격적으로 사용되기 시작하였다.** 그해 11월 1일 육군성(陸軍省)이 발행한 신문에서 "이번 사변은 … 패도적 제국주의를 응징하여 세계에 국제정의를 확립하려는 신국(神國) 일본의 성전(聖戰)"***이라고 밝히고 있다. 역사를 초월한 '신국' 개념이 등장한 것은 결국 유사 이래 일본이 행한 '모든 전쟁'이 '성전'으로 확장됨을 의미하였다. 1942년에 『문예춘추』에 실

---

* 　정창석, "절대주의 천황제의 공간적 확대," 『일본문화학보』(제37집), 2008년 11월, 276.
** 　정창석, 위의 글, 287.
*** 　陸軍省新聞班,「時局の重大性」, 1937년 11월 18일, 66.

린 '성전의 본의'는 그것을 잘 보여준다.

"지나사변(支那事變)만이 성전(聖戰)이라 하면, 일청(日淸), 일로(日露), 만주사변(滿洲事變) 등은 전부 성전이 아니요, 제국주의 전쟁이란 말인가? … 이러한 비성전(非聖戰)의 전쟁을 위해 수십만의 피를 흘렸단 말인가. 결단코 그렇지 않다. 일찍이 황군이 싸운 전쟁 중 성전 아닌 제국주의 전쟁은 단 한 번도 없었다. … 유사 이래 일본의 전쟁은 전부가 … 천업익찬(天業翼贊)을 위한 일관된 성전이었다. 그것은 결코 서양 제국주의와 혼동될 수 없는 것이다. 아니 오히려 그러한 제국주의적 침략을 배제하려는 대외에 기반을 둔 성전(聖戰)이다."[*]

이러한 성전(聖戰) 개념의 근원적 본질은 "우리의 성전은 단지 메이지유신 이래의 것이 아니라 멀리 건국 이래의 전통에 입각한 것"[**]이라는 표현처럼, 다름 아닌 제1대 진무 천황의 '조국이상'과 '팔굉일우'에 있다고 본 것이다. 결국 성전의 개념도 그 근원에는 일본 고대사에 뿌리를 둔 '팔굉일우' 이념과 깊이 관련되어 있다. 따라서 진무 천황의 동정(東征)으로부터 역사상 일본이 전개해 온, 그리고 앞으로 해 나갈 모든 전쟁을 '성전'으로 둔갑시킬 수 있는 근거를 마련한 것이다. 즉 일본이 수행하는 모든 전쟁은 '평화의 실현 및 회복' 과정이

[*]   日本世紀社同人, "聖戰の本義," 『文藝春秋』, 1942년 1월호, 89.
[**] 日本世紀社同人, "聖戰の本義," 96-97.

된다.

이러한 '평화' 개념은 전쟁과 갈등이 영원히 없어진 객관적인 상태가 아니라, 단지 일본 천황의 대의(大義)를 통해서 '팔굉일우'가 성취되는 순간을 의미하는 '주관적 평화'로 전락한다. 이러한 팔굉일우 개념은, 1930년대 중후반부터 일본 군국주의자들에 의해 일본의 국시(國是)로 채택되었기 때문에 '성전' 개념과 함께 1937년 중일전쟁 시기부터 본격적으로 등장하고 보급되었다. 일본 현대사 속에서도 여전히 사라지지 않는 '주관적이고 절대적인 평화 개념'은 바로 이러한 시기에 '팔굉일우'와 '성전'의 논리 속에서 깊이 각인된 것이다.

원래 '성전'이란 말은, 구약성서의 'Holy War' 개념 등에서 비롯된 것으로 유대교나 기독교 등이 신명(神命)에 입각하여 전개하는 전쟁을 부를 때 사용하는 경우가 많았다. 그런데 그러한 유대교 및 기독교적 전쟁 개념인 '성전'을 일본 제국주의가 그대로 차용, 보급한 것이다. 그리고 한국의 기독교계는 그것을 다시 적극적으로 수용하며 교회 안에 내면화하였다. 이는 기독교에 기존에 존재하던 성전 개념을 일본 국체의 '성전' 개념과 동일시하는 '일본적 기독교'로의 변질과 왜곡의 길을 걷게 됐음을 의미한다.

'팔굉일우'와 '성업·성전(聖業·聖戰)'을 동시에 강조한 것은, 조선, 대만에 이은 만주와 중국 침략이 결코 경제적, 군사적 차원의 전쟁만이 아니라 사상전(思想戰)이라는 측면이 부각되었기 때문이다. 특히 중국 국민당의 삼민주의(三民主義)나 모택동의 공산주의에 대한 대응을 위해서 '사상적' 성격이 중요하다고 본 것이다. 아래 인

용문을 보자.

> "천황(天皇)의 대어심(大御心)은 세계황화(世界皇化), 즉 팔굉위우(八紘
> 爲宇)이옵시며, … 이 '세계황화'라는 팔굉일우의 정신은 세계 전 인
> 류가 열망하는 인간 최고의 대이상이므로, … 대사명적(大使徒的) 성
> 업(聖業)이다. … 우리들 야마토 민족은 이 대사명을 완수함에 있어
> 서 … 신국(神國) 아(我) 대일본으로부터 인류 공적인 적색사상(赤色思
> 想, 공산주의-필자 주)을 격멸(擊滅)하자."[*]

기독교계가 이러한 '성업·성전' 개념을 적극 수용한 사례들을 보면, 우선 중일전쟁 직후인 1938년에 발생한 '흥업구락부 사건'을 들수 있다. 이 단체에 참여한 교계 지도자들의 사상전향서를 보면 "그동안 신민으로서의 책임을 다하지 못한 책임을 지기 위해 팔굉일우의 도의(道義)에 충실하겠다"는 내용이 등장한다.[**] 교계 언론인 전필순도 제국의 전쟁에 참여하는 이유는 "팔굉일우의 대성업(大聖業)을 성취하기 위한 것"[***]이므로 이 목표를 달성하는 데 "방해되는 존재는

---

[*] 高橋天輝, "世界皇化華와 我國의 使命,"『基督敎新聞』, 제23호, 1942년 9월 30일 자, 8.

[**] "皇國 日本의 臣民으로서의 榮譽와 責任을 痛感하고 八紘一宇의 道義的 給合으로써 自奮努力케 함을 誠心으로써 誓하는 바이다. 그리고 興業俱樂部의 解散에 臨하여 我等은 그 活動資金으로서 … 國防費의 一助로서 謹히 獻納하기로 한다." ("秘密結社 興業俱樂部事件으로 檢束,"《東亞日報》, 1938년 9월 4일 자.)

[***] 全弼淳, "日本の眞の敵は何處か-その理由,"『綠旗』 제4권 제11호, 1939년 11월호.

모두가 적"이라고 주장한다.

심지어 1940년에 정간(停刊) 조치되었던『성서조선(聖書朝鮮)』조차도 '황국신민서사' 게재와 함께 민 '세계의 평화와 동아의 영원한 안정'을 강조한 문장 뒤의 '연언(連言)'에서 '성전'과 '팔굉'을 결부시키고 있다.

> - 전승의 신년을 맞이하면서 : 전승의 제3년의 신춘을 맞이하여 세계의 평화와 東亞의 영원한 안정을 위하여 제일선에서 분전하는 황군의 건투와 만복을 근축하는 동시에 … 전도보국과 문필보국으로써 우리의 임무를 다하기를 서약하는 바이다.
> - 연언 : 성전(聖戰) 제4년, 황기 2600년의 신춘을 맞이하여 일억 민초의 일심 소원하옵은 오직 천장(天長), 지구(地久), 동해(東海)와 함께 하사 국위 팔굉(八紘)의 일원이 되어지다.[*]

이처럼 1937-1939년의 초기에는 '성업·성전' 개념이 외부로부터 강요된 측면이 강하였지만, 점차 자발적 수용으로 전환해 간다. 예를 들어, 총독부 어용단체로 전환된 감리교회의 혁신선언(1940)에서도 "팔굉일우의 대정신을 세계에 선양하는 것은, 성전궁극(聖戰窮極)의 목적을 관철시키고자 함"[**]이라며 하였고, '감리교 시국대응신도

---

[*] 金丁煥,『金教臣: 그 삶과 믿음과 소망』(서울: 한국신학연구소 1994), 163-164.
[**] "宣言,"『朝鮮監理會報』, 1940년 8-9월호, 2.

대회'(1941)에서도 성전 수행을 위해 필요한 '조국사상'을 역설하였다.* 같은 해 감리교의 김인영(金仁泳) 목사가 "우리 신자(信者)는 성전(聖戰)에 있어 충량한 황국신민으로 총후의 종교보국에 일로매진할 결심을 가지고 나아가지 아니하면 아니 될 것"**이라고 역설하였다. 장로교 목사로 연희전문학교에서 가르치던 백낙준도 1941년 8월의 임전대책협의회에서 "동아 신질서의 건설을 위한 성전(聖戰)의 이름이 완전히 도의적(道義的)"이라고 말했고, 중앙기독교청년회(YMCA)의 부총무 윤치영(尹致暎)도 1941년 12월 동양지광사가 개최한 '미영타도좌담회'에서 양주삼 총리사와 함께 "대동아성전(大東亞聖戰)을 위하여 정의의 검을 빼든 제국의 사명은 팔굉일우의 대이상과 대동아건설의 위대한 사업을 달성해야 한다"***고 역설했다. 한편 국민총력기독교조선감리교단연맹 경성교구의 부여신궁 어조영 근로봉사대****의 참가자 수기에도 "일토양 일토괴(一土壤一土塊)를 움직일 때마다 무한의 신성(神聖)과 긴장을 느끼었고 신주일본(神州日本)의 대이상(大理想)인 팔굉일우의 정신을 절절이 느끼며 감격에 넘치었습니다"*****라고 표현하는 등, '팔굉일우'를 통한 모든 활동이 '성업' 수

---

* "聖戰 장차 제5년을 迎하야 忠勇無比한 皇軍은 … 우리 肇國의 대정신에 基하야 … 勇往邁進하기를 期함."("時局對應信徒大會盛況,"『朝鮮監理會報』, 1941년 4월호, 22.)

** 監理教會神學을 再開하면서, 校長金村仁泳,"『朝鮮監理會報』, 1941년 6월호, 3.

*** 『東洋之光』, 제4권 제2호, 1942년 2월호.

**** "扶餘神宮御造營勤勞奉仕團出發,"『朝鮮監理會報』, 1941년 10월 1일 자, 2.

***** "扶餘聖地 勤勞奉仕記,"『三千里』, 제13권 제3호, 1941년 3월 1일 자.

행의 과정임을 강조했다.

또한 기독교계의 대표적 문인이었던 주요한(朱耀翰)은 1941년 1월에 창간된 『신시대(新時代)』에 '팔굉일우'라는 제목의 시를 게재할 정도로 이 사상에 경도되었다.[*] "불은 하나나 억만 등을 켭니다. 생각은 하나나 억만 구원을 이룹니다."[**]라는 시의 한 구절은 팔굉일우의 정신을 압축해 묘사하고 있다. 주요한은 마츠무라 코이치(松村紘一)로 창씨 개명하면서, 팔굉일우의 가운데 두 글자인 '굉일(紘一)'을 차용하였을 만큼 이 사상에 매몰되었다. 또한 이듬해(1942) 『대동아(大東亞)』 7월호에서도 무적 황군이 되기 위해 필요한 각오를 논하며, "팔굉일우의 대이상을 깨달아라. 황군은 정의의 군사이며, 황국의 전쟁목적은 동아(東亞)의 신질서를 건설하고 세계 각국이 각득기소(各得其所)하야 팔굉일우를 만드는 데 있다"[***]고 역설했다. 『기독교신문』에도 코이치(紘一)라는 이름으로 사설을 발표해 "다섯 가지 사명"을 강조하였는데, 한 손에는 칼을 한 손에는 '팔굉일우'의 대이상을 들자고 역설했다.

"우리 황국민(皇國民)이 오즉 한 손에는 칼을 들고 정의와 인도를 보호하고, 한손에는 팔굉(八紘)을 한 집으로 한다는 장대한 이상을 내어

---

[*] 朱耀翰, "八紘一宇," 『新時代』, 제1집(창간호), 1941년 1월호.
[**] 朱耀翰, "八紘一宇," 『三千里』, 제13권 제1호, 1941년 1월 1일 자. 260-263.
[***] 松村紘一(舊名 朱耀翰), "半島青年에게 與함, 徵兵制와 半島青年의 覺悟," 『大東亞』, 제14권 제5호, 1942년 7월 1일 자, 29.

걸고 지금 착착 지상에 천국과 극락을 건설하고 있다. 우리는 적극적으로 황민(皇民)으로서 참가할 수 있으니 이는 곧 '젊은 반도(半島)의 세계적 사명'이다."*

주요한이 "지상에 천국과 극락을 건설"한다고 표현한 것은, 팔굉일우 이상을 그야말로 '성업, 성전'으로 인식한 결과였다. 『조선감리회보(朝鮮監理會報)』 1942년 1월호의 신년 설교문도 "우리는 이번 성전(聖戰)에 건전한 정신을 가지고 일치단결하야 이 난국을 타개하고 우리의 목표로 향하야 일로매진 할 것"**이라 강조하고 있다. 1941년 12월 진주만 폭격으로 촉발된 태평양전쟁 직후의 상황에서 '팔굉일우'는 '성전(聖戰)' 개념으로서 이처럼 확대 재생산되고 있었다.

1942년 2월에 개최된 조선임전보국단의 '반도 지도층 부인' 집회에서 숙명여전 교수이자 감리교 신자로서 기독교 조선감리교회의 부인연합회장을 역임하기도 한 임숙재(任淑宰)는 "우리 황국은, 팔굉일우인 우리 조국의 대정신을 선양하기 위해 고금 미증유인 대성전(大聖戰) 수행에 제회(際會)하였다"***고 말했고, 1942년 3월에 공표된 감리교 정춘수 감독의 '공시문(公示文)'도 아래와 같이 '성전(聖戰)'을 강조하고 있다.

---

* 松村宏一, "젊은 朝鮮의 使命, 다섯 가지 完遂하자," 『基督敎新聞』, 1943. 5. 19. 1면.
** 金村仁永, "새 사람을 입으라," 『朝鮮監理會報』, 1942년 1월호, 3.
*** 任淑宰(豊川淑宰), "半島指導層婦人의 決戰報國의 大獅子吼!," 『大東亞』 제14권 제3호, 1942년 3월 1일, 102.

"오늘날 미영(米英)을 적대하야 그 세력을 동아(東亞)에서 축출하야 우리 공영권(共榮圈)을 지어 영원한 낙원(樂園)을 만들려는 성전(聖戰)을 마지하야 ….""[*][*]

1942년 12월에는 변홍규 목사가 감리교 특별총회에서 정춘수 후임의 통리자로 선출된 직후, "미증유의 전쟁을 하고 있다. 이는 … 동양인의 동양을 만들며, 대동아공영권을 확립하려는 정의성전(正義聖戰)이다. … 무적 황군의 승리로 성전(聖戰) 제2주년을 마지한 총후 국민의 생활은 명랑해야 할 것"[*][*]이라고 강조했다.

이처럼 성전(聖戰)이라는 개념의 오랜 역사를 지닌 종교계, 특히 기독교계가 앞 다투어 일본의 침략전쟁을 '성전'으로 미화하고 선양한 결과, 일반인에게도 널리 파급되어 갔다.《동아일보》사주 김성수도 1943년『매일신보』에서 "대동아 성전(聖戰)에 대해 제군과 반도 동포가 가지고 있는 의무를 위해 목숨을 바치라"고 독려한 것은 이상의 종교인들의 행태를 볼 때, 지극히 자연스러운 결과였다. 정창석은 "소위 조국정신이라는 팔굉일우를 추구함으로 고대로까지 거슬러 올라가는 시간적 역합리화(逆合理化)의 복고주의(순환논리)를 반복하는 이상, 그로부터 야기되는 전쟁은 필연적으로 영구전쟁(永

---

[*]   禾谷春洙, "公示,"『朝鮮監理會報』, 1942년 3월호, 1.
[*][*] 卞田鴻圭, "基督教朝鮮監理教團, 新任統理者, 卞田鴻圭氏會抱負,"『基督教新聞』제37호, 1943년 1월 6일 자, 4.

久戰爭) 혹은 무한전쟁(無限戰爭)을 피할 수 없다"*고 진단했다. 팔굉일우라는 개념 자체가 '무한(無限)'의 개념이기 때문에 그와 직결된다. 이러한 영구적 팽창주의로 인해 일본제국은 독일·이탈리아와 동맹을 맺음과 동시에, 남양군도와 필리핀, 하와이 등의 진출을 위해 영국과 미국을 자연스럽게 배격하기에 이른다.

3) '팔굉일우'의 '평화' 개념 왜곡 및 변용 과정

위에서 살펴 본 '야마토 민족'과 '성업·성전'의 개념은 천황과 전쟁의 절대화를 야기해 결국 '평화' 개념의 왜곡으로 이어진다. 천황이 통일한 단일한 세계만이 '절대적 평화'가 실현된 사회라는 이상은, 천황을 중심으로 하나 된 세상 즉 '팔굉일우'야말로 평화 그 자체임을 강조하기에 이른다. 여기서는 '팔굉일우'야말로 '평화의 실현'임을 강조한 전시 하 한국 기독교계의 모습을 살펴봄으로써 '평화' 개념이 종교계에서 어떻게 왜곡·수용되었는지를 확인하고자 한다. 우선 3.1운동 당시 민족대표 33인 중의 한 명이기도 했던 감리교회의 박희도 전도사는 1939년부터 일본어 친일잡지 『동양지광(東洋之光)』을 펴내면서, 창간사를 통해 "이때에 동양의 평화는 물론 팔굉일우의 일대(一大) 이상을 펴야 한다"**고 강조했다. 같은 해(1939) 10월에 조직된 '국민정신총동원조선예수교동양선교회성결교회연맹'이

---

* 정창석, '절대주의 천황제의 공간적 확대', 293.
** 朴熙道, "創刊辭," 『東洋之光』, 1939, 1월호.

나, 이듬해(1940) 9월에 세워진 '국민정신총동원기독교조선감리회연맹'도 모두 동일한 내용의 설립 목적을 규약에 명시했다.* 1939년 12월 13일, 대구 남산정(南山町) 성경학원에서는 경북도내 200여 명의 교계 지도자들이 모여 국민정신총동원 조선야소교장로회 경북노회 총연맹을 결성하였는데, 이때 발표한 선언문에서도 '팔굉일우'가 '동양평화'와 직결됨을 선언하고 있다.

> "선언 - 동양의 평화를 확보하여 팔굉일우의 대정신을 세계에 선양함은 황국 부동(皇國不動)의 국시(國是)라. 아등(我等) 자(玆)에 익익단결(益益團結)을 공고(鞏固)히 하고 … 경(更)히 복음 선전 사업을 통해 장기 건설의 목적을 관철할 것을 기함."**

이러한 '평화' 개념의 왜곡이 더욱 공식화·본격화된 것은 1940년 7월 26일에 제2차 고노에 내각이 『기본국책요강』(基本國策要綱)을 발표하면서부터이다. 거기서 유명한 '팔굉일우' 이상을 구체화 한 대동아공영권(大東亞共榮圈) 구상이 탄생하였는데, 그 구현 목적을 '세계평화 확립'으로 못 박고 있기 때문이다.

---

* "內鮮一體, 擧國一致, 국민정신총동원의 취지의 달성을 도모하며…"(성결교) ; "內鮮一體, 擧國一致, 국민정신총동원의 취지의 달성을 도모한다"(감리교) (『일제협력단체사전』, 617.)

** "大邱府內 南山町聖經學院," 《東亞日報》, 1939년 12월 15일 자.

"황국(皇國)의 국시(國是)는 팔굉(八紘)을 일우(一宇)로 하는 건국의 대정신을 기본으로 하여 세계의 평화를 확립하는 것이 근본이념이다. 우선은 황국을 핵심으로 일본, 만주, 지나의 강고한 결합을 근간으로 하는 대동아 신질서를 건설해야 한다."[*]

이런 정부의 방침에 굴복하여 총독부 어용단체로 전락한 감리교회는 혁신선언(1940)을 발표하면서, "동양의 평화를 확보하는 팔굉일우의 대정신을 세계에 선양하는 것은, 성전 궁극의 목적을 관철시키고자 함"[**]이라며, 팔굉일우 정신에 기초한 전쟁 수행은 '동양 평화'의 실현을 위한 것임을 강조한다. 정춘수 감독은 1941년부터 매달 『감리회보』를 통해 '팔굉일우'를 강조하면서,[***] 팔굉일우를 세계평화사상이라 할 수 있는 '사해동포주의'라고까지 표현하고 있다.[****] 1941년 6월에는 감리교 연합여자대회의 결의문에서도 팔굉일우 사상을 '동양 평화' 수준을 넘어선 '세계 영원의 평화를 수립' 하기 위한 이상으로까지 표현한다.

---

[*] '基本國策要綱', 『日本外交年表主要文書』下卷, 436.
[**] "宣言," 『朝鮮監理會報』, 1940년 8-9월호, 2.
[***] "우리 일반 신도가 … 八紘一宇의 거룩한 정신을 세계에 빛나게 하십시다." (禾谷春洙, "감독의 편지," 『朝鮮監理會報』, 1941년 3월호, 1.)
[****] "우리 교단이 敎師나 信徒가 一心協力하야 八紘一宇의 정신을 基督의 四海同胞主義에 완전히 실현시키어 … 忠君愛國으로 天父께 歸營하기를 바란다." (禾谷春洙, "감독의 편지," 『朝鮮監理會報』, 1941년 4월호, 1.)

"결의문 : 우리는 팔굉일우의 대정신에 있어서 세계 영원의 평화를 수립하기 위해 분전하는 황군의 위공(偉功)에 의하여 ⋯ 대동아공영권의 확보에 매진할 것이며, ⋯ 구미 의존을 완전히 탈각하여 정통의 일본적 기독교 신앙을 가져, ⋯ 성려(聖慮)를 바쳐드림을 서약합니다. 1941년 5월 16일"*

이런 분위기 속에서 1941년 12월 8일의 하와이 진주만 공습이 촉발시킨 태평양전쟁의 선전포고문에도 '동아 영원의 평화'와 '제국의 영광'이 전쟁의 최종 목표임을 명시하고 있다.

"만세일계(萬世一系)의 황조(皇祚)를 실천하는 대일본제국 천황은 충성심과 용맹에 빛나는 너희 민중에게 알린다. 짐(朕)은 여기에 미국 및 영국에 대하여 선전을 포고한다. ⋯ 황조황종(皇祖皇宗)의 신령을 믿는 짐은 ⋯ 조종(祖宗)의 유업을 회홍(恢弘)하고 하루 빨리 화근을 무찔러 없애, 동아 영원의 평화를 확립하여 제국의 영광을 확보하려 하노라."**

1940년 11월부터 1942년 6월까지, 한국 주재 외국인 선교사(주로 미국인)의 추방이 완료된 직후인 7월, 선교사와 긴밀히 협력하던 연

---

* "決議文,"『朝鮮監理會報』, 1941년 6월호, 7.
** 『日本外交年表並主要文書』, 573-574.

희전문의 백낙준은 영미를 배격하여 천황을 통해 하나 된 세계를 건설하는 '팔굉일우'를 통해서 세계 평화가 이룩될 것이라고 역설하고 있다.

> "대동아전쟁은 지나사변의 의의를 그대로 계승한 것이다. 제국은 조국(肇國)의 정신에 기하여 … 팔굉을 일우로 하야 세계의 평화를 초래(招來)하려는 것이다."[*]

장로교의 '국민총력 조선예수교장로회총회연맹 여자부'에서도 이듬해(1942)에 결의문을 발표했는데, 동일하게 '팔굉일우'가 첫 문장에서 강조되고 있다.[**] 김응순(金應珣) 목사는 1939년 9월 장로회 총회 총대로서 국민정신총동원 조선예수교장로회연맹 평의원이 된 뒤, 1941년 1월 22일 『장로회보(長老會報)』에서 팔굉일우에 입각한 신체제 지도이념을 설파하며, 여기서도 '팔굉일우'를 '세계 평화의 확립을 초래하는 것'이라고 표현하고 있다.

> "신체제의 근본방침은 근위(近衛, 고노에) 수상의 성명한 것처럼, 팔굉을 일우로 하는 조국(肇國)의 대정신에 기하야 세계 평화의 확립을 초

---

[*]　庸齋(白樂濬), "支那事變第五周年을 맞이하여," 『基督教新聞』 제10호, 1942년 7월 1일자, 1면.

[**]　"八紘一宇의 皇猷를 恢弘하는 것은 우리 제국의 부동의 國是이다."(『조선예수교장로회총회 제31회 회의록』, 1942. ; 『일제협력단체사전』, 634.)

래하는 사(事)로써 근본으로 하되, … 고로 금번 신체제 출발의 호기

회에 기독교는 본질적으로 용력하여 국체와 모순이 없기를 바란다."[*]

　　이러한 김응순의 행보는 1942년 11월 12일에 정인과, 전필순 등
과 함께 국민총력조선예수교장로회 총회연맹 이사장으로 선임
된 후, 이 단체 주최의 '황군 환자용 자동차 3대 헌납'으로 이어졌으
며, 동월 17일부터 12월 1일까지는 일본기독교단 제1회 총회 축하사
절단으로 김종대 목사 등과 함께 이세신궁, 야스쿠니신사, 메이지신
궁 등을 참배하는 등 적극적 부역 활동으로 전개되었다.[**] 평양신학
교 교장이던 채필근 목사도 1941년 12월 15일에 평양공회당에서 신
국(神國) 일본을 '태양'에 비유하며, 팔굉일우를 통한 '세계 재건'을 강
조하고 있다.

　　"태양이 아니고서는 태양계의 모든 행성위성이 존재할 수가 없고, 모

든 생물인간이 생활할 수가 없읍니다. 그와 같이 우리 일본제국이 신

국(神國)이오, 광국(光國)으로 팔굉일우의 이상을 실현하여 세계를 재

건하여야 하겠읍니다. … 여천지무궁(與天地無窮)과 조국(肇國)의 시

초부터 배태된 팔굉일우의 이상이 착착 실현되는 것입니다."[***]

---

*　　『長老會報』, 1941년 1월 22일 자.

**　『친일인명사전』, 제1권 548.

***　佐川弼近(舊名 蔡弼近), "東亞의 維新, 米英擊滅의 平壤大演說會 速記," 『三千里』 제14
　　권 제1호, 1942년 1월 1일자. 38-43.

그 밖에 장로교의 유재기(劉載奇) 목사도 『장로회보』 1942년 1월 호를 통해 "만년대계의 동아 평화를 수립하야 팔굉일우의 대이상을 실현하려는 여기에 … 배고픔을 각오치 아니하고 어찌 이 큰 일에 당한 신민(臣民)의 각오라 하오리까"[*]라고 설명하고 있다. 같은 해(1942)에 열린 '국민총력조선예수교장로회총회연맹 여자부'의 선언문에서도 "우리 조선예수교 여신도는 … 각각 그 직역에 봉공하여 대동아 신질서 건설과 세계 평화 확보의 국시에 정신(挺身)하여 성려(聖慮)를 받들 것을 맹세한다"[**]고 선언했다.

이처럼 '팔굉일우'는 '동아 평화', '동양 평화', '세계 평화'로 점점 공간적 확장을 보이다가 심지어는 '영원의 평화', '만년대계의 평화'라는 시간적 표현에서도 무한 확장되는 등, 지극히 주관적인 '절대적 평화'로서 변모해 갔음을 확인케 된다. 이는 팔굉일우 개념이 지닌 무한팽창 욕망이 그대로 표출된 왜곡된 '평화' 개념이었음을 잘 보여준다.

4. 나가며

1941년에 만주국에서는 장로회, 감리회, 조선기독교회, 성결교회, 침례교회 등이 연합하여 만주조선기독교회를 설립하였고 그 신

---

[*]   "時難克服의 信仰力," 『長老會報』, 1942년 1월 14일 자.
[**]   『조선예수교장로회총회 제31회 회의록』, 1942. ; 『일제협력단체사전』, 634.

학교육기관으로 만주신학원을 세웠다. 이 학교의 입시 문제로서 '일본제국의 조국(肇國) 정신', '대동아전쟁의 의의' 등과 더불어 '팔굉일우(八紘一宇) 대이상'에 대해 묻는 문제도 출제되었다.[*] 제국 일본의 전시 동원 표어들은, 당시 기독교 신학교육에도 적잖은 영향을 미쳤음을 알 수 있다. 특히 '팔굉일우' 이상은 패전 직전인 1944년 2월 기원절까지도 『기독교신문』의 사설 등을 통해 지속적으로 강조되었다.[**]

하지만 패전 직후, 팔굉일우 개념은 강력한 비판에 직면한다. 『한국독립당 당의해석』에서는 '세계일가(世界一家)의 진로로 향함'이라는 글에서 "우리가 말하는 세계일가는 침략적 야심을 가진 왜적(倭敵)이 말하는 팔굉일우와는 근본적으로 성질이 다른 것"이라면서, 기존의 일제가 강조한 팔굉일우 개념을 강하게 비판한다. 조소앙(趙素昂)은 '팔굉일우'라는 이념 속에 전 세계를 침략하고 지배하고픈 야심이 내포돼 있었음을 아래와 같이 지적하였다.

"어찌 그뿐이랴. 그들은 세계정복을 꿈꾸고 소위 팔굉일우라는 파렴치한 문구를 난발하였다. 이러한 황홀난측(惶惚難測)하고 시비전도(是非顚倒)한 언사 속에는 악독한 침략의 도인(刀刃)이 숨어있음을 누

---

[*]   최덕성, 『한국교회 친일과 전통』, 서울: 지식산업사, 2006, 296.
[**] "神武天皇께옵서 … 八紘을 掩하야 宇를 爲하라 宣하시옵섯다. … 八紘爲宇라는 開國進取의 정신을 垂敎하시옵섯다. … 이 肇國의 이상의 顯現과 건국정신을 봉행하려는 국민적 노력의 계속이다."("社說-奉祝紀元節," 『基督敎新聞』, 제84호, 1944년 2월 9일, 1.)

구나 잘 알고 있다. 일본뿐 아니라 … 임하국가(任何國家)를 막론하고 자사(自私)의 이익을 위하여 침략적 행동을 하는 때는 … 그는 틀림없이 인류평화에 대한 행동이 될 수 없나니 이는 세계의 공적(公敵)이다. 반드시 정의(正義)의 칼날에 소멸(消滅)되고야 말 것이다."[*]

조소앙은 '팔굉일우'가 "인류평화에 대한 행동이 될 수 없"으며, 오히려 "공적(公敵)으로 소멸되고야 말 것"이라고 힘주어 말하였다. 한편 일본의 패전 직후 미국무성 동북아국장 휴 버튼도 한국의 언론과 가진 기자회견에서 "일본 전범자들은 소위 팔굉일우를 위하여 전쟁하였다고 주장하고 있으나 미국으로서는 이를 침략으로 인정하고 있다"[**]고 단언하였다.

이처럼 전후 '팔굉일우'와 그로 인해 왜곡되었던 '평화'의 개념에 대한 평가는 이미 이루어졌다. 그 사상적, 이념적 시효는 마감되었음에도 불구하고, 일본 정부는 1964년 도쿄 올림픽을 계기로 미야자키현에 소재한 '아메츠치노모토하시라(八紘之基柱)'라는 탑의 이름을 '평화의 탑(平和の塔)'으로 바꾸고, GHQ에 의해 제거되었던 탑 정면의 '팔굉일우(八紘一宇)'라는 글자도 다시 각인해 넣었다. 또한 '팔굉일우' 개념을 처음 창안한 불교계 신종교 '국주회'는 현재 가장 유력

[*] 독립기념관 소장자료 1-004889-000 ; 한국독립당 중앙선전부, 『韓國獨立黨黨義解釋』, 1946년 4월 1일. ; 三均學會編, 『素昂先生文集』(上), 서울: 횃불사, 1979, 206-222.
[**] "앨튼大佐談, 미국무성 동북아시아국장 휴 버튼, 미국의 대조선 정책 등 기자회견,"《조선일보》,《경향신문》,《서울신문》, 1947년 4월 11일 자.

한 일본의 우익단체인 '일본회의(日本会議)'와 밀접한 협력 관계를 유지하며 배후에서의 정치적 영향력을 강화하고 있다.* 팔굉일우 사상은 여전히 일본 사회에 잔존하며 '평화'의 개념마저 또 다시 왜곡시킬 위험성을 안고 있는 것이다.

　이 글을 통해, 1930-40년대의 이른바 '15년 전쟁기'에 한국의 종교계, 특히 기독교계가 전쟁에 협력하면서 '팔굉일우' 개념을 얼마나 적극 수용하였는지, 그로 인해 '평화'의 개념을 어떻게 왜곡시켜 갔는지 살펴보았다. '팔굉일우'는 근대 일본의 신종교가 창안한 종교적 개념으로 출발했지만, 군인과 정치인들에 의해 오염되어 전쟁의 도구로 악용된 이후, 다시금 종교인들을 통해 그 왜곡된 의미가 확대 재생산 되었다. '팔굉일우'의 탄생부터 그 부정적 영향에 이르기까지 종교계의 책임은 결코 적다 할 수 없다. 21세기에 또다시 언급되기 시작한 '팔굉일우'와 거기서 파생되는 일본에서만 통용되는 '평화'의 개념은 신중히 재고찰되어야 할 대상임에 틀림없다.

---

* 언론인 아오키 오사무(青木理)는 『일본회의의 정체』(日本会議の正体, 2016)라는 책에서, AERA편집부의 취재와 조사 결과를 근거로, 일본회의 관련 단체인 '아름다운 일본의 헌법을 만드는 국민의 모임'(美しい日本の憲法をつくる国民の会) 대표 위원으로 국주회(国柱會)의 간부가 포함돼 있음을 밝힌 바 있다. (青木理, 『日本会議の正体』, 東京: 平凡社, 2016, 37.) 또한 평론가이자 재야 사학자인 우에스기 사토시(上杉聡)도 일본회의가 주최하는 행사에 대하여 국주회 등의 종교단체 시설에 접수창구가 설치되어 참가자가 동원되고 있다는 보고를 한 것도 있어, 국주회의 국수주의적 활동은 현재도 지속되고 있음을 알 수 있다. (上杉聡, 「日本における『宗教右翼』の台頭と『つくる会』『日本会議』」, 『戦争責任』(39), 日本の戦争責任資料センタ-, 2003, 53.)

기독교 건축에 담긴 평화사상*
─윌리엄 메렐 보리즈의 작품과 사상

가미야마 미나코(神山美奈子, 나고야가쿠인대학 준교수)

* 이 글에는 『湖畔の声』(湖声社)1232-1255』에 게재된 저자의 졸고「真の神の国を求めて」의 일부를 포함한다.

1. 들어가며

한일 양국의 기독교계가 '평화'를 모색할 때 현대적 과제로 떠올리는 것은 무엇일까? 한국에서는 무엇보다도 '한반도의 평화'가 큰 과제로 남아 있다. 남북한의 분단을 극복하는 문제, 즉 남북 통일에 대해서는 찬반 양론이 크게 나뉘어져 있다. 한편 일본에서는 패전 이후부터 '천황제' 문제가 '평화'와 관련된 중요한 사회적 이슈로 다뤄져 왔다. 특히 일본의 기독교계는 태평양전쟁 때 '천황제'에 대한 비판은커녕 이 제도의 정당성을 주장하면서 이웃 나라들에게 큰 죄를 지었던 사실 앞에서 통렬한 반성과 회개의 뜻을 전했다. '천황제'라는 종교적 혹은 정치적 존재에 대하여 문제의식을 지니게 된 일본 기독교는, '천황제'란 무엇이고, 어째서 문제가 되고 있으며, 스스로의 신앙과 어떻게 충돌하는 지에 관하여 연구를 시작하였다. 1945년 이후에 전개된 이러한 일본 기독교계의 움직임은 그 전까지는 상상도 할 수 없었던 예민한 과제이자 문제의식이었다. 일본은 1889년에 공포된 대일본제국헌법(大日本帝国憲法)에 쓰인 제3조의 "천황의 신성(神聖)함"을 침범하는 사람들을 엄벌하였다. 1946년에 새로운 일본국헌법(日本国憲法)이 공포될 때까지 강력한 구속력을 발휘하였다. 아니, 일본국헌법으로 바뀐 현재에도, '신성함'이라는 표현이 '상징'이라는 말로 바뀌었을 뿐 '천황제'는 그대로 남아 있다.

1945년, 일본에서는 '천황'의 전쟁 책임에 대해서는 그 어떤 처분도 내려지지 않았는데, 바로 이 당시 천황에게는 처벌을 가하지 않는 방향을 제안한 미국인이 있었다. 다름 아닌 이 글에서 다루고자 하는 윌리엄 메렐 보리즈(William Merrell Vories, 1880.10.28-1964.5.7)라는 기독교인 건축가였다.

이 글은 한일 양국에 기독교 건물은 물론, 많은 건축물을 남긴 건축가 윌리엄 메렐 보리즈에 초점을 맞추면서, 그의 생애 혹은 건축에 담겨진 평화사상과 한계에 대해서 정리하고 우리가 앞으로 모색해 나가야 할 '평화'의 방향을 제안하고자 한다.

2. 윌리엄 메렐 보리즈의 생애와 평화사상

1880년에 미국 캔자스주 레번워스에서 태어난 보리즈는, 고교 졸업을 앞둔 1900년에 건축가를 지망하여 매사추세츠 공과대학교 입학이 결정되었으나, 사정이 생기는 바람에 그곳을 포기하고 콜로라도 칼리지 이공계 과정에 입학하게 된다. 대학에서 YMCA 활동에 적극 참여 중이던 1902년, 캐나다 토론토에서 열린 '해외전도학생봉사단'(SVM) 세계대회에 콜로라도 대학의 대표자로 참석하기도 하였다. 이때 중국 선교사로서 활동하는 테일러 여사의 강연을 듣고 감명을 받은 보리즈는, 해외에 나가서 선교 활동을 하기로 결심하였다. 1905년 일본에 건너간 그는, 간사이 지역의 시가현에 위치한 시가현립상업학교의 영어교사로 2년간 일하게 된다. 하지만 영어 성경공부를 통해 개종자가 늘어나자 지역의 승려들이 집단적으로 방해 활동을 펼쳐 학교에서 쫓겨나고 만다. 1919년에는 일본의 귀족 히토쓰야나기 마키코(一

윌리엄 메렐 보리즈와 마키코
(제공: 公益財団法人近江兄弟社)

柳満喜子)와 결혼하였으며, 1941년 일본 국적을 얻어 일본인으로 귀화하면서 히토쓰야나기 메레루(一柳米来留)라는 일본 이름을 갖는다. 일본과 깊은 관계를 맺은 그는 한반도에 건립된 근대 건축물의 설계 등에도 폭넓게 관여하여 다수의 작품을 남겼다.

건축사 연구자 정창원에 의하면, 그는 1943년까지 일본에서 1,591건, 일본 이외에 동아시아를 중심으로 193건, 그 중에 한반도에서는 146건의 건물 설계를 맡았다.[*] 1908년, 처음으로 한국에 건너 간 뒤 총 17번에 걸쳐 한국을 방문하였다.[**] 미국에서 일본으로 건너 갔을 때 기독교 전도를 제1의 목표로 삼았던 그는, 일본이나 한국에 자신

---

[*]　鄭昶源「W.M.ヴォーリズ(W.M.Vories)の韓国における建築活動に関する研究」,『日本建築学会計画系論文集』第589号, 2005, 207.

[**]　같은 글, 208.

이 주도하여 교회를 설립하고 예배를 드리려는 의도는 없었다. 그는 단지 건축을 통해서 전도 활동의 지원이 가능하다고 생각하였다. 직접 교회를 설립하면서 예배를 인도하는 일은 성직자의 임무라고 생각했기 때문이다.

> 종교의 진정한 가치를 보고 싶다면, 성도의 일상 생활과 성격, 사업에 대한 열심을 보아야 합니다. 그러므로 하나님 나라의 운동을 스스로 하고 싶다면 어떻게 할 수 있는지, 이것은 각각의 사람들이 생각하는 중요한 문제입니다.
>
> 어떤 사람은 하나님 나라 운동은 신학교에 가서 공부하고 목사나 전도사가 되어야, 즉 일정한 신학을 알아야 할 수 있는 것이라고 걱정합니다. 물론 교회에서 지도를 하려면 신학 연구를 전문적으로 하지 않으면 안 됩니다. 하지만 지식이 없기 때문에 전도를 할 수 없다고 생각하는 것은 잘못된 생각입니다. 한 명의 신도로서도 충분히 전도 운동이 가능합니다. 어떤 경우에는 전문가 이상의 직접적인 전도 활동을 펼칠 수가 있습니다.[*]

기독교인으로서 보리스는 이 세상에 '평화'를 이루는 일은 다름 아닌 이 땅에 기독교적인 '하나님 나라'를 건설하는 것이었다. 그 일을

---

[*] 「一信徒の使命」から, 1950年『湖畔の声』2月号, ウィリアム・メレル・ヴォーリズ『神の国の種を蒔こう キリスト教メッセージ集』, 新教出版社, 2014, 199.

위해 해야 하는 일은 기독교 전도이지만, 보리즈가 선택한 전도 방법은 건축을 통한 '하나님 나라'의 실현이었다. 즉, 성직자가 아니더라도 '하나님 나라'의 건설에 참여할 자격이 충분이 있다고 믿었던 것이다. 보리즈는 레번워스에 있던 때부터 부모로부터의 강직한 신앙 교육을 받고 성장하였다. 레번워스 장로교회에서 성실하게 봉사하는 부모 밑에서 자란 그는 자연스럽게 장로교회의 가르침이 몸에 베어 있었다. 여자 신학교를 나온 어머니가 해외 선교에도 관심을 가지고 있던 점도 보리즈의 활동에 영향을 미쳤을 것이다. 몸이 약한 보리즈를 위해 애리조나주 플래그스태프로 옮겼을 때, 처음에는 감리교회에 다녔으나 그 지역의 장로교회 신설에 따로 힘을 쏟을 정도로 보리즈는 자신의 신앙에 대한 뚜렷한 자부심이 있었다. 그는 "우리의 몸도 하나님으로부터 맡겨진 것이기 때문에, 술이나 담배와 같은 독극물로 더럽혀서는 안 됩니다. 우리의 재산은 우리 사치를 위해 맡겨진 것이 아니라 이들을 가지고 사회를 개량하며 '하나님의 나라'를 실현하기 위한 것입니다"라면서 청교도적 신앙의 모습을 보이기도 하였다.

보리즈에 관한 한국에서의 대표적 선행 연구로는 윤일주의 "1910~1930년대 2인의 외인 건축가에 대하여(On the two Foreign Architects in 1910-1930's)"(대한건축학회 『건축』제29권 제3호, 1985)와 김진일의 "우리 나라에 근대 서양 건축을 도입한 Vories와 강윤(姜沇)에 관한 고찰"(Journal of the Research Institute if Industrial Science, Vol.32, Hanyang University, 1991) 등이 있는데, 이 글들은 그의 생애와 작품 소

개, 그리고 한국인 제자였던 강윤과 임덕수 등에 대해서 고찰하고 있다. 한편 일본에서는 야마가타 마사아키(山形政昭)가 선구적인 연구를 시작하였고 보리즈의 설계도를 정리하여 일본을 비롯한 한반도와 중국까지 포함한 동북아시아의 보리즈 건축물에 대하여 조사하였다. 야마가타와 더불어 보리즈 연구에 열정을 쏟은 한국인 연구자가 앞서 소개한 정창원 씨인데, 그는 한반도에 소재하는 보리즈 건축물의 한국 내 정보를 대거 추가하여 야마가타보다 새로운 사실을 많이 밝혀냈다. 특히 보리즈가 한국을 언제 방문했고 그때 어떤 건물 설계를 맡았고 누구와 만났는지를 조사하면서 한반도에 남겨진 보리즈의 흔적을 면밀하게 밝혀낸 공헌을 하였다.*

---

* 야마가타의 연구 성과로서 『ウィリアム・メレル・ヴォーリズ 失意も恵み』(吉田与志也共著) ミネルヴァ書房, 2021. 『ヴォーリズ建築の100年』(監修) 創元社, 2008年. 『ヴォーリズの西洋館 - 日本近代住宅の先駆』淡交社, 2002. 『ヴォーリズの建築 - ミッション・ユートピアと都市の華』創元社, 1989. 등 많이 있음. 정창원의 연구 성과로서 「ヴォーリズ(W.M.Vories)が韓国で手がけた住宅設計に関する研究」『デザイン理論』56, 意匠学会, 2011. 「東アジアにおけるヴォーリズ(W.M.Vories)の建築活動に関する研究－その1 韓国(朝鮮半島)に計画された現存図面の整理・分析を中心に－」『日本建築学会計画系論文集』第611号, 日本建築学会, 2007. 「東アジアにおけるヴォーリズ(W.M.Vories)の建築活動に関する研究－その2 中国関連の現存図面の整理・分析を中心に－」『日本建築学会計画系論文集』第618号, 日本建築学会, 2007. 『韓国ミッション建築の歴史的研究』東京大学博士学位論文(工学), 2004. 등이 있다.

3. 한반도의 작품과 설계 사상

1) 협성여자신학교

협성여자신학교

1907년에 남자를 대상으로 한 협성신학교(協成神学校)가 창립되었고 그 후엔 여자를 대상으로 한 신학교가 만들어지면서 1937년에 서울 서대문구 충정로에 협성여자신학교 건물이 세워졌다. 1925년에는 협성여자신학교와 협성신학교가 통합함으로써 감리교신학교로 새롭게 출범하였다. 한국에서 처음으로 세워진 여자신학교 건물을 설계한 사람이 바로 보리즈였다. 감리교신학교로의 통합 이후 이 건물은 기숙사로 사용되었으나, 1980년대의 매각 후 철거되어 건물은 없어졌고 머릿돌만 감리교신학대학교 교정 안에 남아 있다. 1880년에 일본에서 개교한 후 1932년 이전할 때에 세워진 고베여자신학교 (神戸女子神学校)의 건물도 보리즈의 작품으로 알려져 있는데 협성여 자신학교와 여러 면에서 비슷한 모습을 보인다.

2) 이화여자대학교

한반도에서 볼 수 있는 보리즈 작품 가운데 가장 대표적이면서도 아름다운 모습 그대로 보존되어 있는 곳이 1930년대에 세워진 이화 여자대학교 건물군이다.

보리즈가 설계한 대학 건물들 중에 '여성학(Feminist Studies)' 연구 기관으로 사용 중인데 그 중 하나가 '영학관(英学館)'이다. 현재는 '아 시아 여성학 센터(Asian Center for Women's Studies)'로 사용되고 있으 며, 건물 앞에 설치된 안내판을 보면 한글과 영어와 중국어로 "1936 년 건축, 보리즈 건축 사무소 설계, 영어를 배우는 집이라는 의미에 서 영학관(英学館)으로 명명됐다"고 기록되어 있다. '영학관'은 1970 년대 중반까지 영문과 학생들이 사용했다. 또 하나가 '연구관(研究 館)'이다. '영학관'처럼 1938년에 건축되었고, 보리즈 건축 사무소가 설계를 맡았다. 지하 1층, 지상 3층의 석조 건물이고 선교사 사택으 로 지어졌다. 건축 당시에는 "멀리 한강까지 바라 볼 수 있다"는 의미 를 담아 'Long View'라고 명명되었다. 연구관은 현재 '한국여성연구 원(Korean Women's Institute)'으로 사용되면서 영학관과 더불어 전국 적, 세계적인 '여성학'의 거점으로서 그 역할을 담당하고 있다.

보리즈의 건축 사상은 집을 만들 때 중요한 것은 안전과 안심, 그

보육관

리고 건강 및 개인 정보 보호 등을 들 수 있는데, 무엇보다 어린이를 잘 키우는 '곳'이야말로 집 안에서 가장 좋은 위치에 놓여야 하고, 설비가 가장 잘 되어 있어야 한다는 생각이었다. 그런데 원래 일본 집은 가장 좋은 설비가 있는 방이 '거실'이며 어린이에 대한 사랑과 배려가 부족하다고 말하였다.[*]

1936년에 건축된 이화보육학교전문 건물인 '보육관(保育館)'은 2층 석조 건물로 한국 사범 교육의 발상지이며, 동시에 이화여대의 사범대학과 교육학과의 출발점이 되었다. 여기서 보육 교사를 기르는 교육을 행한 것은 물론 베란다에서는 맑은 날에 남쪽에서 많은 햇볕이 비칠 수 있도록 채광에 신경을 썼고, 비가 오면 밖의 상황을 바로 알

---

[*] W.M. ヴォーリズ『ヴォーリズ著作集 1 吾家の設計』, 創元社, 2017, 29-30.

수 있도록 창문을 크고 넓게 만들었다. 그는 어린이들이 모이는 곳에 특유의 건축술을 도입해 세심한 배려를 잊지 않았다. 이 건물에는 어린이들에 대한 따뜻한 시선과 교사로서 성장해 가는 학생들을 격려하려는 마음이 담겨 있다. 현재는 교원 양성의 건물은 아니며 대학원 별관(여성지도력개발 센터)으로 사용되고 있다.

1935년에 보리즈 설계로 건축된 당시의 이화여대 체육관은 지하 1층, 지상 2층의 석조 건축물이다. 여성들의 신체 활동이 금기시되어 있었던 이화여대 창립 당시에는 드물게도 실내 체육관을 갖추어 체육교육의 장려는 물론 여학생들이 마음껏 활동할 수 있도록 배려한 교육 철학 및 보리즈의 건축 철학이 겹쳐서 반영된 작품이라 할 수 있다. 미국 감리교회 여성 선교사 토마스 여사의 업적을 기념하여 '토마스 홀'이라고 명명되기도 한 이 건물은 현재 무용과 학생들이 주로 사용하고 있다.

3) 철원제일감리교회

철원제일감리교회(Cheolwon Jeil Methodist Church)는 보리즈의 설계로 1937년에 세워진 석조 건축물로 655㎡ 넓이와 지하 1층, 지상 3층 규모로 지어졌다. 일본 식민지 지배로부터 해방되자, 다음 해인 1946년에는 이 교회에서 걸어서 몇 분밖에 안 걸리는 위치에 북한의 '노동당사'가 세워졌다. 이러한 급변한 상황은 철원 지역이 다름 아닌 소련이 점령하는 북부 지역에 속한다는 것을 의미했다. 물론 근처에 있던 철월제일교회도 북한과 남한의 영토 분쟁에 농락당하면서 6.25전쟁

이전에는 북한 영토로 들어갔었지만, 전쟁 이후에는 남쪽 영토로 편입되었다. 노동당사는 일본이 패전한 후 6.25전쟁이 시작한 1950년 6월 25일까지 북한 '철원군 노동당사'로 사용되면서 북한군에 의한 무자비한 만행이 계속된 장소로 악명 높았다. 바로 옆에 있던 철원제일 감리교회를 마음에 안 들어 한 북한 노동당이 교회에서 많은 신자들을 끌고 가서 고문했을 모습은 슬프게 상상할 수 있다.

4) 원산중앙감리교회

한반도의 개신교 선교 역사 속에서 매우 중요한 도시로 꼽히는 곳이 북한에 있는 평양과 원산이다. 한반도에 공식적으로 개신교 선교가 개시된 것이 1885년이었다. 하지만 그 전에 이미 중국에서 만주를 지나서 현재의 북한 땅에서 선교 사업이 이루어지고 있었다. 또한 1907년에는 평양에서 대대적인 기독교 대부흥회가 개최된 것도

원산중앙감리교회

역사적으로 개신교가 활발해지는 계기가 되었다고 할 수 있다. 이 평양에서 열린 대부흥회보다 더 이른 1903년에는 이미 원산에서 대부흥회가 열렸었다. 이때 원산 대부흥회를 이끈 것이 앞서 소개한

철원제일감리교회 설립에 관여한 미국 남감리교 파견 선교사인 하디(Robert A. Hardie)였다. 그는 철원과 원산이 있는 현재의 강원도 지역에서 적극적으로 선교 사업을 하는 가운데 강원도 사람들의 순수함을 목격하면서 '백인'으로서의 오만함과 우월감에 빠져 있던 스스로에 대해 울면서 회개했다고 한다. '양대인(洋大人)'으로 불리던 선교사가 하나님과 사람 앞에서 회개하는 모습을 본 강원도의 많은 사람들이 감명을 받았다. 이런 가운데 철원제일감리교회 설립보다 이른 1900년에 원산에 감리교회가 설립되었다.

대부흥 집회 이후의 원래 교회 사진을 보면, 평평한 1층 건물로 심플하면서도 존재감 있는 교회 모습이었다. 또한 교회 정면에 대한제국(1897~1910)의 국기가 장식되어 있는 것도 인상적이며, 어린이나 어른 할 것 없이 많은 사람들이 모여 있어 놀라움을 준다. 나중에 이교회가 성장해 가는 가운데, 더욱 규모 있는 교회 건축을 맡게 된 것이 보리즈였다. 보리즈는 1936년부터 원산중앙감리교회 건축에 종사하면서, 다음 해에 새 교회당을 탄생시켰다. 이러한 사실은 한국 감리교회의 기관지인 『감리회보』(제58호, 1937)에 다음과 같은 기사로 게재되었다.

[元山地方] 十여 년간 새 성전을 하나 주소서 하고 기도하던 원산 중앙교회 교우들이 간원을 주께서 허락하여 주셨으니 건평 百三평을 가진 벽돌로 지은 삼층의 예배당이 웃둑이 원산의 거리를 굽어보고 있다. 이 예배당의 총공비는 三萬五千원이요. 건축의 시일은 작년 六월

二十四일에 기공하여 금년 五월 말에 끝이었으니 약 一개년 걸렸다.

　하디 선교사가 이곳에서 믿음을 전한 1900년 당시에는 불과 15명
이 세례를 받았는데, 보리즈가 3층 규모의 새로운 건물의 건축을 맡
은 무렵에는 회원 수가 644명까지 늘어났다고 보고되어 있다. 원산
에서 점화된 대부흥의 기세가 수년 뒤에 평양에서의 대부흥으로 이
어진 것이다. 그리고 그 공간적 배경의 탄생에 보리즈가 관여했다.
이처럼 선교사들이 펼쳐 온 선교 활동의 씨앗이 이후 수많은 열매를
맺는 결과로 이어졌다. 심지어 보리즈가 원산중앙감리교회 건축을
완료한 뒤, 건축의 웅장함과 미려함이 널리 소문나게 된다. 자연스

『監理会報』에 게재된 보리즈 건축(원산중앙교회)에 대한 기사

럽게 같은 강원도 지역 내에 있던 철원제일감리교회 설계까지 의뢰
받게 되었다. 이처럼 보리즈가 한반도 교회 건축을 많이 맡게 되는
시기는 회원수가 증가함에 따라 큰 예배당의 필요성을 느끼던 시기
와 정확히 겹쳐 있다.

5) 일본 메소지스트(감리교) 경성교회

일제 시대에 각 교파로 나누어져 있던 재한 일본인 기독교 교회 단
체들은 서울을 중심으로 여러 교회를 세워나갔는데, 대표적인 교회
가 일본조합기독교회 경성교회, 일본감리교회 경성교회이다. 재한
일본인 전도를 위해 설립된 이러한 교회들 중에 일본감리교회(메소
지스트) 경성교회의 교육관(Sunday School Building for Nippon Methodist
Church Seoul Korea, 1927)과 목사관(Bokushi-kwan for Keijo Methodist
Church, 1932)이 보리즈 설계 목록에 기록되어 있다.

한반도에서의 일본감리교 전도는 1904년 5월에 개시되었는데,
1941년 6월에 일본 정부가 요구한 대로 여러 교파들이 한 교단으로
합동하여, 일본기독교단이 성립될 때까지 그대로 존속했다. 그 전에
북미 지역의 감리교회가 일본 선교에 착수했다. 1873년 6월에 맥클
레이(R. S. Maclay) 선교사의 일본 방문으로 미국 감리교회가 시작되
었고, G. 칵란과 D. 맥도날드 선교사가 일본에 건너 가면서 캐나다
감리교회가, 그리고 1886년 7월에는 미국 남감리회 교회의 활동이
시작되었다. 일본 선교를 완수한 이들 3개 선교부(교단)는 일본인 지
도자들의 노력에도 힘입어 1907년에 모두 합동하여 '일본 메소지스

일본감리교경성교회(제공 : (株)一粒社ヴォーリズ建築事務所)

트 교회'(일본감리교회)로 새롭게 출범한다.

마침 이 무렵 일본은 경성(京城)에 통감부를 설치(1905)하였는데, 재한 일본인이 늘어나 경성에 8천 명, 인천에 만5천 명, 평양에 4천 명까지 팽창하였다. 이처럼 재한 일본인 기독교인 수가 증가하자 그들에 대한 목회적 돌봄이 필요하였고, 본국 일본감리(메소지스트)교회 일본인 전도자의 파견을 요청하게 된다. 그 결과 일본감리교회는 기하라 호카시치(木原外七)를 최초의 재한 전도자로서 파견하였다. 기하라 목사는 경성에 건너가, 1906년 3월에 일본감리교 경성교회를 조직해 인천, 평양 지역에까지 교세를 확대시켰다. 다음 해인 1907년에는 대표적인 일본인 거류지였던 '아사히마치 니쬬메(旭町二丁目)'에 있는 '나고야성(名古屋城)'이라 불리던 물산 진열장의 건축물(386평)을 구입하여, 수선 후 예배당, 목사관, 대실 등으로 사용하기 시작하였다.[*]

[*] 澤田泰紳『日本メソヂスト教会史研究』日本キリスト教団出版局, 2006, 72-99.

교회는 성장하며 기도회, 심방, 강
연회 등 각종 행사를 전개해 가면서
경성 지역의 일본인 기독교 전도의
중심지가 되었다.* 보리즈가 '교육
관'을 설계했을 당시의 이 교회에는
지금도 한국 사람들이 사모하는 두
일본인 기독교인이 다녔었다. 그중
한 명은 서울 교외에 있는 공동묘지
에 묻혀 있는 아사카와 다쿠미(浅川
巧)이다. 그 묘비에는 "한국의 산과

아사카와 타쿠미(浅川巧)

민예를 사랑하고 한국인의 마음 속에 살던 일본인, 여기에 한국의 땅
이 된다"고 적혀 있다. 1914년 조선총독부 산림과림업시험장(현, 한국
국립산림과학원) 직원으로 한국으로 건너 간 아사카와는 극심한 벌목
과 벌채로 황무지가 된 한국 산을 보고 누구보다 슬퍼 하면서 "조선
의 현상을 생각하며 일본의 앞길을 생각하자 눈물이 나온다. 인류는
헤매고 있다. 어쩐지 끔찍한 미혹(迷)의 길이다. 교회의 미방(迷方, 갈
피를 못 잡음)을 보니 두렵다."** (1922년 아사카와의 일기)는 말에는 아름
다운 산들의 앞길을 걱정하는 것뿐만 아니라, 교회의 미래를 염려하

*   F. Herron Smith, " Methodist work among the Japanese in Korea" 165. ;『護教』859号,
    1908年 1月 11日, 10頁,『美以教会第24 回日本年会記録』1907, 123-124.
** 『護教』1010号, 1910年 12月 2日, 13-14.

는 절절한 마음이 느껴진다.

숲이 파괴되자 강과 토양도 오염되어 한국 민중들은 기아와 전염병에 시달리고 귀중한 민예 작품도 그 생명력을 잃고 있었다. 그 가운데 아사카와는 조선 백자의 보존과 민중들의 필수품인 소반의 예술성을 사람들에게 알리기 위해 노력했다. 조선총독부가 경복궁을 파괴할 때에는 광화문을 지키기 위해 선두에 섰고, 무엇보다 고향인 일본 야마나시(山梨)와 같은 아름다운 녹색 숲을 한반도에도 남기고 싶었을 것이다. 연구와 고심을 거듭한 끝에 한국의 기후와 토양에 적합한 고엽송의 노천양묘법을 개발한 그는, 산림 녹화의 기초를 세워 생명력을 잃은 한국의 산하를 회복시키려 했고, 그 땅에서 나온 민예에 '부활한 생명의 숨결'을 불어넣었다. 한반도의 자연을 사랑하고 예술을 지키기 위해 목숨을 걸었던 아사카와는 1931년 4월 2일에 하늘의 부름을 받고 바로 '한국 땅의 흙'이 되었다. 한국에 건너 간 1914년부터 1931년까지 그는 일본감리교회가 지은 경성교회의 회원이었다. 1927년에 보리즈가 설계한 경성교회 '교육관'을 당연히 사용했을 것이다. 예술을 각별히 사랑한 아사카와의 눈에 보리즈 건축은 어떻게 비치었을까? 아사카와는 40세라는 젊은 나이에 이 세상을 떠났지만, 한국에서는 교과서에 게재될 만큼 지금도 사랑받는 일본인 기독교인으로 기억되고 있다.

경성감리교회는 이후에 일본기독교단 성립(1941년 6월) 과정에서 통합이 되면서, 교회가 있던 '아사히마치'라는 지명을 따서 '경성 아사히마치 교회'라 이름이 변경되었다. 태평양전쟁 패전 이후에는 일본인 기독교인들이 고향에 돌아가 주인이 사라진 이 교회당을 북한에서 월남한 평양(平壤) 남산현교회(南山峴敎會) 신자들이 중심이 되어 남산교회(南山敎會)로 새 출발의 보금자리로 삼았다. 고향으로 돌아간 일본인이 세운 텅 빈 교회가 고향을 잃고 피난 온 신앙인들의 새로운 예배 처소가 된 것이다.

6) 대전감리교회 육아원

충청남도 대전에도 보리즈 건축이 있는데, 하나는 대전제일교회 예배당(Chapel for Methodist Episcopal Church)이고, 또 하나는 미스 보딩 기념 대전육아원(Taiden Ikujien for Miss M.P.Bording)이다. 이 두 건물은 모두 한국 감리교회의 유산이다. 먼저 육아원이 1938년에 설계되었고, 예배당은 1939년 그려졌다고 보리즈 설계 리스트에 명기되어 있다. 2008년에 간행된 『대전제일교회 100년사』를 보면, 보리즈와 제자 강윤이라는 이름이 여러 번 등장한다.

공주와 대전에서는 1900년대 초부터 선교사에 의해 의료사업이 시작되었다. 그 후, 계속되던 활동이 1930년대에 들어가면서 의료뿐 아니라 아동 복지의 영역으로도 활동폭을 넓혀 갔다. 거기에 미국 감리교회에서 덴마크 출신의 미스 보딩(Maren P.Bording) 선교사가 이곳에 파견되었다. 보리즈 건축 목록에 적혀 있는 Taiden Ikujien for Miss M.P.Bording이라는 표시는 선교사로서 의료와 아동 복지를 위해 열심히 봉사하였던 보딩 선교사가 진행하는 일들에 감명을 받아 기념한 것으로 보인다. 그 시절에는 공주와 대전 지역에서 1살 돌을 맞기도 전에 사망하는 아이들이 꽤 많았다고 한다. 보딩 선교사는 조선인, 일본인 상관없이 많은 어린이들을 돌보았다.[*] 그의 활동은 '진정한 하나님 나라'의 사업이었다고 대전제일교회 100년사에 기록되어 있다.[**]

이처럼 대전제일교회 창립과 어린이들에 대한 봉사는 항상 동시에 진행되고 있었다. 1908년에 창립된 교회는 수십 년간 좁은 회당에서 예배를 지키고 있었지만, 대전의 인구 증가에 따라 교회 회원 수도 급증하여 새로운 교회당 건축을 위한 기도와 헌금이 시작되었다. 1939년에 새로운 담임 목사로 취임한 젊은 나이의 서태원 목사는 전임 목사로부터 인계된 새 예배당 건축의 염원을 이어 받아 교인들과 함께 기도하고 노력했다. 이때 서 목사는 조상으로부터 대대로 계승된 산과 논, 밭을 매각하여 새 예배당 건축에 바쳤다고 한다. 원래 육아원과 교회당은 같은 시기에 지어질 예정이었지만, 1939년에 육아원이 먼저 지어졌고, 1940년에 예배당 건축이 착공되었다. 그후 2년이라는 세월이 지나며 1942년 5월에 완성이 되었다. 2년이라는 오랜 시간이 걸린 것은 일본이 미국과의 전쟁을 수행하는 가운데 물자가 공출되어 건축 자재를 충분히 확보할 수 없었기 때문이다.

육아원과 새 예배당 설계는 보리즈의 신뢰를 한 몸에 받으며 보리즈 건축사무소 조선지부를 맡고 있던 강윤에 의한 것이라고 보인다.

---

[*] 1922年 5月 6日, 『浅川巧 日記と書簡』, 68.
[**] 洪伊杓, 洪承杓 『大田第一教会百年史』, 基督教大韓監理会大田第一教会, 2008, 468-469.

예배당 건축에는 아오야마학원대학(青山学院大学) 신학부를 졸업한 서 목사의 아이디어를 사용하며 아오야마학원대학의 채플을 모델로 하여, 대전에서는 최초로 예배당 안에 스테인드글라스의 장식을 시도하였다고 한다. 하지만 조선총독부 당국은 그 예배당의 신축을 별로 마음에 들어 하지 않았던 모양이다. 교회에 스테인드글라스를 도입한 것 자체가 미국과 내통한 결과라고 의심을 받아서 목사는 간첩 혐의로 투옥되고 만다. 새 예배당은 450평 땅에, 붉은 벽돌 구조 2층 건물로, 건평은 70평이었다. 처음에는 100평 건물을 지을 예정이었지만, 물자 부족으로 평수를 줄여 완성되었다. 장로들의 증언에 따르면, 이때 지어진 것은 육아관과 새 예배당뿐만 아니라 목사관과 기숙사도 넓은 땅에 지어졌다. 그리고 예배당 정면 입구에는 대전지역 선교에 공헌한 미국인, 아멘트(C. C. Amendt) 선교사의 이름을 한국

대전육아원(1949년)

식으로 바꾼 '안명도 기념 예배당'이라는 글이 새겨져 있었다. 하지만 이마저도 미국인의 이름이라는 이유로 일본 당국은 정으로 부수어 없애 버렸다.

4. 작품들의 특징과 '하나님 나라'

건축가 보리즈가 건축에 대해서 가장 중요시하는 몇 가지의 항목이 있다. "사람이 사는 곳을 보면 그 사람을 안다"(Show me your house, and I tell you what you are)라는 말로서, 보리즈는 어떤 사람이 살고 있는 집은 바로 그 사람의 인격과 정신 세계를 보여준다고 생각했다. 그래서 집의 역할과 중요성에 대해 다음과 같이 설명했다.

1. 몸과 재산을 지켜 주는 것
2. 가족들의 안락(安樂)과 편리함을 추구하는 것
3. 개성(privacy)을 발달시키기 위한 개인적 공간을 만드는 것
4. 건강을 지키기 위한 건축이 되어야 한다는 것
5. 인격의 발달을 생각하며 개인만의 문제가 아니라 사람의 정신을 보여주는 집이 되어야 하며, 건축을 국가 전체의 문제로 삼아서 신경 쓰는 것.[*]

---

[*] 同書, 476.

집에 대한 이러한 기본적 가치관과 철학 이외에도 보리즈가 무엇보다 중요시한 것은 바로 어린아이들을 향한 시선이었다. 일본의 전통 가옥은 햇볕이 들어오는 가장 좋은 위치에 객실을 설치하고 가장 좋은 설비로 꾸미지만 객실은 마지막에 고려해도 좋다고 보리즈는 믿었다.[*] 객실을 제1순위로 삼는 것이 아니라 아이들의 건강과 교육을 가장 먼저 생각해야 하며, 가장 좋은 위치에 어린이를 위한 공간을 만들어야 자연이 가르쳐 주는 원래의 모습을 돌이킬 수 있다고 생각했다. 보리즈는 자녀가 없었으나 사람이 집을 지을 때의 기본적 목표는 꼭 아이들을 위한 것이어야 한다고 강조하였다.[**]

예를 들어 일본 집에서 2층에 올라가는 계단은 한 단이 높고 중간에 몸을 돌아서 더 올라가려면 위험하기도 하고 힘들기도 한 것이 일반적이다. 혹시 아이들이 넘어져서 떨어지면 다칠 가능성이 높다. 따라서 보리즈는 이러한 계단 설계를 피하고 아이들이나 고령자들의 안전을 제1로 생각하면서 한 단의 높이를 낮고 매끈하게 만들어야 한다고 생각하였다.[***]

보리즈 건축의 철학은 앞서 말한 대로 건축이 그 사람의 인격과 정신 세계를 그대로 보여주는 것이라고 보았다. 따라서 눈에 보이는 것에서 느끼게 되는 안심감은 물론 눈에 안 보이는 정신 세계까지도

---

[*] W.M. ヴォーリズ『吾家の設計』ヴォーリズ著作集 1 , 創元社, 2017, 22-28 참조.
[**] 같은 책, 30 참조.
[***] 같은 책, 30 참조.

다 포함시킨 작품을 만들고자 했다. 그 작품 하나하나를 기독교 신앙으로 설명하면 '하나님 나라'를 건설하는 일이라고 보리즈는 이해했다. 그 작품 안에서 사람들이 안식을 얻고, 예수 그리스도가 특별히 사랑한 미래의 주역인 아이들을 중심에 두는 공간이야 말로 그의 신앙 고백의 실현 그 자체였다. 그의 신앙의 특징은 담배나 술, 오락 등을 피하는 청교도의 영향을 받은 것이었기에 금욕적 자세를 지키면서 '하나님 나라' 건설에 대해서도 다음과 같은 말을 남기고 있다.

> 우리가 쉽게 마련할 수 있는 것을 내놓는다면 그것은 결코 진정한 '제물'이 아니다. 하나님 나라 사업을 지지하기 위해 개인적인 필요함을 희생시킬 수 없다면 우리는 하나님 나라를 만드는 사람이라고 할 수가 없다.[*]

보리즈의 부인인 마키코가 시가현 오미하치만시에 유치원을 창립하여 어린이 교육을 시작한 1920년대에 일본의 기독교인들은 '하나님 나라' 건설을 목표로 삼아 다방면에서 애를 썼다. 보리즈도 이러한 일본 기독교의 흐름에 따라 자신이 맡고 있던 건축 사업을 통해 '하나님 나라'를 실현하려 했다. 하지만 이 시기의 일본 기독교인들이 생각하던 '하나님 나라'라는 개념은 일본 제국주의와 융합되면서,

---

[*] 같은 책, 170-172 참조.

일본이라는 국가가 세계로 팽창해 가는 것이 바로 기독교가 말하는 '하나님 나라'의 건설로 연결된다는 망상에 사로잡혀 있었다. 그러므로 보리즈는 그러한 일본 기독교인들과의 교류 속에서 일본 제국주의에 대한 의문이나, 특히 일본 제국의 가운데에 자리 잡고 있는 천황의 존재에 대해서는 깊은 성찰에까지 이를 수가 없었다.

5. 일본 천황제와 보리즈의 기독교 사상이 지닌 한계

일본에서는 보리즈를 소개할 때마다 '일본인이 된 미국 건축가', '파란 눈을 가진 일본인'이라는 이미지가 자주 언급된다. 보리즈는 1941년(61세)에 미국 국적을 버리고 일본 국적으로 바꾸면서 일본 이름도 갖게 되었다. 보리즈가 일본에 온 1900년 초반은 외국 사람을 보는 것조차 드문 일이었지만, 일본 전통이 뿌리 깊은 오미하치만시라는 지방 도시는 더욱 외국인이 살기 힘든 공간이었다. 그와 결혼한 마키코는 귀족 출신이라 천황의 가족들과도 교류가 있었다. 이러한 가정적 배경이 영향을 미쳐서 1945년에 일본이 패전한 후, 연합군총사령부(GHQ)는 보리즈에게 고문 역할을 맡겼다. 그때 보리즈는 당시 연합군 사령관이었던 맥아더에게 태평양전쟁의 책임 문제에서 천황은 빼고 거론하지 않는 것이 좋겠다는 제안을 전하였다. 도쿄재판의 결과 도조 히데키 등 일부 군벌이 처벌받은 것 이외에 천황은 전쟁책임으로부터 자유로웠던 것이 사실이다. 그 결과 보리즈는 '파란 눈을 가진 건축가요, 일본인'일 뿐이 아니라 '천황을 지킨 사람'으로도

불리게 되었다. 1964년(83세)에 보리즈가 이 세상을 떠난 뒤인 1968
년, 이 일에 대해서 아내인 마키코는 다음과 같이 증언하고 있다.

> 대동아전쟁은 일본의 패배로 끝나고, 맥아더 원수는, 천황을 전범 제
> 1인자라고 생각하면서 일본에 진입해 들어왔습니다. 그때 메렐(보리
> 즈)은 그 당시 정권의 배후에서 나라를 지키기 위해서 목숨 걸고 분주
> 하게 노력했던 고노에공(近衛公)에게 극비로 뜻을 전하여, 맥아더 원
> 수의 요코하마 캠프에 가서 천황은 이 전쟁에 책임이 없다는 점, 천황
> 스스로는 자신을 신과 같다고는 생각하고 있지 않다는 점 등을 증명
> 하였다. 그 결과, 원수의 신뢰를 얻고 그 내용을 믿게 만들어서 천황
> 에 대한 경의를 높이는 일을 완수해 냈습니다.
> 이 일은 전쟁 후 우리나라(일본) 발전에 큰 영향을 미쳤다고 말해도
> 과언이 아니라고 생각합니다.[*]

또한 보리즈에 관한 평전이 몇 권 있는데, 그중에 보리즈와 천황,
그리고 맥아더와의 관계에 관한 글이 꽤 있다. 일본에서 나온 글들
의 일반적인 평가는 다음과 같다.

잡지 『중앙공론』(中央公論) 1986년 5월호에 작가 가미사카 후유코 씨

---

[*] 一柳米来留 『失敗者の自叙伝』, 湖声社, 2014年, 第三版第三刷. 66.

가 '천황을 지킨 미국인'이라는 제목의 논픽션을 발표하였다. 이것은 당시 보리즈 선생의 일기(현재는 보리즈 기념관 소장)를 바탕으로 작성된 것으로 보리즈 선생이 천황의 전쟁 책임을 피할 수 있도록 하고, 전범 용의선상으로부터 지켜 내기 위한 천황의 '인간선언'에 크게 기여한 것이 추측되는 내용으로 구성돼 있다. 보리즈 선생이 어디까지 관여했는지는 단정할 수는 없지만, 사실 천황이 '인간선언'을 하고 전범 용의에서 벗어난 것은 명백한 사실이다.*

전승 연합국군의 상식으로는, 패전국의 최고 책임자를 전범으로 처형하는 것이 당연하다고 생각하고 있었다. 즉, 천황의 처형이 그것이었다. 하지만 일본에서는 지금까지 오랫동안 천황은 현인신(現人神, 아라히토가미)으로 전 국민으로부터 숭배되어 온 역사적 배경이 있다. 이러한 국민 감정이나 의식을 무시하고, 천황을 처형해 버리면 분명히 일본 각지에서 소란과 폭동이 일어날 것이 예상되면서, 연합군은 진압하려면 상당한 에너지와 시간을 쓰게 되어, 일본 통치가 마음대로 안 되는 사태를 고민하고 있었다. 게다가 이전부터 일본의 분할 통치를 주장하던 소련, 중국, 영국군은 이것을 절호의 기회로 삼아 즉시 소련은 홋카이도를, 중국은 규슈와 시코쿠를, 영국은 간사이 지구를 단독 점거하는 것이 거의 분명하였다. 그러한 방침에

---

* 같은 책, 4.

대해 맥아더 원수는 단호하게 반대하였고, 그만큼 일본을 평온하고 신속하게 통치하기 위해서는 소란 등의 발생은 절대로 안 될 일이었다. 이를 구체적이고 신속하게 추진하기 위해 천황에 대한 전범으로의 책임 추궁을 하지 않는 것이 가장 좋은 방책이었음에 틀림없다. 그것을 수행하기 위해서 맥아더 원수는 합법적이고 신속하게 일을 진행하기 위한 누군가의 중개 역할을 원했을 것이다. 이 임무의 일단을 담당한 사람이 바로 보리즈가 아니었을까.*

1945년 9월 2일에 보리즈가 수첩에 쓴 "천황폐하 만세"라는 시에 대해서 보리즈 연구자인 오쿠무라 나오히코(奧村直彦)는 다음과 같이 설명한다.

> 개전의 책임은 불문하고, 원래 천황은 '평화의 애호자'이며, 국민을 구하기 위해 용기 있는 종전(終戰)의 결정을 했다고 하는, 이른바 '보수적 천황관'의 전형을 볼 수가 있다. 하지만 이것은 당시 일본 국민의 일반적인 견해와 같고, (중략) 종전 결정을 내린 천황의 인간적 용기를 보고 감격한 것이지, 그 이외의 정치적 사상은 전혀 없었다고 말할 수 있을 것이다. (중략) 기독교인으로서 천황의 '신성(神性)'은 인정하지 않고 인간으로서의 천황을 많이 경애하였다. (중략) 어디까지나 '현인신'(現人神) 등이 아닌 '인간'으로서의 천황을 경애하고 있던 것에 지나지 않는다. (중략) 그는 천황과 황실 사람들에 대한 존경심이 강했지만,

---

* 岩原侑『青い目の近江商人ヴォーリズ外伝』, 文芸社, 2002年, 198.

천황제의 구조 자체에 대해서는 아무런 의견도 표명한 적이 없다. 따라서 그의 천황관은 사회적 시점이 부족했다고 말하지 않을 수 없다.[*]

이처럼 천황을 사모하는 모습과 사상을 보인 보리즈에 대해 설명하는 오쿠무라는, 하나님 나라의 신앙 공동체의 이상을 안고 그 실현에 평생을 바친 보리즈에 대해서 어떻게 평가할까? 오쿠무라는 "그것이 그의 사상적 구조에 기초한 것이었는지, 아니면 모든 것을 알면서도 문제를 회피했는지는 지금 분명하지 않다. 하지만 적어도 이 지점은 보리즈의 '하나님 나라' 사상이 지닌 한계가 될 수 있다. (중략) 그에게 천황제가 가지는 체제적인 모순이나 국가신도의 제사장으로서의 종교성이 지닌 문제는 고민의 요소로 들어갈 여지가 없었다"[**]라면서, 보리즈의 기독교인으로서의 한계를 지적하고 있다.

6. 나가며

이 글은 미국에서 일본으로 건너가 건축가로서 활동한 보리즈의 평화사상과 그 한계를 고찰하였다. 일본 제국주의 시절을 경험하고 한국과 중국에까지 가서 건축 일을 맡았던 보리즈는 동북아시아의

---

[*] 같은 책, 204-205.
[**] 奥村直彦 『ヴォーリズ評伝 日本で隣人愛を実践したアメリカ人』, 有限会社港の人, 259-271.

사람들과 폭넓게 교류하였다. 하지만 보리즈가 일본인 귀족과 결혼한 것을 비롯해, 당시 일반적인 일본의 기독교인들과 크게 다르지 않은 '제한적 평화사상'을 가지고 건축 사업에 종사하였고, 그러한 사상적 기초 위에 '하나님 나라' 건설에 애를 썼다고 평가할 수밖에 없다.

그러면 보리즈가 세운 '보리즈건축사무소'는 어떤 평화사상을 가지고 사업을 계승하고 있을까?

새로움을 따르는 것이 세계에서는 주류이지만, 보리즈의 이름을 계승하는 회사로서 과거에 보리즈가 그랬던 것처럼, 우리 또한 특정 형식에 얽매이는 것을 피하면서, 동시에 새로움만 추구하는 방향에 대해서도 신중하며, 그렇다고 그저 고전을 답습하는 것이 아니라, 어떤 새로운 건물과 현대적 주택을 설계하든 그 궁극적 목적은 살게 되는 사람의 마음을 풍요롭게 하는 것입니다.*

현재 보리즈건축사무소는 '이상과 한계'를 동시에 품고 겸손하게 보리즈의 사업을 계승하려 애쓰는 모습을 보여 주고 있다. 이것은 일본이라는 기독교 교세가 취약한 나라에서 빛과 소금의 역할을 감당할 수 있도록 기독교 신앙을 바탕으로 살아가 보자는 하나의 몸짓이기도 할 것이다.

---

* 같은 책, 271.

개신교인에 의한
훼불사건과 개운사 종교평화모델*

손원영(서울기독대 교수)

* 이 글은 『불교평론』, 제22권 3호(2020, 가을)에 발표된 원고를 수정 보완한 것이다.

1. 들어가며

최근 한국 사회는 개신교로부터 촉발된 이웃 종교에 대한 혐오와 배제로 사회의 안녕이 위협을 받고 있다. 예컨대, 심심치 않게 발생하는 개신교인에 의한 '불상 훼손사건'을 비롯하여 '땅밟기' 등과 같은 불교와 관련된 크고 작은 종교폭력 문제는 말할 것도 없거니와, 이슬람 지역에서 온 난민이나 다문화 가정에 대한 극단적 혐오와 배제는 그 정도를 넘어서고 있다. 특히 최근 소위 '태극기집회'로 상징되는 한기총(한국기독교총연합회)을 중심으로 한 근본주의적 개신교 집단의 혐오적 정치활동은 이웃 종교에 대한 폄훼의 차원을 넘어서 집단적으로 종교갈등을 조장하고 있다. 심지어 코로나19 사태에서 드러났듯이, '신천지' 같은 사이비 종교 집단의 반사회적이고 반윤리적인 전도 활동은 단순히 종교의 내적인 문제만이 아니라 이제 사회의 평화를 해치는 사회악으로까지 간주되고 있다.

이처럼 "종교는 폭력적이다."*라는 명제는 이제 종교학자들만의

---

* Karen Armstrong, *Fields of Blood-Religion and the History of Violence* (New York: Anchor Books, 2015), 3.

비의적 지식이 아니라 상식적인 말이 되었다. 하지만 한국 사회에서 종교 간의 갈등, 특히 개신교가 보여주는 종교폭력의 양상은 더욱 심화 및 확대 재생산되어감에도 불구하고, 아쉽게도 종교폭력을 해결하고, 더 나아가 종교평화구축을 시도하려는 사회적 노력들은 많이 부족한 것이 현실이다. 따라서 본 연구는 갈퉁(Johan Galtung)의 '평화이론'을 기반으로 하여,* 특히 "평화는 과정이다"**라는 맥락에서 종교폭력을 줄여나가는 과정으로서의 '감폭력'(minus-violencing)***의 관점에서 현재 한국 사회에서 벌어지고 있는 종교적 갈등의 양상들과 개신교인에 의한 훼불사건을 비판적으로 성찰하고자 한다. 그리고 그 토대 위에서 한국 사회에 적절한 평화구축을 위한 종교평화모델의 한 사례로서 '개운사 종교평화모델'을 제시해 보고자 한다.

---

*   Johan Galtung, *A Theory of Peace: Building Direct Structural Cultural Peace* (Transcend University Press, 2012); 갈퉁은 '문화폭력'의 측면에서 종교와 폭력의 문제를 잘 다루고 있다. 종교폭력과 종교평화 관련 그의 이론은 김명희, "종교·폭력·평화: 요한 갈퉁의 평화이론을 중심으로," 『종교연구』 56(2009), 121-148; 이도흠, "종교폭력의 원인과 대안," 손원영교수불법파면시민대책위원회편, 『연꽃 십자가: 개운사 훼불사건과 종교평화』 (서울: 모시는사람들, 2020), 228-257 참조.

**   Johan Galtung, 『평화적 수단에 의한 평화』, 강종일 외 역 (서울: 들녘, 2000), 576.

***   이찬수, "대화로서의 평화: 대화의 자기초월성과 감폭력적 평화교육," 한국종교교육학회 추계학술대회 발표자료집(2019), 24.

2. 종교갈등의 양상과 훼불사건

1) 종교갈등의 양상과 종교차별금지법

일반적으로 종교사회학에서는 종교갈등의 문제를 탐구할 때, 종교갈등의 양상을 세 가지로 구분한다. 첫째는 성직자 그룹과 평신도 그룹 사이의 갈등과 같은 종교 집단 내(內)의 갈등, 둘째는 종교에 대한 이해 및 인식의 차이로 발생하는 종교 집단 간(間)의 갈등, 그리고 종교 집단과 국가 권력 간의 갈등이다.[*] 좀 더 구체적으로 살펴보면, 우선 종교 집단 내부의 종교적 갈등이다. 이것은 역사적으로 볼 때 종교 집단의 행동규범이나 교리의 해석에 대한 차이에서 주로 발생하는 경우가 많다. 그래서 종교 집단 내에서는 이와 관련하여 '정통'과 '이단'의 논쟁으로 발전하곤 하였다. 이와 관련하여 최근 흥미로운 것은 한국교회의 경우 목회자들의 탈선과 대형교회 세습 등의 문제로 인해 내적 갈등이 심화되면서 교회 이탈 신자들이 폭발적으로 증가하고 있다는 점이다. 그들을 일컬어 소위 '가나안 신자'[**]라고 부르는데, 향후 그들의 활동이 주목된다. 둘째는 종교와 종교 사이의

---

[*] 김종서, 『종교사회학』(서울: 서울대학교출판부, 2005), 92-93.

[**] '가나안'이란 '안나가'란 말을 뒤집은 신조어로써, 본래 성서에서는 종교적 이상향인 젖과 꿀이 흐르는 땅 '가나안 복지'를 말한다. 따라서 가나안 신자란 말 속에는 부패한 교회에 안나가는 저항을 통해 기독교의 이상향인 가나안 복지를 새롭게 추구하자는 결단이 숨어있다. 가나안 신자 및 가나안교회에 대한 자세한 것은 양희송, 『가나안 성도 교회 밖 신앙』(서울: 포이에마, 2014); 손원영 편, 『교회밖 교회: 다섯빛깔가나안교회』(서울: 예술과영성, 2019) 참조.

갈등으로써, 이것은 한국 사회에서 주요 종교인 기독교(개신교, 천주교)와 불교 사이의 갈등 양상으로 주로 드러났다. 이러한 종교갈등은 이웃 종교에 대한 몰이해와 배타주의적인 태도로 인해 발생하는데, 이웃 종교의 상징물을 훼손하는 형태로 주로 나타난다. 이에 대해서는 아래에서 좀 더 상술하기로 한다. 셋째는 종교와 국가 권력 간의 갈등이다.* 대표적인 사례를 몇 든다면, 정부가 불교의 템플스테이 지원사업을 추진하는 과정에서 개신교와 정부 사이에 벌어진 갈등이나,** 2008년 이명박 정부 시절 종교차별의 문제로 불교 측과 정부 사이에 있었던 갈등도 여기에 포함된다. 그리고 최근의 사건으로는 2019년 가을 소위 '태극기부대'로 불리는 보수적 개신교 단체가 중심이 되어 반정부 시위를 한 것 역시 종교와 국가 권력 간의 갈등이라고 볼 수 있다. 본 논문은 이상의 세 갈등 양상 중 두 번째 갈등 양상 곧 '종교 집단 간의 갈등'에 한정하여 고찰하고자 한다.

그렇다면, 종교 간에 발생하는 대표적인 갈등은 무엇이 있을까? 이에 관련하여 정종섭의 연구가 흥미롭다. 정종섭은 한국 사회에서 벌어지는 종교 간의 갈등은 주로 '종교차별'의 문제와 깊은 연관이 있다고 주장한다. 그에 따르면, 한국 사회에서 벌어지는 종교차별은 다음과 같이 여덟 가지의 유형으로 구분될 수 있다.*** 그것은 ① 입법

---

* 대한불교조계종 불학연구소 외, 『불교와 국가 권력, 갈등과 상생』(서울: 조계종출판사, 2010) 참조.
** "기독교계, '템플스테이 국고지원을 중단하라'", 『노컷뉴스』 2010년 10월 25일 자 참조.
*** 정종섭, 『국내외 종교차별 사례 연구』(문화체육관광부 연구보고서, 2009).

과 정책 영역에서의 차별(종교인에 대한 과세, 군종제도, 종교적 기념일의 공휴일 제도, 공휴일 시험제도, 납골시설의 설치 및 운영 장소의 제한), ② 공권력 행사 영역에서의 차별(경찰서·교도소에서의 종교의 자유, 군대에서의 종교의 자유, 국공립병원에서의 종교의 자유, 종교적 공간에 대한 법집행 유보, 여권의 사용제한 등에 관한 고시), ③ 정치·문화·복지와 종교 관련 영역에서의 차별(문화유산 등과 관련이 깊은 경우, 종교기관에서 행해지는 보건·교육의 지원, 국가·지방자치단체의 정치 영역, 공공기관의 종교적 장식 및 지원, 종교행사의 지원), ④ 종교시설에서의 공적 행사 영역에서의 차별(종교시설에서의 투표소 설치, 특정 종교시설에서의 공공기관 행사, 종교시설에서의 문화·복지 프로그램에 대한 재정 지원), ⑤ 종교적 표현의 자유 보장과 제한 영역에서의 차별(공공장소에서의 종교적 집회, 종교적 표현, 공공장소에서의 종교적 전달 행위, 종교적 의상), ⑥ 공무원의 직무관련 영역에서의 차별(공직자의 종교의 자유, 공직자와 종교적 집회), ⑦ 교육 영역에서의 차별(교육 영역의 특수성, 기도 등의 강제, 종교 내용의 수업 또는 훈화, 종교적 상징물, 크리스마스 카드 제작 등 수업, 대학에서의 종교시설 및 종교동아리 지원, 학생의 국기에 대한 경례 거부 징계, 종교계 사립학교에서의 예배 강요, 사립대학에서 종교 관련 졸업 필수 과목의 설치), 그리고 ⑧ 성직자의 정치적 활동 등 기타 활동에서의 차별(성직자의 정치적 활동, 무허가 종교시설의 철거)이다. 결국, 위와 같은 형태의 종교차별이 심화 및 축적되면, 훼불사건과 같은 극단적인 형태의 종교폭력이 발생하게 된다. 따라서 종교평화는 종교 간의 갈등 곧 종교편향(편견), 종교차별, 그리고 종교폭력을 줄이는 일체의 과정으로써, 위와 같은 정종섭의 유형화는 종교갈등을 줄이는데 유용한 준거로 활용될 수 있을 것이다.

한편, 이진구는 최근 한국 불교와 보수 개신교 사이의 갈등 양상이 정치인들과 종교 주체들의 '욕망'에 기인한 결과로써 그 해결이 매우 힘든 여정임을 그의 논문 "종교차별과 정교분리, 그리고 종교자유의 개념"(2015)에서 흥미롭게 분석해 주었다. 그는 이 논문에서 2천 년대 이후 나타난 가장 대표적인 종교갈등의 양상으로써 소위 '성시화운동'을 들면서, 거기에 부과하여 표출된 '공직자의 종교차별', '템플스테이' 그리고 '땅밟기 사태'로 규정한 뒤, 그 각각은 모두 헌법적 가치를 담고 있는 매우 중요한 사안이라고 주장한다. 하지만 이러한 갈등이 정부와 정치인의 욕망, 그리고 종교 주체들의 욕망으로 인해 굴절 및 왜곡된 채, 개신교와 불교 사이에 벌어진 뜨거운 담론투쟁으로만 축소되었음을 세밀히 분석해 주었다.* 따라서 향후 종교 주체들은 종교평화를 위해 자신들의 욕망을 줄여나가는 일뿐만 아니라, 동시에 종교 본래의 정신인 평화와 사랑의 구현을 위해 좀 더 적극적

---

* 이진구, "최근 한국 불교와 보수 개신교의 갈등: 종교차별, 정교분리, 종교자유 개념을 중심으로," 『종교문화비평』 28:권(2015), 183-214. 한편, 안국진과 유요한은 한국 내 종교갈등과 종교차별의 문제를 극복하기 위해서는 공직자 및 일반인을 위한 종교차별의 판단기준을 제시하였고, 정부에서도 문화체육관광부를 중심으로 하여 종교 간의 차별금지를 위한 공직자 교육을 강화하였다. 자세한 것은 안국진, 유요한, "한국 내 종교갈등 및 종교차별 상황 극복을 위한 제언," 『종교와 문화』 19권(2010), 181-206; 고병철, "공직자의 종교 편향, 차별 예방 교육의 방향," 『종교교육학연구』 21 (2009); 문화체육관광부, 『공직자종교차별 예방업무 편람』(서울: 문화체육관광부, 2008) 참조.

으로 실천해야 할 필요성이 촉구되었다.

이런 점에서 보면, 종교차별과 종교 주체들의 욕망을 축소시키는 차원에서 시급히 요청되는 것은 지속적인 '종교간의 대화'*와 더불어 '종교차별금지법' 내지 '종교평화법'의 제정이다. 특히 종교차별금지법은 최근 20여 년 동안 개신교인에 의한 훼불사건(예: 법당방화, 땅 밟기, 성시화운동 등)이 더욱 폭력적으로 증대되는 과정에서 그 필요성이 크게 요청되고 있다.** 이것은 종교차별 이슈가 첨예화되었던 이명박 정부 시절에 '성시화운동'과 관련하여 본격적으로 대두되었고,*** 현재는 동성애 문제로까지 비화된 채 '포괄적 차별금지법'(평등법)이란 이슈로 법 제정을 위한 논의가 활발하다. 하지만 동성애를 빙계로 차별금지법 자체에 대하여 법 제정 반대의 입장에 서 있는 보수적 개신교계는 '종교차별금지법'에 대해서도 선교의 자유에 반한다는 이유로 매우 소극적 입장을 견지하고 있다.****

---

* 한국 사회에서 종교 간의 대화는 강원용 목사를 중심으로 '크리스찬아카데미'에서 오 랫동안 활발히 추진되었다. 이에 대한 보다 자세한 사례는 크리스찬아카데미 편, 『열린종교와 평화공동체』(서울: 대화출판사, 2000) 참조. 하지만 아쉬운 것은 강원용 목사 (1917-2006) 사후 크리스찬아카데미의 활동이 많이 위축된 점이다. 종교 간의 대화를 위한 종교계의 후속적인 노력이 더욱 절실하다.

** 훼불사건이 급속히 증대됨에 따라 불교 측에서는 불교 폄하나 불상 훼손 등의 문제를 체계적으로 수집 정리하기 위해 여러 대책위가 만들어졌다. 가장 대표적인 것은 조계 종 산하 '종교편향대책위원회'(후에 이것은 종교평화위원회로 개칭됨)의 결성이었고 (1998), 『종교편향백서』(2000)가 편찬되었다.

*** 성시화운동에 대한 비판적 이해를 위해서는 이진구, "최근 한국 불교와 보수 개신교의 갈등," 188-192 참조.

**** 불교 측은 '종교차별금지법'을 '종교평화법'으로 확대하여 논의를 지속할 것을 주장하고

그런데 박근혜 정부 시절 잠시 주춤했던 종교차별금지법의 제정에 대한 논의는 흥미롭게도 개운사 훼불사건과 관련한 토론회에서 다시 재점화되었다. 손원영교수불법파면시민대책위원회는 2017년 5월 말 종교평화 포럼을 개최하면서 이웃 종교에 대한 비방을 금지하는 소위 '손원영법'의 제정을 다시 촉구하였던 것이다.* 이것은 무엇을 의미하는가? 그것은 종교차별금지법이 단순히 특정 종교의 보호나 이익의 차원을 넘어서 모든 종교 주체들의 상호이익을 위해 종교폭력의 정도가 커지면 커질수록 그 필요성이 더욱 증대된다는 것을 의미한다. 결국 종교 간의 갈등을 줄이고 종교 간의 평화를 증진시키기 위해서는 특정 종교의 이해관계를 떠나 '종교차별금지법'의 제정이 무엇보다 시급히 요청된다. 이것은 신옥주의 연구에서 잘 드러나듯이, 종교차별금지법이 이미 유럽연합(EU)에서 오래전부터 반종교차별을 위한 지침으로 시행되고 있다.** 그리고 같은 맥락에서 한국에서도 이와 관련된 연구들이 다수 진행되면서 국회의 입법화

있는데, 종교평화의 측면에서 '종교평화법'이 더 적절하다고 본다. 다만 본 논문에서는 최근 국회에 제출된 '차별금지법'이 사회적 공감대를 많이 이루고 있기 때문에 잠정적으로 '종교차별금지법'이란 용어를 사용한다. 양봉식, "불교의 종교평화법은 기독교 고립전략," 『교회와 신앙』, 2012년 12월호 참조.

*   손원영교수불법파면시민대책위원회 편, "종교평화와 교수 교권 관련 시민 대토론회: 손원영 교수 파면의 시민사회적 의미," 서울시청 NPO지원센터, 2017.5.31; "이웃 종교 비방을 금지하는 '손원영법' 제정하자," 『데일리굿뉴스』, 2017년 5월 27일 자 참조.

**   신옥주, "유럽연합의 반차별지침(Anti-Diskriminierungsrichtlinie) 고찰," 『공법학연구』 9(2), 2008, 209-231 참조.

요구는 끊임없이 증대되고 있다.* 따라서 향후 국회에서 '종교차별금지'를 포함한 '포괄적 차별금지법'에 대한 진지한 논의 및 법제화가 기대된다.

2) 종교 집단 간의 갈등으로서의 훼불사건

한국 사회에서 종교 간(間)의 갈등은 소위 '훼불일지'로 불리는 기록물을 통해 그 양상을 좀 더 구체적으로 살펴볼 수 있다. 그런데 훼불일지는 주로 불교 측에서 조사 및 작성된 것이다. 이것은 피해자인 불교 측의 입장에서 볼 때 당연히 해야 할 일로서, 훼불사건에 대한 재발 방지 및 그 대응을 위해 꼭 필요한 일이다. 훼불일지로는 다음의 세 가지 자료가 대표적이다. 첫째는 1996년 6월 11일 자『불교신문』이 정리한 훼불일지이다.** 여기에서 훼불사건은 총 30건으로 보고되었고, 1982년부터 1996년까지 연대기 순으로 정리되었다. 둘째는 기독교계의 가장 오래된 잡지이자 교회일치운동의 상징으로 여겨지는『기독교사상』이 정리한 훼불일지이다.『기독교사상』은 1998년 11월호***에서 '전불연'의 협조를 얻어 1980년도부터 1998년까

---

* 백봉흠, "국제인권규약상 차별금지와 평등에 관한 연구,"『국제법학회논총』44(2), 1999, 133-148; 이숙진, "민주화 이후 기독교 인권 담론 연구: '차별금지조항 삭제 파동'을 중심으로,"『종교연구』64, 2011, 197-219참조.
** http://www.ibulgyo.com/news/articleView.html?idxno=52546(2020.6.20.검색) 참조. 한편 이것은 후에 조계종 산하 종교평화위원회에서 종합되었다. 대한불교조계종 종교평화위원회편,『대한민국 종교차별 사례집』(2012년 2월) 참조.
*** "훼불일지,"『기독교사상』42(11), 1998.11, 56-63.

지 발생한 주요 훼불사건을 일지형식으로 소개해 주었다. 여기서 보고된 개신교인에 의한 훼불사건은 총 39건이다. 앞의 『불교신문』의 '훼불일지'와 비교할 때, 큰 차이는 없다. 다만 『기독교사상』에 보고된 훼불일지는 앞선 불교신문의 '훼불일지'보다 2년 정도 이후에 작성된 것으로서, 1998년 6월 26일에 발생한 제주 원명선원의 훼불사건에 충격을 받아 작성된 것이다. 이 일지에는 앞서 조사된 불교신문의 '훼불일지'에 나오는 30건 이외에 원명선원 훼불사건을 비롯하여 9건이 추가되었다. 셋째는 훼불일지로 가장 공적인 문서로서, 대한불교조계종 산하 자성과쇄신결사추진본부 종교평화위원회가 정리한 훼불일지이다. 조계종 종교평화위원회는 훼불사건이 폭발적으로 늘어남에 따라 이전에 발생했던 국내의 종교갈등 사건들을 모두 종합하여 2012년 '사례집'을 출판하였던 것이다.* 여기서 조계종 종교평화위원회는 종교 간의 갈등의 유형을 크게 세 가지로 범주화함으로써 종교갈등의 문제를 보다 입체적으로 이해하는데 기여하였다. 그것은 곧 정교분리위배 유형, 종교자유-인권침해 유형, 그리고 종교차별-훼불 유형이다.

　한편, 한국 사회에서 벌어지고 있는 종교 간의 갈등을 주제로 한 연구는 앞서 언급한 이진구, 정종섭, 안국진, 유요한, 고병철 등의 연구에서처럼 많이 있으나, 그 범위를 축소시켜 '훼불'이란 주제로 진

---

*　대한불교조계종 종교평화위원회 편, 『대한민국 종교차별 사례집』(2012년 2월).

행된 연구는 별로 없다. 그런 점에서 최근 홍정기의「훼불의 역사와 대응정책 연구: 한국 개신교의 훼불사건을 중심으로」(2018)라는 논문은 비록 석사학위 논문이지만 학술적 가치가 높다. 그는 이 논문에서 조계종 종교평화위원회가 발표한『대한민국 종교차별 사례집』(2012)을 기본 자료로 하여 개신교와 불교 사이의 갈등 사례를 조사한 뒤 그것을 잘 분석해 주었다. 즉, 그는 앞서 언급한 조계종 종교평화위원회의『대한민국 종교차별 사례집』(2012)이 1945년부터 2011년까지 조사 및 보고했던 것을 2017년까지 확대하여 보완하려는 취지에서 모은 것이다. 특히 그는 위 사례집이 개신교와 불교 사이의 갈등을 세 가지로 분류한 것을 다시 네 부분으로 더 세분화하여 분석하였다. 위의 세 번째 유형 중 '종교차별-훼불 유형'을 '종교차별유형'과 '훼불 유형'으로 각각 분리시켜, '훼불사건'을 강조하면서 그것을 중심으로 자신의 연구를 심화시켰던 것이다. 그러면서 그는 개신교인에 의해 저질러진 훼불사건을 일지형식으로 조사 및 정리하였다. 그의 보고에 의하면, 1993년부터 2017년 9월 현재까지 약 24년 동안 개신교인에 의해 저질러진 훼불사건은 총 407회이다. 이러한 홍정기의 연구는 앞의『불교신문』과『기독교사상』에서 일지형식으로 보고된 훼불사건을 비롯하여,『대한민국 종교차별 사례집』(2012), 그리고 이후의 사례들까지 모두 아우르는 차원에서 훼불사건을 종합하여 준 특징을 갖는다. 특히 그는 종교갈등(정교분리위배, 종교자유-인권침해, 종교차별-훼불)의 발생 건수에서 김영삼 정부 34건, 김대중 정부 30건, 노무현 정부 86건이던 것이 이명박 정부에 이르러서 194건으로 폭발적으로 증가한 것에 주목하였다. 그러면서 그는 이명박 정부를 일컬어 "훼불의 전성시대"*라고 강력하게 비판하였다. 이것은 이명박 정부에 이르러 종교 간의 갈등이 더욱 확산되었을 뿐만 아니라, 그때 그 어떤 유형보다 종교폭력적인 모습을 띠는 '훼불' 유형이 더욱 증가된 현실을 적절히 지적하였다고 말할 수 있다.

이처럼 홍정기의 연구는 두 가지 점에서 긍정적으로 평가된다. 첫째는 훼불사건의 빈도와 과격성 정도가 과거보다 현시점에 이를수록 더욱 증대되고 있음을 적절히 밝힌 점이다. 그는 종교 간의 갈등이 종교편향, 종교차별의 차원을 넘어서 현재는 '종교폭력'의 문제로 훼불사건이 확대되고 있음을 밝혀주었다. 둘째는 불교 측의 입장에서 훼불사건에 대한 대응전략으로 다양한 가능성을 잘 탐색한 점이다. 예컨대, 훼불에 대한 효과적인 대응전략으로써 그는 사회적 공감대의 형성을 위해 '언론대응전략'과 '행동대응전략'을 구분하여 각각을 구체적으로 적절히 제시해 주었다. 특히 종단 산하에 '훼불대응전담본부'를 만들고, 그 하부 조직으로 '훼불신고센터' 및 '종교편향신고센터'를 두며, 훼불 예방의 차원에서 '훼불대응메뉴얼'을 만들어 신도들에게 숙지하도록 제시한 것은 향후 발생할지도 모르는 종교폭력을 사전에 예방하도록 강조한 것으로써 감폭력의 차원에서 긍정적으로 평가된다.

---

*   홍정기, "훼불의 역사와 대응정책 연구," 2.

그런데 홍정기의 연구는 한 두 가지 점에서 그 한계가 보인다. 첫째는 훼불사건의 분류내용에서 부분적으로 수정될 부분이 있다. 즉, 홍정기는 2016년 1월 17일에 발생한 김천 개운사 훼불사건 이후 두 건의 훼불사건이 더 있었음을 보고하였는데, 과연 그것이 적절한 것인지에 대한 문제 제기이다. 홍정기의 훼불일지에 따르면, 개운사 훼불사건 이후 삼척 안정사 훼불사건(2017.4.4)과 과천 대관음사 삼존불 훼불사건(2017.9.17)이 발생하였다. 그러나 이 두 사건은 실제로 개신교와 직접적인 연관이 없는 사건이다. 전자는 포스코건설이 벌인 훼불사건이었고, 후자는 훼불사건을 일으킨 용의자를 특정하지 못하였다. 따라서 엄밀히 말해 김천 개운사 훼불사건 이후 개신교인에 의한 훼불사건은 발생하지 않았다고 보는 것이 적절하다. 이런 점에서 개운사 불당회복운동과 연관된 당사자로서 좀 민망하기는 하나 석현장 스님이 '개운사 훼불사건에 따른 사과와 불당회복을 위한 모금운동'을 다음과 같이 높이 평가한 것은 그 의미가 남다르다. "여기서 특이한 일은 손 교수가 개운사 불당회복을 위한 모금운동을 한 이후로 한국 사회에 불상 파괴나 법당 방화 사건이 더 이상 발생하지 않았다는 사실이다. 따라서 바라기는 손원영 교수의 사건이 종교평화의 마중물이 되어 이 땅에 이웃 종교를 폄훼하는 일이 반드시 없어지기를 기대하는 바이다."*

* 석현장, "추천사," 손원영교수불법파면시민대책위원회편, 『연꽃 십자가』, 12.

둘째는 홍정기가 훼불사건에 대한 대응전략으로써 불교 측의 입장에서만 대응전략을 제시한 한계점이다. 이것은 불교 측 입장에서는 당연한 조치이겠지만, 과연 훼불사건을 근본적으로 없애기 위해서는 불교 측의 노력만으로 가능할까 의문이 든다. 다시 말해 그것은 종교평화를 위한 개신교의 근본적인 변화와 협조가 없이는 불가능한 일이다. 따라서 종교폭력적인 훼불사건을 줄이기 위해서는 종교평화에 공감하는 불교와 개신교 사이의 연대 및 지속적인 종교 간의 협력이 필요하다. 이런 점에서 홍정기의 연구는 개신교 전체가 마치 훼불사건에 동의하는 것처럼 오인하게 만듦으로써 자칫 종교대화 및 종교평화 운동을 위축시킬 위험성이 있다.

종합하면, 한국에서 종교 간의 갈등은 오래전부터 간헐적으로 지속된 일이었으나, 최근 이명박 정부에서 급속히 확대되었다. 특히 종교갈등은 종교편향 및 종교차별의 차원을 넘어서 폭력적인 '훼불 형태'로 악화되었다. 그리고 그 절정은 바로 2016년 1월 김천에서 발생한 '개운사 훼불사건'이라고 말할 수 있다. 하지만 다행인 것은 개운사 훼불사건에 대한 개신교인의 사과와 불당회복을 위한 모금운동 이후 갈수록 증대되던 개신교인의 종교폭력적 훼불 활동이 멈추었다는 사실이다. 결국 개운사 불당회복을 위한 모금운동은 급속히 확산되던 훼불사건을 현저히 줄어들게 만드는 중요한 전환점이 되었다고 말할 수 있다. 따라서 '개운사 불당회복 운동'은 종교평화운동의 한 모델로서 고찰될 필요가 있다.

3. 개운사 종교평화모델

앞에서 우리는 종교 간의 갈등으로써 훼불일지를 중심으로 한 '훼불사건'을 집중적으로 분석하였다. 그렇다면 앞서 고찰한 한국 사회의 종교 간 갈등을 해소하기 위한 구체적인 종교평화운동의 사례는 무엇이 있을까? 이와 관련하여 본 논문은 연구자가 개입되었던 '개운사 불당회복운동'을 한 사례로 소개하고자 한다.

1) 개운사 훼불사건의 개요 및 종교평화운동

개운사 훼불사건은 2016년 1월 17일 경북 김천의 개운사(지주 진원 스님)에서 발생하였다. 자신을 개신교인이라고 밝힌 한 60대 남성이 늦은 밤 개운사 법당에 들어가 주지 스님에게는 "지옥에 가라"며 폭언을 하였고, 불상과 법구를 모두 훼손하는 등 불당을 모두 파괴하였다. 그 결과 주지 스님은 정신과 치료를 받았고, 재산피해액은 약 1억여 원 정도로 추산되었다. 불당을 훼손한 자는 온전한 정신 상태의 소유자였고, 전과 기록도 있었다. 그리고 그 사건 이후 체포되어 유죄 판결을 받은 뒤 현재 수감 중이다. 이 사건은 당시 개운사 주지 스님에 의해 페이스북 등 SNS에 알려졌다.

개운사 훼불사건을 페이스북을 통해 접한 필자는 2016년 1월 21일 페이스북에 불교신자들에게 대신 사과하고, 또 1월 22일 '개운사 불당회복을 위한 성금모금위원회'를 조직하여 모금운동을 시작하였다. 그리고 같은 해 5월 14일 부처님오신날에 즈음하여 모금운동을 마감하고, 267만 원의 성금을 언론에 공개하였다. 성금은 본래 개운사 측에 전달하려고 하였으나, 사찰 측이 성금을 사양하면서 대신 '종교평화'를 위해 써 달라는 당부에 따라 종교평화 학술단체인 '레페스포럼'(대표 이찬수 교수)에 전액 기부되었다. 그리고 그 일로 필자는 서울기독대학교 당국으로부터 신앙검증을 위한 조사를 받고 징계위원회에 회부되어 파면 처분되었으나, 민사소송을 통해 법원으로부터 파면이 무효임을 최종 확인받았다.* 그리고 2019년 10월 27일 훼손되었던 개운사의 불당도 다시 복원되어 점안식을 가졌다. 이렇게 개운사 훼불사건은 훼불일로부터 봉안일까지 약 4년에 가까운 시간 동안 한국 종교갈등의 한복판에 서 있었다. 하지만 개운사 사건은 필자의 파면 무효 확인 소송이 승소로 끝났으나, 복직 문제가 아직 미완된 상태임으로 여전히 종교갈등의 한 주제로 회자되고 있다. 이런 점에서 개운사 훼불사건, 불당회복을 위한 모금운동, 그리고 필자의 복직 투쟁의 과정은 종교평화운동의 한 사례로서 검토될 필요가 있다. 따라서 연구자는 일련의 개운사 사건을 일컬어 '개운사 종교평화모델'(이하, '개운사 모델')이라고 부른 뒤, 아래에서는 개운사 모델의 구체적인 특징을 설명하고자 한다.

---

* 개운사 불당회복을 위한 모금운동에 대한 자세한 기록은 손원영, "개운사 훼불사건 및 불당회복을 위한 모금운동 일지," 레페스포럼 편, 『종교 안에서 종교를 넘어: 불자와 그리스도인의 대화』(서울: 모시는사람들, 2017), 187-208 참조.

2) 시민참여형-불당회복을 위한 모금운동

개운사 모델은 '시민참여형'과 '종교전문가 학술토론형'의 통합모델로 설명될 수 있다. 개운사 모델은 시민참여형과 종교전문가 학술토론형이 마치 새의 양 날개처럼 선순환구조로 함께 작용함으로써 그 효과를 극대화할 수 있었다. 우선, 시민참여형에 대하여 구체적으로 살펴본다. 사실, 개운사 모델은 당면한 훼불사건을 시급히 해결하기 위해 우선 '시민참여형'으로 출발되었다. 여기서 시민참여형이란 갈퉁(Johan Galtung)의 표현으로 설명하면, 종교폭력에 따른 '상처와 갈등'을 적극적으로 줄이는 방식으로 작동하는 것이다.* 좀 더 구체적으로 설명하면, 우선 불당회복을 위한 모금운동의 전개는 훼불사건으로 상처받은 불자들에게 상처를 싸매어주는 활동으로써 갈등을 줄이는 방식의 종교평화 운동이다. 특히 비록 가해의 당사자는 아니지만 가해자와 같은 개신교인으로서 연대 책임 의식을 갖고 피해 당사자인 개운사 불자에게 사과하고 불당회복을 위한 모금운동을 한 것은 시민들이 자발적으로 참여하는 '상처'와 '갈등'을 줄이려

---

* 폭력을 줄여가는 과정 곧 감(-)폭력의 과정은 평화의 과정이다. 평화는 폭력과 반비례한다. 이와 관련하여 갈퉁은 다음과 같은 도식을 제시한 바 있다.

$$평화(peace) = \frac{평등(equality) \times 조화(harmony)}{상처(trauma) \times 갈등(conflict)}$$

즉, 평화는 평등과 조화의 곱에 비례하고, 상처와 갈등의 곱에 반비례한다. 따라서 종교평화는 '평등'과 '조화'의 역량을 키우는 (+) 방식과 '상처'와 '갈등'을 줄이는 (-) 방식이 모두 적극적으로 동시에 이뤄질 때 그 효과는 극대화된다. 자세한 것은 Galtung, A Theory of Peace: Building Direct Structural Cultural Peace (2012); 이찬수, "대화로서의 평화: 대화의 자기초월성과 감폭력적 평화교육," 23 참조.

는 활동이라고 말할 수 있다. 이것은 다음 네 가지의 특징으로 좀 더 구체적으로 설명될 수 있다. 첫째, 개운사 모델은 불교 측을 돕는다는 이유로 개신교 내에서 발생할 수도 있는 이단 논쟁을 사전에 막고 또 모금활동에 시민 특히 기독교인들의 적극적인 참여를 독려하기 위해 '비판적 성서해석'을 전제로 하여 진행되었다. 즉, 훼불된 불당을 회복하는 운동은 기독교가 경계하는 우상숭배와 같은 반기독교적 행위가 결코 아니라, 오히려 성서에 증언된 예수의 가르침에 따라 기독교인으로서 마땅히 실천해야 할 사랑의 실천임을 사전에 설명하였다. 그래서 필자는 훼불사건에 대하여 "예수라면 어떻게 하였을까?"라는 맥락에서 비판적 성서해석에 근거하여 모금운동의 당위성을 설명하였다.* 그리고 더 나아가 "불교언어로 복음전하기"라는 맥락에서 비판적 성서해석에 근거하여 불당회복운동의 정당성을 꾸준히 설교 및 교육활동 등을 통하여 강조하였다. 이것은 종교교육학 연구의 한 형태이기도 한 '재개념주의적 접근'(reconceptualists approach)을 시도한 것으로써,** 이웃 종교의 입장에서 성서를 비판적으로 해석하고 종교 간의 대화를 시도하는 방법이다. 이것은 연구자

---

* 레페스포럼 편,『종교 안에서 종교를 넘어』, 191-192, 202-206 참조.
** 손원영교수불법파면시민대책위원회 편,『연꽃 십자가』(2020), 제1부 제1장 참조. 재개념주의 접근에 대해서는 Kieran Scott, "Three Traditions of Religious Education," *Religious Education*, 79:3(1984), 323-340; 강희천,『기독교교육사상』(서울: 연세대학교 출판부, 1991), 22-23; 손원영,『프락시스와 기독교 교육과정』(서울: 대한기독교서회, 2001), 제4장 참조.

가 개운사 사건 이후 종교평화운동의 연장선 상에서 한 사찰의 크리스마스 법회에 초대되어 전한 "예수보살과 육바라밀"[*]이란 설교 속에 잘 나타난다.

둘째, 개운사 모델은 모금운동에 있어서 개신교인을 중심으로 참여를 권장하되, '종교협력적 연대(solidarity)의 방법'을 사용하였다. 그래서 필자는 모금운영위의 투명성을 제고하기 위해 '개운사 불당 회복을 위한 성금모금위원회'를 조직하고, 공동대표로서 여러 종교인을 위촉하였다. 공동대표는 필자(개신교)를 비롯하여 이찬수 교수(개신교-종교평화운동가), 김근수 선생(가톨릭교회, 해방신학연구소장), 박범석 박사(불교, 종교교육학자)이다. 이렇게 공동대표 체제를 강조한 배경에는 모금운동이 개신교뿐만 아니라 다양한 종교에서 다양한 시민들이 열린 마음으로 참여하도록 함으로써 종교평화를 위한 사회적 담론형성에 공감대를 이끌어내기 위한 전략이었다. 그리고 그것은 후에 개운사 모금운동이 문제가 되어 필자가 대학에서 파면되었을 때, '손원영교수불법파면시민대책위원회'로 발전되었다.(2017.3.31)[**] 이처럼 개신교와 불교 그리고 가톨릭교회 등 여러 종교인들의 종교협력적 연대의 활동은 개운사 모델이 성공할 수 있었던 중요한 토대가 되었다.

---

[*] 손원영교수불법파면시민대책위원회 편,『연꽃 십자가』, 28-48.

[**] 손원영교수불법파면시민대책위원회는 총 49명으로 구성되었으며, 학계와 종교계, 그리고 법조계 등을 망라하고 있다. 자세한 명단은 손원영교수불법파면시민대책위원회 편,『연꽃 십자가』, 415 참조.

셋째, 개운사 모델은 유사한 훼불사건이 발생할 경우 관련자들에게 도움을 주고자 시작부터 사건이 종결될 때까지 일련의 사건을 철저히 '기록'으로 남긴 특징이 있다. '기록은 기억보다 중요하다'라는 말처럼, 개운사 모델은 종교평화를 위한 일련의 사건들을 세세히 기록하여 두 권의 책으로 출판되었다. 하나는 레페스포럼이 편집한 『종교 안에서 종교를 넘어: 불교와 그리스도인의 대화』(2017)이고, 또 한 권은 손원영교수불법파면시민대책위원회가 편집한 『연꽃 십자가: 개운사 훼불사건과 종교평화』(2020)이다. 이 출판물은 종교평화운동의 사례로서 향후 유사한 훼불사건이 벌어졌을 때 중요한 참고자료로 활용될 수 있을 것이다.

넷째, 개운사 모델은 불당회복을 위한 모금 운동의 시초부터 개운사 불당이 최종 복원되어 봉안식을 가질 때까지 철저하게 '투명성'을 강조하였다. 시민참여형이 성공을 거두기 위해서는 참여하는 시민들에게 공적인 신뢰감을 주는 것이 가장 중요하다. 특히 금전적인 투명성은 그 무엇보다 중요하다. 따라서 성금모금위원회는 개인통장이 아닌 임의단체 명의의 모금통장을 개설하였고, 정기적으로 모금 현황을 언론 및 페이스북에 공개하였다. 모금 기간도 개운사 사건이 벌어진 4일 후인 2016년 1월 21일부터 부처님오신날까지로 한정하였고, 페이스북을 비롯한 SNS를 통해 최종 성금의 사용처를 투명하게 공개하였다. 그뿐만 아니라 개운사 모델은 모금의 진행 상황뿐만 아니라 개운사 사건 관련 중요한 의사결정 및 사후에 발생한 여러 가지 문제들(예: 손원영 교수 파면 및 파면무효 민사소송 등)까지 SNS

를 통해 투명하게 정보를 공유함으로써 자발적인 시민들의 참여를 유도하는데 어느정도 성공적이었다고 말할 수 있다.

3) 종교전문가 학술토론형-레페스 심포지엄

개운사 모델의 또 다른 축은 '종교전문가 학술토론형'이다. 앞서 언급한 것처럼, 개운사 훼불사건이 벌어졌을 때, 불당회복을 하는 것이 주요한 목적이었다. 그래서 시민들의 모금을 통해 불당을 회복함으로써 사건의 종결을 꾀하였다. 그런데 의도하지 않게 개운사 측에서 성금을 고사함으로써 개운사 모델은 시민참여형의 범위를 넓히게 된 것이다. 즉 개운사 측은 모금한 성금을 고사하면서, 훼불사건이 이렇게 자주 일어나는 이유는 국민들이, 특히 종교인들이 이웃 종교에 대한 이해 부족의 결과임으로 종교의 이해를 넓히도록 하는데 그 성금이 사용되었으면 좋겠다는 뜻을 전하였다. 따라서 성금모금위원회는 종교평화를 위한 학술토론 모임인 '레페스포럼'(RePeS Forum: Religion+Peace+Study Forum)에 개운사 측 요구가 반영된 학술모임을 열어줄 것을 요청하며 목적사업기금으로 성금을 기탁하였다. 그래서 탄생된 것이 '레페스 심포지엄'(RePeS Symposium)이다. 이것은 앞서 언급한 갈퉁의 표현으로 설명하면, 종교 간의 '평등과 조화'를 추구하는 원리로 이해된다.* 그래서 시민참여형이 '성처와 갈

---

* Galtung, *A Theory of Peace: Building Direct Structural Cultural Peace* (2012); 이찬수, "대화로서의 평화: 대화의 자기초월성과 감폭력적 평화교육," 23.

등 치유'에 맞춘 종교평화 모형이라면, '종교전문가 학술토론형'은 '평등과 조화'를 목적으로 한 종교평화 모형이다. 그런데 여기서 강조할 것은 전자에 비해 후자가 더욱 활성화될수록 종교평화 역량이 커진다는 점이다. 이처럼 '종교전문가 학술토론형'은 종교평화에서 중요한 위치를 차지한다. 따라서 레페스 심포지엄의 활동을 구체적으로 제시하면, 다음과 같은 세 가지의 특징으로 설명될 수 있다.

첫째, 레페스 심포지엄은 종교전문가의 학술토론으로 운영되고 있다. 참여 인원은 보통 20명 내외로서, 참가자는 모두 기독교학자(개신교와 천주교)와 불교학자들이 균형 있게 구성되었다. 그런데 심포지엄의 초장기에는 개운사 훼불사건에 초점을 맞춘 관계로 기독교학자와 불교학자들 중심으로 개최되었으나, 회기를 거듭할수록 '종교평화'에 초점을 맞춰 다양한 종교전문가 및 여러 학문 분야의 학자들도 참여할 수 있도록 그 벽을 허물어 개방하였다. 특히 제6회부터는 레페스 심포지엄의 외연이 더욱 넓혀져서 한국만이 아니라 일본과 동아시아로 확대되었다. 그 결과 머지 않아 '아시아종교평화학회'(가칭)가 공식적으로 창립될 예정이다.

둘째, 레페스 심포지엄은 철저하게 종교평화를 주제로 한 '개방형' 토론모임으로써 그 결과물은 모든 시민들이 자유롭게 접근할 수 있도록 책의 출판을 목적으로 하고 있다. 이러한 목적을 위해 레페스 심포지엄은 종교적 갈등의 요인이 되는 주제에 대하여 소위 '끝장토론'을 지향한다. 그리고 토론은 모두 녹음되며, 차후에 토론문은 수정되어 책으로 출판하고 있다. 현재까지 레페스 심포지엄은 총 7회

개최되었고,* 그 토론 결과물은 『종교 안에서 종교를 넘어』(2017)로 출판되었으며, 곧 후속적인 출판이 있을 예정이다.

셋째, 레페스 심포지엄은 비록 종교 관련 전문학자들의 토론모임이지만, 이웃 종교의 체험을 기반으로 한 모임을 지향하고 있다. 사실 종교전문가들이라 할지라도 상당 부분 자신의 종교 전통에 대해서만 전문성이 있을 뿐 이웃 종교에 대해서는 그렇지 않은 경우가 많다. 따라서 전문가들이 토론에 참여할 때, 보다 깊이 있는 토론을 위해서 다양한 종교전통을 직접 체험하도록 안내하고 있다. 예컨대, 이것을 위해 모임장소를 결정할 때 기독교(개신교와 천주교)와 불교, 그리고 원불교 등의 전통을 번갈아 체험할 수 있도록 장소를 섭외하고 있다.

4. 나가며

지금 한국 사회는 종교 갈등의 전환기에 서 있다. 그것은 종교평

---

* 2017년 1월부터 2020년 현재까지 레페스 심포지엄은 총 7회 개최되었고, 그 대략은 다음과 같다. 제1회 레페스 심포지엄: 2017년 1월 11-12일, 가톨릭 씨튼영성센터, "불교와 기독교, 무엇이 같고 어디가 다른가"; 제2회 레페스 심포지엄: 2017년 7월 12-13일, 불교 금선사, "탈종교 시대의 종교와 종교인"; 제3회 레페스 심포지엄: 2018년 1월 22-23일, 원불교 상주선원, "인간: 가톨릭-개신교-불교-원불교의 교차점"; 제4회 레페스 심포지엄: 2018년 7월 2-3일, 불교 정심사, "불교와 기독교의 평화영성"; 제5회 레페스 심포지엄: 2019년 1월 18-19일, 일본 상지대학, "세속국가에서 평화를 만들기 위한 종교 간 대화"; 제6회 레페스 심포지엄: 2019년 8월 14일. 불교 대성사, "나는 왜 종교평화인가?"; 제7회 레페스 심포지엄: 2020년 1월 31일-2월 1일, 일본 정토진종 정천사, "종교와 평화구축."

화의 길로 갈 것인지 아니면 종교폭력의 길로 더 치달을 것인지의 갈림길이다. 한 종교인으로서의 바램은 한국의 종교들이 종교폭력이 아니라 종교평화의 길로 용기있게 나가는 것이다. 그런데 종교평화를 위해서는 한국의 종교인구 중 제일 많은 종교 인구수를 갖고 있는 개신교와 불교의 역할이 매우 중요하다. 두 종교가 종교평화의 길로 갈 수만 있다면, 한국의 종교는 세계가 부러워하는 종교평화의 상징이 될 것이다.

그런 맥락에서 이 글은 '개운사 훼불사건'을 중심으로 훼불사건의 역사를 비판적으로 검토하였고, 또 그 토대 위에서 종교평화모델의 가능성을 탐색하였다. 특히 필자는 '개운사 종교평화모델'을 한국 사회의 종교평화를 위한 한 모델로써 제시하였다. 그것은 시민참여형과 종교전문가 토론형의 통합모델로써, 두 모형이 창조적으로 결합되어 마치 양 날개로 움직일 때, 종교평화운동은 더욱 탄력을 받아앞으로 나갈 수 있을 것이다. 특히 이것을 갈퉁의 평화이론에 적용하면, 시민참여형은 상처와 갈등 치유 중심의 종교평화 유형이고, 종교전문가 토론형은 평등과 조화 추구의 종교평화 유형이라고 말할 수있다. 따라서 종교평화가 극대화되려면, '감(-)폭력적 활동'으로서의 시민참여형 활동을 통해 종교폭력에 따른 상처와 갈등은 더욱 줄여야 할 것이고, 동시에 '증(+)평화적 활동'으로서의 종교전문가 토론형과 같은 활동을 통해 종교평등과 조화는 더욱 확대되어야 한다. 이런점에서 볼 때, 개운사 모델은 향후 종교폭력 관련 이슈가 등장하였을때, 효과적인 종교평화모델로서 긍정적으로 활용될 수 있을 것이다.

부산 아미동
대성사(大成寺)에서 발견한
새로운 한일교류*

야마모토 조호(山本浄邦, 리츠메이칸대학 강사)

* 본 연구는 일본학술진흥회(JSPS) KAKENHI(16H03357)로 수행된 연구이다.

1. 들어가며

부산에는 조선시대부터 왜관이 있었고 일본인들이 거주하였다. 근대에 들어 1876년에는 강화도조약으로 부산은 개항지가 되었고 식민지 시기에 수많은 일본인들이 정착하였다. 그만큼 많은 일본인들이 부산에서 사망하기도 했다. 그들의 유골은 아미동에 설치된 일본인 공동묘지에 묻혔다가 해방 이후 일본으로 옮겨졌다. 그로 인해 전후 이 공동묘지는 방치되어 왔다.

한국전쟁 당시 피난민들이 넘쳐났던 부산에서 옛 일본인 공동묘지에도 사람들이 거주했다. 그들은 정착 과정에서 건축 자재를 조달하기 위해 일본인들의 비석을 활용하여 집을 짓기도 했다.

이러한 역사를 안고 있는 아미동에서 최근 일본인 묘지를 매개로 한일 간의 국경을 초월한 교류의 움직임이 일어나고 있다. 이 글은 아미동에 있는 대성사에서의 새로운 한일교류를 고찰하면서 옛 일본인 공동묘지를 매개로 한 초국가적(trans-national)인 교류의 가능성에 대해 살펴보고자 한다.

2. 부산 거주 일본인의 역사와 아미동 일본인 공동묘지

개항지가 된 부산은 일본과의 무역 거점으로 발전하기 시작하여 점차 많은 일본인이 이주하여 정착하게 되었다.

러일 전쟁 이후부터 관부연락선 등으로 일본과의 왕래가 증가하고 일본인의 부산 정착이 점차 증가하게 되었다. 한일병합(1910년) 무렵에는 2만2000명 정도였던 부산의 인구는 1920년대 말에 12만 명으로 증가했으며, 서울에 이어 제2의 도시로 성장하게 됐는데, 그중 3분의 1은 일본인들이 차지하였다.

그들은 주로 영도와 부민동과 같은 지역에 거주했고, 기모노 차림에 일본식 생활을 유지하면서 살고 있었다. 종교생활에 대해서도 일본식을 유지했는데 사망자가 발생하면 일본식 사찰에 장례를 의뢰하여 화장을 하고 일본식 비석을 건립한 후 거기에 유골을 매장했다. 한반도에서도 일본의 화장·납골(納骨) 문화를 그대로 실천했다.

부산의 일본인 공동묘지는 이미 초량왜관 시기에 존재하고 있었다. 왜관에서 일본인이 사망하면 왜관 북쪽에 있는 묘지에 묻혔다. 19세기 부산이 개항되면서 일본인 이주자들이 증가하고 부산 곳곳에 일본인 공동묘지가 마련됐다.

부산의 인구가 급증하면서 각지에 흩어져 있던 공동묘지도 수용능력이 한계에 달하게 됐는데, 이는 1920년대에 들어 진행된 도시개발계획의 장애가 됐다. 그래서 부산부 당국은 당시 일본인 거주 지역 외곽에 있던 부산부 타니마치(현재 아미동)의 산 중턱에 광대한 일본인 공동묘지를 신설하여 산재해 있던 일본인 묘지를 이곳으로 이동시켰다. 이것이 바로 아미동 일본인 공동묘지이다. 또한 부산부 내에는 영도, 부산진, 아미산, 대신리와 같은 민영 화장터가 운영되고 있었는데, 1929년 아미동 일본인 묘지 옆에 부영 화장장이 설치됨으로써 분산되어 있던 민영 화장터를 폐지하고 일괄적으로 일본인들의 화장을 모두 아미동에서 하게 됐다.

이러한 과정을 통해 아미동은 식민지 근대 도시 부산에 거주하는 일본인들이 죽은 자를 만나는 "삶과 죽음의 경계", "죽은 자를 추모하는 공간"이 되었다.

3. 한국전쟁과 일본인 묘지에 유입된 피난민들

1) 일본의 패전과 한국전쟁

1945년 제2차 세계대전이 일본의 패배로 종결되면서, 한반도에 거주하고 있던 일본인들은 일본으로 돌아가게 되었다. 당시 부산에 거주하던 5만여 명의 일본인들도 일본으로 귀국했다. 아미동에는 일본인들의 유골과 위패, 그리고 관리자를 잃은 비석들이 남겨졌다.

1950년 한국전쟁이 발발하면서 남침한 인민군은 한반도 남쪽의 대부분 지역을 점령했다. 이로 인해 부산은 서울에서 피난해온 이승만 정부에 의해 임시수도가 되었다.

2) 피난민들의 아미동 정착 - 피난민들이 넘치는 부산과 아미동

한반도 각지에서 몰려든 피난민들로 인해 부산의 의식주 상황은 매우 절박한 수준으로 악화됐다. 도시 전체가 순식간에 피난민으로 가득차 버리게 됐다. 이처럼 거주지가 부족했기 때문에 그때까지 사람들이 살지 않았던 조건이 좋지 않은 산 중턱 등의 공간에 거주하는 사람들도 나타났다.

이러한 공간 중의 하나가 일본인묘지가 있었던 아미동이다. 피난민들은 그곳에서 미군이 제공한 천막에서 생활하면서 불안정한 일용직 등에 종사하며 생활을 유지했다. 그러다가 점점 옛 일본인묘지 부지에 피난민들이 집을 짓기 시작했다. 특히 북한 출신 피난민들의 경우, 고향으로 돌아갈 수 없기 때문에 정착 장소의 확보가 시급한 과제였다.

3) 비석을 이용한 주택의 건설
- '죽은 자를 위한 공간'에서 '살아있는 자를 위한 공간'으로

열악한 상황 속에서 그들은 부족한 건축 자재를 보충하기 위해 일본인들이 남기고 간 비석을 활용하여 묘지 위에 주택을 건설했다. 그로 인해 고인들의 이름이 새겨진 비석이 건물의 벽이나 계단으로 활용된 주택들이 늘어나는 등 특이한 마을의 모습이 나타났다. 이는 그 당시 피난민들의 어려운 상황을 그대로 보여주는 것이라 할 수 있다. 그들의 경제적인 어려움은 계속되어 그 후에도 비석을 활용한 주거는 계속 사용됐다. 또한 한국전쟁 이후 도시를 중심으로 한 경제발전이 진전되면서 농촌에서 부산으로 유입된 경제적 약자들이 아미동에 정착하게 된다.

이렇게 하여 아미동은 일본인들의 공동묘지에서 협소한 통로(옛 묘지의 통로)에 집들이 빽빽하게 들어선 언덕이 많은 마을로 변모했다. 이렇게 고향(일본)과 떨어져 살았던 '죽은 자를 위한 공간'에서 고향(북한 또는 농촌)과 떨어져 사는 '살아있는 자를 위한 공간'으로 변모한 것이다.

4) 화장장 이전과 부산시장에 의한 비석·납비당(納牌堂) 설치

1962년 5월, 아미동에 있던 화장터는 부산진구 당감동으로 이전되었다. 당시 부산시장이었던 김현옥이 아미동의 화장터 등에 방치되어 있던 일본인들의 유골과 위패 등을 모아 당감동의 새로운 화장터 부지 내에 '日本人家移安之碑'라고 새겨진 비석과 납비당을 건립하여 안치했다. 관리하는 사람 없이 방치되어 있던 일본인들의 유골과 위패 등이 일본의 패전 후 17년 만에 시장의 배려로 부산시 소유지에 안치되게 된 것이다.

1991년 10월에는 도시 개발 계획에 따라 부산시립공원묘지에 비석과 납비당이 이전되어 현재에 이르고 있다(주-부산 일본국 총영사관 홈페이지). 그러나 이 시기에 건축 자재로 이용됐던 일본인들의 비석에 대해 행정기관은 어떤 조치도 취하지 않았다. 그로 인해 비석은 아미동에서 담이나 벽 등의 일부로 계속 남겨지게 됐다.

4. '아미동 비석문화마을'과 '일본인묘지'의 재인식

1) 관광개발을 위한 아미동 비석문화마을 - 감천동 문화마을의 성공

아미동에 인접한 감천동 또한 피난민들이 정착한 곳이고 경제적으로 어려운 사람들이 사는 지역이었다.

2009년부터 2010년까지 젊은 예술가들이 모여 '달동네'로 불리는 빈민가 활성화를 위해 이 지역의 노후화된 주택 벽에 예술 작품을 그리고 '감천동 문화마을'이라 불렀다. 이 시도는 성공했다. 경사면에 있는 집들에 그려진 화려한 예술 작품이 '마추 픽추'와 비슷하다며 주목을 받게 됐고, '한국의 마추픽추'로 국내외에서 많은 관광객들이 방문하게 됐다.

관광객 증가와 함께 지역이 활성화되고 관광객들을 위한 식당과 카페, 기념품 가게 등이 늘어나면서 부산을 대표하는 관광지로 성장했다. 휴일에는 이곳을 방문하는 사람들이 탄 자가용으로 주변 도로가 정체되면서 인근 지역의 초등학교 지하에 공영 주차장이 마련되기도 했다.

2) 아미동 비석문화마을의 시도

달동네인 아미동에서도 지역 활성화를 위해 문화마을 구상이 진행되었다. 그 관광 '자원'으로 동원된 것이 비석, 즉 옛 일본인 묘지의 비석이었다. 이것이 바로 '아미동 비석문화마을'이다. 일부 비석에는 '감천동 문화마을'과 같은 예술 작품의 일부가 되어 곳곳에 설치된 안내판에 '아미동 비석문화마을'의 캐릭터인 비석을 본뜬 '서기'가 그려져 있다.

그러나 휴일마다 붐비는 바로 옆 '감천동 문화마을'과 달리 '아미동 비석문화마을'을 방문하는 관광객은 거의 없다. '감천동 문화마을'의 붐비는 인파들이 바로 옆의 '아미동 비석문화마을'로 발걸음을 옮기는 경우는 드물고, 세월이 지나면서 안내판이 점차 퇴색하고 있는 모습이 이 시도가 결코 성공하지 않았음을 말없이 보여준다.

특히 일본인에게 '아미동 비석문화마을'은 거의 알려지지 않은 곳이지만, 인터넷 등을 통해 계단이나 벽으로 이용된 일본인의 석비를 보면 충격을 받을 것이다. 관광 자원으로 되어 있는 '비석'이 원래 어떤 것이었는지 쉽게 상상할 수 있는 일본인들에게 '아미동 비석문화마을'은 충격적이며, 적어도 '즐거운 관광지'로 인식되기 어려울 것이다. 부산을 방문하는 외국인 관광객 가운데 많은 수를 차지하는 일본인들에게 이러한 '비석'을 활용한 공간 연출은 국제적 관광지로 부적절할 뿐 아니라 지역 활성화에도 이득이 되지 못했던 것이다. 실제로 '아미동 비석문화마을'을 찾는 일본인은 남포동, 국제시장에서 쇼핑하거나 자갈치에서 해산물을 즐기는 일반 관광객이라기 보다는 부산 곳곳의 역사 탐방을 목적으로 하는, 말하자면 '소수파'이다.

3) 일본인 묘지에 매장된 일본인들을 애도하는 아미동의 사찰·대성사

반면, 지역 활성화와 같은 '살아있는 자'의 논리가 아닌, 한국인들 측에서 과거 매장된 일본인들을 애도하려는 시도가 있다. 그중 하나

가 아미동 감천고개 정상 부근에 위치한 불교 사찰인 대성사에서의 일본인들을 위한 법회이다.

대성사는 이 절의 승려이자 아미동에 전해지는 아미농악의 전승자로 '부산무형문화재 제6호'로 지정된 김한순이 1963년에 창건한 사찰이다. 현재는 초대 주지·김한순의 딸인 무애 스님이 주지를 맡고 있다.

4) 남무묘법연화경(南無妙法蓮華経) - 대성사에 옮겨진 비석

대성사에는 '남무묘법연화경(南無妙法蓮華経)'이라 새겨진 높이 1.2미터의 비석이 있다. 일본의 법화종 계열에서 사용되는 그 비석에는 뒷면에 고인의 이름과 사망한 날짜가 새겨져 있어 누가 보더라도 일본 불교의 '유물'임에 틀림없다.

필자가 현지답사를 위해 대성사를 찾아 비석을 촬영하던 중 주지인 무애 스님과 만날 수 있었다. 주지 스님에게 필자가 교토에 있는 불교대학의 특별연구원(당시)이자 일본 불교의 승려라는 사실을 전하자 "여기 오신 분들 중에 이렇게 우리말을 잘하시는 일본 분은 처음입니다. 근데 스님이시라니… 이 비석이 맺어준 불연이 틀림없습니다!"라며 환영해 주셨고 친절하게 비석의 유래를 설명해 주었다.

무애 스님에 따르면 대성사 건립부터 얼마 지나지 않은 1966년, 아버지이자 전 주지인 김한순이 꾼 꿈이 그 단초였다. 꿈에 늙은 승려가 나타나 "땅에 묻힌 보물을 발굴하라"고 말했다는 것이다.

신기한 꿈이라 계속 궁금했지만, '땅에 묻힌 보물'이 무엇을 가리키는 것인가를 알지 못하고 있었다. 그때, 한 주민이 "최근 가족에게 안 좋은 일이 계속되고 있다"고 김한순 에게 상담했다. 그래서 김한순이 그 집을 찾았는데, 원통형의 이상한 문 턱이 있었다. 그 돌에 '남무묘법연화 경(南無妙法蓮華経)'이라고 새겨져 있 는 것을 확인하고 "〈묘법연화경〉은 불교에서 중시되는 경전이며, 이 돌 은 불교와 연관성이 있을 것이다"라 며 '땅에 묻힌 보물'이란 바로 이 돌 이라고 생각하고 즉시 발굴하여 대 성사로 이전했다.

대성사의 비석과 주지인 무애 스님

비석의 토대 부분도 그 집의 건축 자재로 사용되고 있었지만 빼내려고 하면 집이 붕괴해 버릴 위험이 있었기 때문에 포기하고 비석만 발굴된 것이다. 토대는 대성사에서 시멘트로 만들어 현재와 같은 형태로 보존되고 있다(사진).

5) 일본인 묘지에 매장된 일본인들을 위한 법회

이후, 대성사에서 매년 음력 7월 15일(백중절)에 이 비석 앞에서 일 본인묘지에 매장된 일본인들을 위한 법회가 진행되어 왔다.

이에 대해 김한순의 부인 김귀엽은 《부산일보》의 취재에서 아래와 같이 말했다.

"타국에 묻힌 불쌍한 원혼들에 어디 일본인, 한국인이 따로 있습니까?
그저 왕생극락을 빌 뿐이지요!"[*]

김귀엽의 말에는 다른 나라에 묻혀 방치되어 버린 일본인들과 그
후손들에 공감하려는 자세가 보여진다. 그의 관점에서 〈일본인/한
국인〉이라는 민족적, 국가적인 경계를 넘어 추모하는 자를 잃어버린
자, 또는 조상을 추모하는 자리를 잃어버린 후손들에 대한 종교적 상
상력이 중요한 의미를 가지고 있다고 할 수 있을 것이다. 이러한 종
교적 상상력이 가능한 요인으로서 동북아시아에서 전통적인 조상에
대한 사상적 공통성이 있다고 생각된다.

즉, 자기가 속한 혈연집단의 조상에 대한 믿음을 바탕으로 후손들
이 의례를 행하는 전통을 같이하고, 심지어는 그 사상적 배경으로 부
모에 대한 효(孝)가 있다는 점도 공통점이다. 또한 이러한 의례를 통
해 조상의 가호(加護)를 받아 혈연집단 구성원의 평온과 행복을 실현
하려는 관념도 공유된다[新矢 2007:96].

따라서 조상을 위한 의례를 행하는 후손이 없다면 죽은 자는 후손
들의 '효'를 받지 못한 '불쌍한 원혼'이 된다는 말이다. 또한 후손들에

---

[*] 〈'후손 잃은 일본인 영령' 40년째 제사〉, 《부산일보》, 2009년 10월 14일 자.

게 조상을 위한 의례를 행하는 곳이 없으면 자신들의 평온과 행복을 기도하는 곳이 없는 것을 의미한다. 이러한 '아픔'이나 '슬픔'을 공감할 수 있는 문화적인 기반을 공유함으로써 묘지에 매장된 일본인들, 그리고 그 후손들에 대한 종교적인 상상력이 가능하게 된다고 할 수 있을 것이다.

6) 일본인 후손들과의 교류

2004년, 한국인 가이드와 함께 일본인 남성 5명이 김한순을 찾아왔다. 그들은 식민지 시기에 아미동에서 매장된 조상의 유골을 찾아 도쿄에서 온 후손들이었다. 묘지 위에 이미 마을이 있어서 그들은 유골 찾기를 포기했다. 그런 그들에게 주민이 일본인들을 위한 법회를 하는 대성사를 알려 준 것이다. 그들은 그때 "좋은 일을 해 주셔서 고맙습니다"라며 눈물을 흘렸다고 한다. 이후 대성사와 그들처럼 아미동에 조상의 무덤이 있던 일본인들과의 교류가 계속되고 있다.*

필자가 대성사를 방문했을 때 녹차를 마셨다. 티백 녹차였다. 포장지를 살펴보자 일본어 표시가 있었다. "이것은 일본의 차입니까?"라고 필자가 묻자 무애 스님은 "이것은 이 지역에 조상의 묘소가 있던 일본인에게 받은 차입니다. 비석을 통해 이렇게 일본 분들과 인연을 맺은 것은 바로 부처님의 인도라고 생각합니다"라고 대답했다.

---

* 앞의 글.

비석과 법회를 통해 맺어진 일본인과의 인연은 딸인 무애 스님에게
도 확실히 계승되고 있다.

조상의 무덤을 잃은 일본인 후손들에 대해 주민들 역시 "과거의
슬픈 역사를 떠나 조상의 묘를 찾지 못하는 일본인 유족들의 마음이
이해가 된다", "안타까우면서 한편으론 미안한 마음이 든다"고 말했
다.[*]

이와 같은 일본인에 대한 '이해'와 '미안함'이라는 두 가지 감정이
야 말로 50년 이상 대성사에서 많은 주민들이 모여 일본인들을 추모
하는 법회를 계속해온 원동력이 아닐까 싶다.

7) 비석을 통한 교류 확대를 모색하여

최근 주민들의 고령화가 진행되어 서서히 법회에 참여하는 주민
이 감소하고 있다. 현재까지 법회에서는 전통무용 계승자이기도 한
김귀엽이 춤을 추며 일본인들의 영혼을 위로해 왔다고 한다. 그러나
무애 스님은 "일본인을 추모하는 법회이므로 일본의 음악과 춤으로
하는 것이 좋다고 생각합니다. 향후는 일본의 추모 음악과 춤을 대
성사 법회에서 보이주면 어떨까 합니다. 그렇게 함으로써 지역 주민
과 일본 분들과의 관계가 깊어지면 좋겠다고 생각합니다"라고 밝혔
다. 또한 필자에게 일본 불교 관계자도 법회에 참여하기를 부탁하고

---

[*] 앞의 글.

싶다는 말도 하였다.

초대 주지의 꿈이라는 과학적인 사고로는 합리화할 수 없는 것을 계기로 대성사로 이전되게 된 일본인의 비석은 대성사와 주민들 그리고 일본인을 연결하고 있다. 그들에게 비석은 '보물'로서의 역할을 하고 있는 것 같다.

5. 나가며

조선시대부터 일본과의 교역 창구였던 부산은 일제 식민 지배 아래서 많은 일본인이 거주하는 식민 정책의 주요한 거점 도시가 되었다. 한반도에 사는 일본인들은 일본식 생활양식을 유지하면서 종교 생활에서도 현지의 일본 불교 사찰에 장례를 의뢰해 화장하며, 아미동에 있던 일본인 공동묘지에 유골을 매장했다.

그러나 전쟁이 끝나고 일본으로 귀국하게 되면서 공동묘지는 방치되었다. 한국전쟁 당시 부산에 유입된 피난민들 중 일부가 남겨진 비석을 이용하여 집을 짓고 오늘날 아미동이 형성되었다. 아미동의 일본인묘지가 고향(일본)에서 떨어져 살았던 '죽은 자를 위한 공간'에서 고향(북한 또는 농촌)에서 떨어져 사는 '살아있는 자를 위한 공간'으로 변모한 것이다.

그러나 그후에 '살아있는 자'들 중에서 이민족이며 식민 지배민족인 일본인들을 추모하는 움직임이 나타났다. 아미동에서 주택의 일부로 이용되고 있던 일본인들의 비석이 주지에 의해 대성사로 옮겨져 매년 지역 주민이 모여 법회를 진행해 왔다. 또한 조상의 유골과 무덤을 찾아 방문한 일본인 후손들이 대성사에 대한 이야기를 듣고, 대성사와 교류하기 시작했다.

부산시 서구 당국은 2019년 아미동에 있는 비석에 대해 전수조사를 실시하기로 결정했다.[*] 이를 계기로 교류가 더 심화할 것이 기대된다. '죽은 자를 위한 공간'에서 '살아있는 자를 위한 공간'으로 변한 아미동은 이제 '죽은 자'를 매개로 배경이 다른 '살아있는 자'가 초국가적으로 만나는 '죽은 자와 살아있는 자, 살아있는 자와 또 다른 살아있는 자가 만나는 공간'으로 변화하는 중이다.

---

[*] 〈비석문화마을 '일본인 비석' 전수조사 한다〉,《부산일보》, 2019년 8월 15일 자.

절망 끝에 미래는 있는가

오바타 분쇼(尾畑文正, 도호대학 명예교수)

1. 들어가며

2020년 초 중국 우한에서 시작된 코로나19 바이러스가 순식간에 전 세계로 퍼졌고, 이로 인한 감염은 2년이 훨씬 지나도록 종식의 기미는 보이지 않은 채 전 세계적으로 널리 퍼지고 있다. 필자가 3년 반 거주했던 남반구 브라질 역시 코로나19의 확산이 심각했다. 전 세계적인 '온라인화'는 지구상에서 일어나는 상황을 한눈에 알 수 있게 했고, 한 지역에서 발생한 코로나19는 순식간에 세계 각지로 전파되었다. 이는 마치 연못에 던진 작은 돌의 충격이 연못 전체로 파문을 일으켜 나가는 모습과 닮았다. 이는 우리들의 존재가 서로 연결되어 있다는 증거다. 이 현상은 불교의 가르침인 연기에 의한 존재 인식으로 생각할 수 있다. 다시 말하면, 이 세계에서 생긴 일 중에 나와 무관하지 않은 것은 없다는 뜻이다. 여기에서 다시금 우리가 살아가는 세계에서 발생하는 모든 문제에 대해 생각해 보자.

물론 코로나19에 의한 질병은 우리에게 불편함이 되는 사례이다. 그러나 불교의 연기(緣起)를 살펴보면 "이것이 있을 때 저것이 있고, 이것이 생겨나므로 저것이 생겨난다. 이것이 없을 때 저것이 없으며, 이것이 소멸하므로 저것이 소멸한다"(자설경自說經). 이러한 연기

(緣起)의 도리에 따르면, 모든 존재는 고립된 실체적인 존재가 아니라 모든 것과의 관계 속에서 성립되는 '관계적 존재'라고 할 수 있다.

즉, 인간은 연기적 존재로서 이 세상에 그 어떤 것도 나와 무관하게 발생하는 일은 없다. 아랍전쟁도 아프리카전쟁도 아시아의 국가 대립도, 온난화 문제로 인한 생태계의 변화도, 분쟁에 의한 난민증가 문제도, 이에 따른 배타주의적 태도 등도 우리들의 삶과 연결된 문제이다. 하지만 만약에 이런 문제가 나와는 무관하다고 생각해 보자. 그러면 인간은 뿌리가 없는 풀처럼 대지가 아닌 공중에 떠다니는 것과 같은 존재가 된다. 이는 관념적으로만 존재할 뿐 현실적인 존재는 아니다.

연기적인 세계관, 인간관에 근거하여 보면 나의 존재는 세계 밖에 있는 것이 아니다. 타자로부터 분리된 존재도 아니다. 우리는 온 존재들과 공간적으론 수평적으로, 시간적으론 수직적으로 연결된 존재다. 그러나 우리는 서로 연결된 존재라는 사실을 자각하지 못하고, 세계와 자신을 대립시키고 타자와 자신을 분리한다. 나만이 세계의 전부라고 여기며 나만이 자기(自己)라고 여겨 세상에서 자신을 격리하고 단절시킨다. 현실의 인간은 자신을 타자로부터 고립시키며 살아가는 존재다. 이렇게 인간은 스스로가 '상호 연결'된 근본적인 존재임을 무시하고, 자기중심적 관념으로 현실에서 수많은 문제를 일으키고 있다. 예를 들면 자기중심적 욕망이 심해지는 경제지상주의 문제가 있다. 경제적 이익을 위한 전쟁만이 아니라 영토 확대를 위한 전쟁, 패권 다툼 끝에 일어나는 전쟁, 종교 간 대립으로 일어나는 전쟁 등이 이어진다. 증오를 동반하는 민족차별, 인종차별도 마찬가지다. 경제적 기득권에 집착하여 이산화탄소를 끊임없이 배출한 결과 지구온난화 문제 등 환경마저 위협받는다. 이런 현실 문제의 근본에는 자기중심적 인간관계·세계관이 있고 그런 현실을 근본적으로 되묻는다는 점에서 종교 문제가 있다.

그럼에도 불구하고 모든 나라에서는 현실 문제와 종교 문제를 분리하고 있다. 현실 문제는 현실 문제일 뿐이고, 종교 문제는 종교 문제로만 여기고 이원화시키느라 그 관계에 대해선 문제를 느끼지 않았다. 지금이야말로 확실하게 종교 문제와 현실 문제는 불가분의 관계임을 인식해야 한다. 종교 문제, 정치 문제, 경제 문제를 개별적, 수직적으로 각각 분리해서 생각할 수 없다는 점을 자각해야 할 때다.

종교 문제와 현실 문제는 떼어놓고 생각할 수 없다. 그러나 사회는 종교인이 현실 문제에 관여하는 것은 종교인의 일탈이라고 간주한다. 예를 들어 평화문제, 차별문제는 종교 문제가 아닌 사회문제로 여겨서 종교인은 이런 문제에 관여해서는 안 된다는 사고방식이 만연해 있다. 심하게 말하면 일본의 경우, 승려는 부처님만 잘 모시고 현실 문제는 입에 담지 말라는 주장이 나오곤 한다. 필자도 같은 말을 들은 적이 있다. 그러나 오히려 나는 현실 문제의 중심에 종교 문제가 존재한다고 생각한다. 특히 현실 문제 중에서도 평화문제와 차별문제는 가장 중심이 되는 문제이다. 다시 말하자면, 평화문제와 차별문제의 중심에는 인간이 비(非)인간화되는 문제를 볼 수 있고, 그 인간의 문제를 생각하는 것은 결국 종교라고 강조하고 싶다. 필자는 이런 기본적인 입장에서 종교인으로서 평화구축 과제에 대해서 문제를 제기하고 싶다.

2. 해방신학에서 배우다

평화구축 과제를 생각하기 위해 개인적인 경험을 통해서 문제를 확인하려고 한다. 2015년 3월, 나는 나고야의 도호대학(同朋大學)을 퇴직한 후 정토진종 오오타니파 교단(真宗大谷派教団, 교토 소재 동본원사)의 의뢰로 3년 반 동안 브라질의 상파울루에 머물다 2018년 9월 귀국했다. 필자가 맡은 일은 정토진종 오오타니파 남미지부의 개교(開教) 감수 겸 브라질 별원(別院) 관리였는데, 브라질을 중심으로 파라과이, 아르헨티나, 콜롬비아 등에서 일했다. 개교의 주 목적은 1908년부터 브라질로 이민한 일본인을 대상으로 하는 종교 활동이었다. 일본인 이민자 이외에도 브라질 사람들을 대상으로 하기도 하지만, 이는 최근에 겨우 형태를 갖추고 있는 정도다.

최근엔 세계적으로 불교가 주목을 받는 가운데 남미에서도 일본인 이민자를 매개로 하지 않고, 직접 불교에 관심을 가지고 불교를 추구하는 사람들이 많아지고 있다. 이들을 위한 전도 역시 중요한 일 중 하나다. 기본적으론 일본의 사원 활동과 똑같이 불교 행사와 그에 따른 의례 등을 행하는 것이다. 그렇다면 일본에서 개별 사원의 책임자(주지승)인 내가 브라질로 향한 이유는 무엇인가? 제일 큰 이유는 남미의 땅에서 탄생한 가톨릭의 '해방신학*'이었다. 남미에서 탄생한 '해방신학'이 어떻게 브라질에 등장했는지 브라질의 생활을 통해서 접해보고 싶었기 때문이다. 이런 관심의 배경에는 내가 살아온 시대적 상황이 있다. 60년대에는 세계적으로 베트남전쟁 반대 운동과 대학개혁 운동이 겹쳐, 지금은 생각할 수 없을 만큼 노동자와 시민, 학생을 중심으로 사회적 움직임이 일어났으며 일본에서는 대학이 바리게이트로 봉쇄되는 등 매우 어수선했다. 나는 이런 상황 속에서 불교를 배웠고 '비전평화(非戰平和)' 문제가 불교와는 무관하지 않다는 사실이 나의 관심을 끌었다. 그 관심은 나를 '사회와 연대하는 불교'로 이끌었고 마침내 '해방신학'과 만난 것이다.

'해방신학'의 특징은 피억압자·피차별자에 입각한 현실 인식에서 시작된다. 해방신학 운동은 지금까지 신학은 물론 역사와 사회에서 배제되고 존중받지 못했던 사람들–가난한 민중, 여성, 선주민족, 아프리카계 브라질인 등–의 현실을 중심으로 새롭게 "성경"을 읽어 "성경" 본래의 의미를 되돌아보는 신앙 운동이다. '해방신학'이 가지는 문제의식은 불교를 배우는 데 있어 중요한 관점을 제공하고 있다.

이런 '해방신학'을 배운다면 필연적으로 불교의 '고(苦)로부터의 해방'이라는 문제도, 그저 심리분석이 아닌 사회분석에도 영향을 미치는 것이다. 만약 이렇게 생각하지 않으면, 평화문제도 차별문제도

---

* 한국에는 '민중신학'으로도 알려져 있다.

'마음먹기'에 따라 해결된다는 지극히 개인적인 문제가 되고 만다. 그 결과 불교는 비차별적, 평화적인 사회 실현의 기제가 아니라 차별적이고 억압적이며 지배적인 현실을 정당화하는 체제 이데올로기가 될 것은 불보듯 뻔한 일이다.

지금 우리에게 필요한 것은 너무나 '당연한' 일이지만 동시에 외면했던 '현실'을 마주하고, 그 현실이 우리 자신의 '몸'을 만들어 내고 있다는 것을 바르게 인식하는 것이다. 종교인이 현실 인식을 소홀히 하고 마음의 평안을 비는 일에만 치중한다면 그것은 종교인이자 반나치 운동가 디트리히 본회퍼(Dietrich Bonhoeffer)가 말했던 '경건한 태만'이라 할 수 있다. 이는 차별문제와 평화문제에 대해 핵심이 없는 문제 제기로 끝날 뿐이다.

3. 브라질을 생각하다

브라질은 인구 비율로는 세계 최대의 가톨릭 국가이다. 눈에 띄는 종교 간의 대립 같은 유혈 사건은 내가 거주하고 있던 시기에는 발생하지 않았지만, 아프리카계 종교인을 대상으로 한 차별문제가 있었다. 그 배경에는 브라질이 어떤 시기에 노예제도를 도입해서 아프리카 사람을 노예로 혹사한 역사가 있다. 당시 상파울로 시장은 '종교적인 차별과 투쟁하는 국민의 날'을 정하여 집회를 열어 차별문제를 호소했고, 나도 브라질 승려들과 함께 참가했다.

집회에서는 '소수자의 종교를 존중하는 사회'가 곧 인종차별, 민족차별, 문화차별로부터 인간을 해방하는 사회라고 강하게 호소했다. 그리고 '인간은 모두가 평등하다'는 교리가 종교이념으로만 머물 것이 아니라, 그 이념이 사회화되는 과정에 종교가 어떤 기여를 해왔는지가 우리의 공동과제가 되어야 한다는 점을 제안했다.

이는 종교가 현실사회의 차별 문제에 둔감해서는 안 된다는 것이다. 즉, 종교는 차별문제가 만들어 낸 인간의 현실적인 고뇌에 진지하게 마주할 생각이 있는지에 대한 문제 제기였다. 평화의 문제도 마찬가지로, 종교가 설파하는 평화는 차별문제와 현실을 마주하여 얼마나 진지하게 평화문제를 다룰 것인지 그 성실성의 여부를 묻고 있었다. 불교의 경우, 고뇌에 관한 심리분석을 아무리 정밀하게 한다 해도 사회적인 측면의 분석을 간과하고, 체제 사회의 부정, 모순, 왜곡을 외면하여, 결국에는 차별적인 체제 사회를 지탱하는 결과가 되지 않았는가? 특히 일본의 경우 '사회에 관여하지 않는 불교'가 불교라는 인식이 만연한 나라로, 새롭게 '사회에 관여하는 불교'로 자리매김할 필요가 있다.

4. 현실 인식에서 시작하다

석가모니로부터 시작된 불교가 '평화와 평등'을 바탕으로 성립된 종교인 것은 알면서도 현실사회에서 '평화와 평등'은 정치나 경제 문제라고 관망하거나, 또는 침묵해왔던 것은 아닌가? 그런 종교인의 태도가 오늘날 구체적으로 평화문제와 차별문제에 있어서 심각한 문제가 되고 있다. 일본에선 '전쟁포기'와 '국가의 교전권을 인정하지 않는다'고 하는 헌법 제9조를 개정하는 문제, 오키나와 헤노코(辺野古)의 군사기지 건설 문제, 자위대의 해외파견 등의 평화에 관한 문제가 있다. 나아가 고등학교 학비 무상화 제도에서 '조선학교'를 제외한 것, 현실적인 문제로부터 '함께 사는 세계'라는 관점을 내세우는 종교의 가르침 자체가 문제시되고 있다. 현실 문제는 곧 종교 문제다.

매스컴이 흘리고 있는 '혐한혐중(嫌韓嫌中)'사상에 맹목적으로 휩쓸려 일찍이 천황제 국가체제 하에서 선전된 중국, 한반도에 대한 멸시 의식으로 두 나라를 가상의 적국으로 취급하고 자기를 정당화하며, 일본을 객관적으로 바라볼 수 있는 눈을 잃어버린 것이 우리 일본의 현실이다.

실제 사례는 2019년 7월의 참의원 선거에서 볼 수 있다. 헌법 개정, 소비세 증세, 핵발전소재 가동 등 생활에 밀접한 쟁점이었는데도 불구하고, 투표율은 전쟁 이후 2번째로 낮았다. 많은 일본인은 사람의 삶과 죽음에 관한 헌법도, 생활에 직결된 소비세도, 인간의 오만함이 만들어낸 핵발전소 재가동 문제마저 자신의 문제로 여기지 않았다. 투표하러 갈 필요성도 느끼지 않을 정도로 현실 문제에 무관심한, 많은 이들의 의식 저편에는 도대체 어떤 문제가 잠재되어 있는 것일까? 이런 문제들을 극복하지 않으면 평화구축의 논의도 깊어질 수 없다고 생각한다.

이런 현상을 만드는 근본 원인은 침략전쟁과 식민지 정책에 대한 반성의 부재, 즉 전쟁 책임 결여에 있다. 일본은 전쟁 전의 '대일본제국'의 실태와 관념을 재설정하지 못했다. 정확하게 말하면 전쟁에 대한 책임을 질 수 있는 자각적인 주체의 부재에 있다. '과거의 역사에 대해 반성이 없는 자는 같은 역사를 반복한다'는 선조들의 말이 지금의 현실에 그대로 녹아 있다. 유감스럽게도 일본인은 패전에서 배운 것도 없고, 스스로 책임을 묻는 일도 없이, 한국전쟁과 베트남전쟁이라는 전쟁특수에 눈이 멀어 단번에 고도 경제성장을 이루었다. 이 과정에서 인간의 가치를 '평화, 평등, 자유' 대신 '경제'로 대치하며 살아왔던 것은 아닌가?

왜 그리 되었을까? 그것은 깊은 마음으로부터 '나 또는 나의 세계'에 절망하는 일이 없었기 때문이 아닌가? 필자의 은사이기도 한 와다 시게시(和田 稠) 선생은 '인간은 절망하면 희망을 본다'고 말한 바 있다. 어느 쪽에도 탈출구가 보이지 않는 절망적인 상황에서 비로소 '진실'을 볼 수 있을지 모르겠다. 코로나19가 불러온 절망적인 상황에서 '나'와 '나의 세계'라는 '진실'을 볼 수 있을까? 이것은 현실적으로 중요한 질문이다. 코로나19의 현실에서 우리는 어떤 '진실'을 볼 수 있을까?

정토진종(浄土真宗)을 설립한 일본의 승려 신란(親鸞)은 사람들에게 다음과 같이 말했다.

> 일체의 번뇌를 지닌 우리, 그리고 마치 불타는 집처럼 심하게 변하기 쉬운 이 세상은 모든 것이 거짓과 허위, 상상으로 그 어느 것도 진실은 없다. 다만 아미타불만이 진실이다.

'煩悩具足の凡夫, 火宅無常の世界は, よろずのこと, みなもって, そらごとたわ

ごと, まことあることなきに, ただ念仏のみぞまことにておわします', (歎異抄)

이 가르침은 '나 또는 나의 세계'를 상대화하는 눈을 가리킨다. 해석하면 염불(念佛, 진실)에 의해 조명된 인간과 인간 세계의 현실은 '번뇌구족(煩悩具足)의 나'와 '화택무상(火宅無常)의 세계'이다.

모든 것을 상대화하는 눈에는 배울 것이 없고, '나 또는 나의 세계'를 상대화하여 거기에서 꿈을 보고, 전쟁 책임을 소홀히 하지는 않았는가. 이런 의미에선 상대화의 시점에서 배우는 것이 평화구축의 시작이라고 생각한다. 필자의 경우 신란의 염불사상(念佛思想)이지만, 대체로 종교는 이처럼 인간관과 세계관을 초월적 차원에서 배우는 것이다. 그러나 지금은 그것이 철저하지 못하다. 그 일이 단순히 종교와 관련되어 있다고 생각하고 있는 우리들의 제일 큰 문제가 아닌가.

5. 결여된 전쟁 책임

여하튼 일본인의 전쟁 책임의 결여는 '죄·오점'이라고 불리는 것에 대해 참배·재계(齋戒)·청결의 형태로 끝내려는 종교 관념의 구체적인 모습이다. 그것은 신토(神道) 뿐만 아니고 불교도 마찬가지이다. 간단하게 언급하면 '있던 일을 없던 일로 하고, 행한 것을 행하지 않은 것으로 한다'는 종교의식에서 유래하는 일본인의 삶의 방식 그 자체이다. 이런 일본인의 삶의 방식, 사고방식에는 주체적인 인간임을 스스로 포기하는 나쁜 '단념주의'가 내포되어 있다.

불교에서 말하는 '단념'이란 사고를 정지하여 타인에게 자신의 인생을 양보하는 것이 아니다. 오히려 '인간과 세계'의 진실을 밝히는 것이다. 특히 종교인은 차별문제·평화문제 등 현실 문제에 관련된 사안을 피하고, 정치적 중립성을 가장하여 남의 일로 치부해선 안 된다. 스스로도 그 현실에 가담하여 '현실 문제'를 만들어 내는 당사자임을 분명하게 자각해야 한다. 불교에서 모든 존재는 연결된 존재이다. 그 연기의 이치로 돌아가서 내가 현실 문제의 당사자임을 인식하고 그것이 바로 '내가 몸' 임을 구체적, 현실적으로 명백히 하여 종교적 문제임을 수용하는 것이 중요하다.

일본을 전쟁 가능한 나라로 만든 2015년의 「안전보장법제(安全保障法制)」(모순적이게도 전쟁을 다룬 내용이다)때문에, 일본에선 언제 전쟁이 일어나도 이상하지 않게 되었다. 이런 현실에서, '모든 인간이 구원받지 못하면 나도 구원받을 수 없다'는 불교 정신을 배우는 것이 구체적으로 요구되고 있다. 이를 위해선 과거 패전의 역사에 정면으로 마주하여, 거기에서 어떤 미래를 만들어 갈 것인가 하는 평화 구상이 종교적 측면에서도 논의가 가능한 구체적인 문제의식과 행동이 요구되고 있다.

6. 강제연행·강제노동희생자의 유골

구체적인 문제를 제기하고 마무리하고자 한다. 북해도신문(2014

년 7월 27일 자)에 보도된 기사는 강제노동으로 북해도 탄광에서 일하다가 사망한 한반도 출신의 유골이 유족의 품으로 돌아갔다는 내용이었다. 이 유골은 필자의 친척이 살고 있는 북해도 누마다(沼田町)에 위치한 절에 보관되어 있었다. 유골은 선대의 주지 스님 부부가 소중하게 보관하고 있던 것을, 언젠가 고향에 돌려드릴 수 있도록 친척이 보관했다고 한다. 유골을 보관해온 친척은 시민단체인 '강제연행·강제노동희생자를 생각하는 북해도포럼'(삿뽀로 소재)과 논의하여, 1969년에 문을 닫은 메이지흥업쇼와광업소(明治興業昭和鉱業所)*에 동원되었다가 사망한 오일상(吳一相) 씨의 것으로 확인되어 유족에게 전달했다는 기사였다. 그 후 형수와 내 처는 시민단체의 살림꾼인 도노하라 요시히코(殿平善彦) 씨와 한국을 방문하여 합동반환식**에 참가했다. 부인에게 들은 이야기로 예식은 엄숙했다. 이런 역사를 정면으로 마주한다면, 이 같은 역사를 반복하지 않기 위해선, 과거의 잘못된 역사에 대한 진지한 사죄와 보상이 선행되어야 한다.

그러나 현실은 가해자가 가해자라는 의식이 없고, 오히려 가해의 역사에서 돌변하여 약속을 지키라고 목소리를 높이는 일본 정부가

---

* 홋카이도 소라치군 누마타쵸(空知郡沼田町) 소재.
** 2015년 9월 19일에 열린 '70년만의 귀향 장례식'을 말함. (참조: http://steppingstone.
   or.kr/2015%eb%85%84-9%ec%9b%94-19%ec%9d%bc-%ec%9e%a5%eb%a1%80%ec%
   8b%9d-%ec%9d%b8%ec%82%ac%eb%a7%90-%eb%8f%99%ec%95%84%ec%8b%9c%
   ec%95%84-%ec%8b%9c%eb%af%bc%eb%84%a4%ed%8a%b8%ec%9b%8c%ed%81%ac-
   %eb%8c%80/)

있다. 게다가 과거의 역사를 재현한 듯 헌법 개악의 정치적 태도와 그것을 맹목적으로 지지하는 국민의식이 팽배한 일본이 있다. 이런 상황 속에서 어떤 평화구축의 제언이 가능할까? 그것은 매우 어려운 일이다. 하지만 그것이 아무리 어렵고 좁은 길이라도 하나하나의 진실을 마주하고, 진실을 이야기해 나가야만 한다. 현재 어떤 의미에서는 절망적인 현실에 몸을 두고 있지만, 그럼에도 우리 한 사람, 한 사람의 마음 속에는 꿈틀거리도록 자극하면서 움직이고 있는 '자유·평등·평화'를 요구하는 '근원적이면서 보편적인 기도'에 응함으로써 평화구축의 작업에 나서기를 원하고 있는 것은 아닐까.

7. 나가며

2019년 12월 6일에 독일 메르켈 총리는 폴란드의 아우슈비츠강제수용소의 유적을 처음으로 공식 방문했다. 메르켈 총리는 독일인은 "희생자에 대해 책임이 있고, 책임을 자각하는 것은 독일인의 정체성의 일부이고 이 역사의 해석을 바꿔선 안 된다"고 언급했다. 이와 같은 사죄는 역사적 주체를 되돌리는 일이고, 위에서 언급한 '자유·평등·평화'를 추구하는 '근원적이면서 보편적인 기도'에 응답한다는 의미에서 평화구축을 위해 구체적이고 현실적으로 한 발자국 나아간 행동이라고 생각한다. 이런 근본적인 과제를 의식하면서 현실적으로 경제지상주의적인 정치의 폭주에 저항하고 제동을 걸려면, 많은 이들과 함께 평화구축의 구체적인 행동을 해 나가야 한다. (이길주 옮김)

III. 태도

: 평화로 가는 인간적 자세

있다, 듣다, 돕다, 말하다, 묻다*

데라바야시 오사무(寺林脩, 전 오오타니대학 교수)

* 이 글은 正泉寺國際宗教文化硏究所編, 『līlā』(宗教間対話と平和構築), vol.12(京都: 文理閣, 2022.03.15)에 같은 제목으로 게재된 바 있다.

1. 평화라는 말

평화란 전쟁이 없는 평온한 상태를 말한다. 일본국헌법의 이념에 따라 말하면 평화란, 국민주권과 기본적 인권과 전쟁포기(戰爭抛棄)가 정치적, 경제적, 사회적인 제도나 조직에 따라 실현된 상태이다. 근래 종교의 정치화, 정치의 종교화에 대한 의논이 활발하다. 이를 테면, 종교가 공공화되어 사회에 공헌하고, 국제사회에서 실제로 각양각색의 종교 NGO가 종교 이념에 기반하여 평화를 실현하며 난민을 지원, 재해를 지원하기 위해 활동하고 있다. 그러나 국제분쟁의 배경에 고조된 종교 내셔널리즘이 있는 것 또한 사실이다. 이에 대해 본문에서 간략히 다루고자 한다.

종교 NGO의 예시를 들면, 세계 최대 규모의 불교 NGO인 타이완의 츠치재단(慈済基金会)이 있다. 재가신도들은 NGO 봉사활동을 통해 대승불교에서 말하는 이타업(利他業)을 수행한다. 츠치재단은 세계 곳곳의 재해피해지역에서 두 팔 걷고 지원활동을 벌인다. 2011년 동일본대지진 당시에도 대규모 물자와 금전적 지원을 아끼지 않았다. 일본 국내에서는 입정교성회(立正佼成会, 세계 종교인 평화회의) 교단이 활동하고 있다. 더불어 동일본대지진 당시에는 종교인과 연구자들이 정보를 공유하는 '종교자 재해지원 연락회'가 발족되었다. 정책으로부터 소외되는 사람들에게 다가가야만 한다. 이것이 종교인의 원점이자 긍지라 할 수 있다.

국제분쟁의 사례로는 1992년부터 95년에 걸쳐 지속된 보스니아 내전을 들 수 있다. 구 유고슬라비아가 해체된 후 온갖 의심과 불안이 뒤섞인 종교 내셔널리즘의 확산으로 보스니아 지역 내 세르비아인(사루비아 정교)과 크로아티아인(가톨릭) 사이에 분쟁이 격화되었다. 일찍이 보스니아 영역에는 무슬림과 가톨릭, 세르비아 정교, 유대교 등 여러 종교와 민족들이 공존했으나 내셔널리즘은 발달하지 않았다. 아이러니하게도, 보스니아 재건을 빌미로 한 보스니아 내셔널리즘이 보스니아의 평화에 어느 정도 기여한 셈이다.

2. 종교라는 말

이어서 종교의 개념을 알아보고자 한다. 실체적 정의로 종교란, '신 또는 어떠한 초월적 대상, 혹은 비속한 것과 분리되어 금기로 여겨지는 신성한 것에 관한 신앙, 제도, 체계를 말한다. 귀의자는 정신적 공동사회(교단)를 포함한다(広辞苑, 岩波書店)'이며, 기능적 개념의 종교란 '신불 등을 믿음으로써 안식을 얻으려는 행위 또는 신불의 가르침 자체. 경험, 합리성으로는 이해하거나 제어할 수 없는 현상과 존재를 대할 때 정신적인 의미와 가치를 매기려는 신념, 행동, 제도(大辞林, 三省堂)'를 말한다. 즉, 종교란 자기와 인생과 세계를 관통하는 궁극적 체계이며 삶의 의미를 추구하는 행위이다. 이 정의들은 지나치게 막연한 탓에 현대사회에서는 통용되기 어려워 보인다.

특히 2000년 이후, 종교학이나 종교사회학에서는 종교의 윤곽마저 흐릿해지고 있다. 사고방식의 차이라고는 하나, 종교(불교나 기독교를 비롯한 제창종교, 일본의 신토)와 무종교(풍습에 따른 전통적인 자연종교를 믿거나 종교는 없으나 신앙심은 중요하다고 여기는 사람), 비종교(민간신앙이나 장례식, 제사 등 종교로 받아들여지지 않는 전통행사 혹은 내면의 정신적 작용) 등을 구분하는 것조차 어렵다. 무종교와 비종교에 이미 종교가 깊숙이 침투하여, 종교와 속세가 같은 모양새를 띠는 것이다. 가령 매해 1월 1일 울리는 제야의 종소리는 불교의 교리를 밑바탕으로 하지만 일반시민에게는 크게 와닿지 않는다. 종교의 개념이 흔들리고 윤곽이 융해될 수 있는 상황이다. 가령 일본에서 1958년~2013년까지 진행한 조사에 따르면 '특정 신앙이나 믿음을 가지고 있다'고 대답한 사람의 수치는 약 30%를 유지해 왔다. 또한 '신앙심은 소중하다'고 대답한 사람은 1988년부터 2013년까지 70%를 유지한다(일본 통계수리연구소, '국민성의 연구'). 다른 조사에서는 종교나 종교적인 것에 관심이 없다는 응답이 10%정도 있었다. '종교나 신앙과 관련된 행위는 일체 하지 않는다'는 응답은 1978년부터 2015년까지 줄곧 10%전후를 오간다(일본 NHK방송문화연구소, 현대일본인의 의식구조, 제8판). 다시 말해, 일본에서는 종교를 강하게 기피하며 무종교 내지 비종교적 태도를 보이는 듯해도, 종교적 관행(제사나 장례 등)이나 관습(연중행사 등)에서 온전히 벗어난 사람은 없다.

3. 인간관계 속 종교와 평화

본문에서는 가장 미시적이라 할 수 있는 인간관계 속 종교를 다루고, 그로부터 나아가 평화를 향한 방향성을 논하고자 한다. 테마인 '있다'란 사람과 사람이 시간과 공간을 공유한다는 뜻이다. 임상심리학에서는 '있다'는 것만으로도 케어와 테라피 효과가 있다고 한다. 인간관계 기본원리의 관점에서 케어란 서로의 존재를 무조건적으로 인정하고 마주하는 것이며, 테라피는 인간적 자립을 위한 치료요법이다. 별다른 행동 없이 대화도 없이 '있다'는 것만으로 가장 큰 의미 부여가 되는 것이다. '듣는다'는 것도 '있다'는 것도 마찬가지로 그 자체에 의미가 있다.

테마인 '듣다, 돕다, 말하다'란 타인의 소소한 이야기를 듣고, 상대가 바라면 도움의 손길을 뻗으며, 또 나 자신도 소소한 이야기를 하는 것이다. 현대사회에서 종교나 교육에 종사하는 사람에게 가장 요구되는 능력이기도 하다. 소소한 이야기일지라도 말에는 사람의 감정이 담겨있다고 볼 수 있다. 종교 혹은 교육에 몸 담은 사람이야말로 오롯이 청자(聽者)의 자세를 취하고 있는지 스스로를 돌아봐야 한다. 일부러 격식을 차릴 필요는 없다. 그저 빈말이 되기 쉽다. 대신 일상 속에서 대화, 소소한 이야기를 나눈다면 서로의 마음 또한 열릴 것이다.

동일본대지진 당시 일본 국내뿐 아니라 해외의 여러 사람들이 각양각색의 형태로 일본을 지원했다. 물론 그 안에는 종교 단체도 포함되어 있었다. 여러 봉사활동 중 유독 그들의 봉사활동이 주목된 것은 바로 재해 피해자들의 목소리에 귀기울였기 때문이다. 종교인들의 '마음 케어'가 받아들여진 것이다. 처음 종교인들에게 요구되었던 것은 분향소에서 경전을 읊는 봉사활동이었다. 하지만 이 대지진 이후 종교와 종파를 뛰어넘은 활동의 가치가 사회적으로 인정받았으며, 더불어 종파를 뛰어넘으면서도 공공성이 높은 '임상종교사'가 등장하였다. 그들은 피해자에게 손을 내밀며 이야기를 듣는다. '듣는다'는 것의 중요성을 사회가 깨달은 것이다.

이어지는 테마인 '묻다'는 서로 삶의 방식을 묻는 것이다. 인생관과 세계관, 종교관까지도. '나는 인간 답게 살고 있는가?', '당신은 인간 답게 살고 있는가?', '나에게 죽음이란 무엇인가?', '당신에게 죽음이란 무엇인가?'. 스스로에게도 타자에게도 중요한 이야기를 나누는 것이다. 이는 포괄적이면서도 깊은 의미로 종교적이고, 혹은 스피리츄얼의 영역(종교집단에 소속하지 않고 비물질적인 대상에 보이는 관심이나 신성한 경험을 하는 것)에 속한다고 할 수 있다. 여기서 말하는 '물음'은 답변을 강요하지 않는다. 상대에게 정답을 요구하는 것 또한 아니다. 함께 이야기하는 것이다.

이러한 근본적인 질문은 생명윤리(인간중심주의, 인간 존엄성 존중)나 환경윤리(비인간중심주의, 지구생명체를 향한 경외) 문제, 의료와 케어 현장의 사람들이 취해야 할 자세와 연관된다. 신뢰할 수 있는 인간관계를 바탕으로 스스로에게도 타자에게도 진지한 물음을 던질 수 있는 관계를 쌓고 넓히면, 비록 돌아가는 길이라도 그 너머에는 상호 이해나 상호 공감을 통한 평화를 희망할 수 있지 않을까. '있다, 듣다, 돕다, 말하다, 묻다'는 행위가 지역사회를 넘어 전체, 국제교류의 장에서까지 실현되고 지속된다면, 평화를 위협하고 파괴하려 드는 상황과 세력으로부터 평화를 지킬 수 있다.

4. 인구감소와 불교적 상황

정토진종 오오타니파에서는 약 10년에 한 차례 '교세조사(실태조사)'를 진행한다. 교단의 현 상황이나 향후 과제, 특히 교화(敎化)활동의 실태를 파악하기 위한 정보 수집이 목적이며, 설문 대상은 전국 8,500여 개 절의 주지승이다. 모인 정보들은 각 지부로 집계된다. 2012년 진행된 설문은 42개 문항 응답률 99%에 이르렀지만, 결과는 교단의 전반적인 하향세를 가리키고 있었다. 분석 내용에서 주목해야 할 점은 교단 내에서 교화를 주로 하는 단체인 '동붕회(同朋の会)'의 비중이 큰 지부일수록 불교 주요 행사(의식)인 '보은강'(報恩講, 정토진종의 개조 신란의 가르침에 감사하는 종교행사)의 참배율의 감소폭이 적었던 것이다. '동붕회'에서는 주지와 문도(신자)들이 좌담 형식으로 자신들의 일상이나 교리에 대하여 이야기한다. 일찍이 교단의 조직론이나 운동론의 관점에서 대화의 중요성이 지적된 바 있는데, 한 사람 한 사람의 생각이 요구되는 대화의 장이 열리면서 대화의 중요성이 여실히 증명된 것이다. 나날이 이뤄지는 대화는 문도들에게 영향을 끼친다.

일본 사회는 5, 6년 전부터 저출산 고령화가 가속된다는 보도로 소란스럽다. 수도 도쿄에 모든 것이 집중되며 불러온 인구 급감 현상을 다룬 서적 『지방소멸』(마스다 히로야 편저, 2014)은 2040년에 이르러 전국 지방자치체의 약 절반이 소멸할 가능성이 있다고 언급하며 큰 충격을 주었다. 2019년 통계에 따르면 출산율은 전후 처음 90만명 아래로 내려갔으며 예측보다 빠르게 감소하는 추세다. 사망자는약 140만명이나 자연사 비율이 전후 처음 50만명을 넘었다. 이러한인구감소 양상은 앞으로도 50년 가까이 이어질 것이라 예상된다. (국립사회보장, 인구문제연구소)

저출산은 인구감소를 더욱 가속시키고, 지방에서부터 절이 점차사라진다. 최근에 이르러서는 도시에서마저 절이 문을 닫는 추세다. 예측에 따르면 현재 약 7만 개의 절이 2040년에는 약 5만 개로 줄어들 것이다(『사원소멸』, 우카이 히데노리, 2015, 『종교소멸』, 시마다 히로미, 2016). 절이 사라진다는 것은 '있다, 듣다, 돕다, 말하다, 묻다'가 이뤄지는 상징적인 자리가 사라지고, 사람과 사람을 잇는 연결고리가 줄어드는 것을 의미한다.

급격한 과소화로 문도(신자)의 인구가 감소하여 운영이 어려워지면 절은 문을 닫을 수밖에 없다. 위기의식을 느낀 기성 불교교단, 이를테면 정토진종 본원사파는 '절은 알고 있다'(2007), '널리 퍼지는 절'(2013)을, 정토진종은 '과소지역 사원 연구'(2017)를, 임제종 묘심사파(臨済宗 妙心寺派)는 '겸무사원(兼務寺院)조사보고서'(2014) 등에서 대응방안을 모색하고 있다.

가족이나 이웃, 친구, 종교집단, 여러 모임과 단체, 직업군이나 자치단체 등, 개인과 국가 사이에서 양자를 연결하는 중간집단은 다원적이고 다양한 사회를 지탱하는 구조적 기반을 형성한다. 이를 통해 권력의 일방적인 지배권 행사를 막고, 민주사회 유지에 큰 역할을 한다. 그러나 과소화로 인해 중간집단이 줄어들고, '있다, 듣다, 돕다, 말하다, 묻다'의 기회가 적어진다면 인간관계는 자연히 희박해지며, 이는 지역사회로부터 국가사회까지 번져간다. '작게는 나 자신부터 사회, 국가, 국제관계를 고찰할 기회'가 적어진다. 즉, 개인의 원자화를 의미하며 이는 포퓰리즘과 내셔널리즘의 온상이 되고, 사회가 언제든 전쟁이 벌어질 수 있는 상태로 변모할 가능성이 높아진다.

5. 중간집단의 약화와 사회적 위기

태평양전쟁 이전 정부는 정치결사나 노동조합과 같은 중간집단을 전부 폐지시키고, 관제 국민통제기구인 대정익찬회(大政翼贊会)를 조직하여 거국일치 체제를 형성시켰다. 종교 교단도 탄압을 피해갈 수는 없었는데, 정부에 비판적인 교단은 강제로 해산되었다. 전전(戰前)의 독일과 마찬가지다. 여러 중간집단에 압력을 가해 해산시키고 1926년 히틀러 청년돌격대로 하여금 다른 조직을 흡수시켜 1934년에는 350만 명 가까이 조직화되었다. 그뿐만 아니라 1936년에는 모든 청소년이 히틀러 청소년단(Hitlerjugend)에 소속하게 되었다.

사회구조 속에서 중간집단 못지않게 중요한 구성요소를 차지하는 것은 바로 중간층이다. 스웨덴의 조사기관 V-Dem은 매년 각국의 민주주의 정도를 수치화하여 발표하는데, 2019년 보고서에 따르면 세계 인구의 3분의 1에 해당하는 24개국이 독재나 전제, 전체국가로 권위주의에 속한다. 최근 2, 30년간 민주주의가 후퇴, 쇠퇴, 열화하며 오히려 뒷걸음질치고 있다는 것이다. 선진국에서도 민주주의가 흔들리는 원인 중 하나가 바로 중간층의 축소다. 이는 국가로부터의 재분배를 약화시킨 신자유주의 경제정책과 그것을 옹호하는 지도자의 등장이 원인으로, 실제 경제 글로벌화로 인해 국제경쟁이 격화되어 빈부 간의 차가 벌어지고 중간층이 빠르게 사라지고 있다. 내셔널리즘이 아니면서도 글로벌화에 대항하기 위한 길을 찾아야만 한다.

중간집단과 중간층의 축소, 약체화는 현대 일본 사회의 커다란 과제라고 할 수 있는 인구감소, 초고령화, 재정악화, 빈부격차 악화 등 온갖 문제와 연관되어 있다. 정부에서 시행한 금융완화정책은 미래 세대를 희생한 것이나 다름없고, 국민의 불안은 커져만 간다. 미래에 대한 불안감이 민주주의 불신으로 이어지는 경향은 특히 구 중간층(자영농민, 자영상공업자 등)에서 나타나는데, 이들은 자신의 이익을 대변해줄 정치권력으로 내셔널리즘이나 자국 중심적인 경제 보호를 내거는 포퓰리즘을 지지하게 된다. 선진국을 중심으로 세계가 공통된 흐름을 보이고 있다. 이제 경제성장을 기대할 수조차 없는 제로섬 사회의 일본 또한 마찬가지다. 일부 부유층이 중하층에게서 수확하는 자본구조를 성숙한 사회로 볼 수는 없는 노릇이다. 한부모 가정의 절반과 아이들 7명 중 1명이 빈곤층에 속한다는 통계가 이것을 상징적으로 보여준다.

6. 포퓰리즘과 내셔널리즘

본래 포퓰리즘은 대립하던 두 권력이나 세력에 대항하여 사회적 변동기에 나타난 여러 인간상을 아우르는 대중적 정치운동을 말한다. 카리스마 있는 리더를 필요로 하는 경우가 많으며, 전제정치에서 민주정치로 변화하는 격동기에도 민주정치에서 전제정치로 변화하는 격동기에도 개재되어 있다. 일례로 프랑스 대혁명은 고질적인 식량 부족 문제를 해결하라는 파리 시민들의 시위가 시작이었다. 브루봉 절대왕정의 상징이기도 한 바스티유 감옥에서 몇몇 퇴역병과 스위스 용병의 과잉진압을 시도한 것이 포퓰리즘을 유발하고, 대혁명의 계기가 된다. 그뿐만 아니라 제1차 세계대전 후 배상 문제로 고통받는 독일 국민, 특히 자신들의 의견을 대변할 노동조합조차 없던 구 중간층의 불만에 히틀러를 필두로 한 나치스가 불을 붙였고, 괴벨스의 선전술이 부채질하여 히틀러는 단숨에 권력을 장악한다. 시민혁명도 전제정치도 포퓰리즘이 기저에 깔려 있다. 포퓰리즘을 일방적으로 부정할 수는 없으나, 현대사회에서는 부정적인 면이 부각되어 중우정치나 대중영합주의로 해석되는 것이 현실이다.

내셔널리즘은 네이션(nation, 국민)을 정치적, 경제적, 문화적 주체로 보며 최고 가치를 두는 사상 또는 운동을 말한다. 일본에서는 주로 국가주의나 민족주의, 국수주의, 민족중심주의라 번역되며 종교

와 연결시켜 배타적 어휘로 사용되곤 하지만, 그렇게 단정지을 수는
없다. 내셔널리즘의 본질은 국가나 민족의 독립정신이나 감정에 자
리하기 때문이다.

근대국가에 가치를 둔다면 자연스레 종교적 사고방식을 포함하게
된다. 국가의 이익을 위해 목숨을 희생한 전사자의 영을 기리고 표
창하는 등 개인의 죽음을 뛰어넘은 의미를 부여하는 행위는 내셔널
리즘의 종교성을 뚜렷이 드러낸다. 무명 용사의 무덤(無名戰士の墓,
전쟁 중 사망했으나 신원을 알 수 없는 병사의 유해를 거둔 무덤)이 대표적
이다. 사회학자 로버트 벨라가 정의한 '시민종교' 또한 일종의 내셔
널리즘이다. 그는 미합중국의 대통령이 취임식에서 성서에 손을 얹
고 선언하는 관례를 예로 들며, 이를 단순히 정교분리 원칙에 저촉하
는 것이 아니라 국가의 이념을 표출하는 자리에서 종교적 감정을 이
용해 사회를 통합시키는 기능을 한다고 주장했다. 유족이 제사를 지
내는 것과 국가에서 치르는 위령제는 고인의 넋을 기린다는 본질적
인 면에서 동일하다. 하지만 국가의 자주성을 의식하여 발전시키려
는 체제, 그 체제 특유의 배타적인 특성에 내셔널리즘 속 종교성이
이용되는 것은 피할 수 없다. 국민국가의 형성과 정제, 확대는 자연
적 현상이기 때문이다. 물론 반대되는 주장 또한 존재한다. 사회학
자 필립 고르스키는 시민종교를 편협한 종교 내셔널리즘과 엄격한
세속주의와는 다른 미합중국의 전통으로 간주한다.

어느 쪽이든 모든 정치적, 경제적, 사회적 정책에서 한 사람 한 사
람의 의식이 중요해진다. 이 의식은 넓고 깊은 의미로 종교 혹은 종

교적인, 또는 영적인 경험(Spirituality)과도 연관된다. 특히 종교집단이나 종교인에게는 중간집단과 중간층에게 얼마나 밀접하게 다가가는지가 평화를 쌓는 결정적 요인이라 할 수 있다.

7. 지역사회의 활성화와 종교

마스다 히로야는 『지방소멸』을 통해 극단적 수도 중심주의에서 벗어나 지방을 활성화시킬 수 있는 여섯 가지 방안을 제시한다. 1. 산업 유치형(공장이나 대규모 상업시설 설치), 2. 베드타운형(대도시나 지방의 중심도시 인근에 거주하는 인구 증가), 3. 학원도시형(대학이나 연구소 등 고등교육기관이나 연구기관을 집중시킴으로써 청년인구 유입 시도), 4. 콤팩트 시티형(기존 상가의 기능을 중심지에 밀집), 5. 공공재 주도형(국가 규모의 대규모시설 입지를 계기로 재정기반 안정), 6. 산업 개발형(지역 특색을 살린 자원으로 산업부흥 실현)

위와 같이, 사원을 활성화시켜 지역사회를 활성화시키는 방안 또한 가능하다고 볼 수 있다. 하지만 현실적으로 지역사회 활성화 없이 사원의 활성화는 시도하기 어렵다. 각각의 지역을 활성화시키기 위해 사원은 어떠한 노력을 해야 할까. '있다, 듣다, 돕다, 말하다, 묻다' 이 다섯 가지로 사회에 공헌할 수 있다면 지역사회 또한 활성화되고 강화될 것이며, 종교계가 평화를 쌓는 첫걸음이 될 것이라 자부할 수 있다. 지역사회는 강력한 중간집단인 동시에 중간층을 지탱하는 기반이 되어 줄 것이다. (이서현 옮김)

'같은' 것들이 '같이' 울린다*
─포스트 코로나 시대의 평화를 위한 '종교적' 윤리

박연주(동국대 문화학술원 HK연구교수)

---

* 이 글은 2018년부터 필자가 참여했던 레페스 모임과 아시아 종교평화학회 토론에서의 발제문들을 엮어 하나의 주제 아래 다듬고 보완한 것으로, 다소 맥락이 매끄럽지 않은 부분들이 불가피하게 있을 수 있다. 독자 분들의 너그러운 이해를 부탁드린다.

1. 들어가며: 무엇이 인간의 평화를 방해하는가

지난 2년 여간(2020년 9월 기준) 레페스 심포지엄과 아시아 종교평화학회 학술회의에서는 종교를 비롯한 사회·문화·정치·경제적 제도와 구조 및 이에 관련된 인간의 욕망이 나날이 다원화하는 현 시대에 우리가 어떻게 갈등을 축소하고 방지하며 평화를 이룰 수 있을 것인지, 종교가 이를 위해 담당할 수 있는 역할은 무엇인지 등에 대해 논의해 왔다. 이러한 논의에 참여해 온 필자는 평화를 위해서는 무엇보다 구원이 선결되어야 한다는 취지의 내용들을 설파했으며, 이것이 아마도 지금까지 필자의 기본적 견해와 입장의 대전제이자 핵심이라고 할 수 있을 것이다. 특히 불교연구자로서의 관점에서 더욱 많은 사람들이 좀 더 쉽게 성취할 수 있는 '깨달음의 메커니즘'이 규명되어야 할 필요성을 역설하고, 이에 대한 지속적인 연구의지를 표명해 왔다. 그러나 여기서 문제는, 사실상 대다수의 사람들에게 깨달음을 얻고 해탈하기란 지극히 어려운 일이라는 것이다. 따라서 곧이곧대로 만인의 구원이라는 최종 결과를 얻어낼 때까지 일체의 현실사회적 액션을 보류한다면 평화로운 세상이란 결코 이룰 수 없는 허상이 되어 버릴 것이 자명하다.

아마도 그렇기에 불교를 비롯한 각 종교의 교리에는 그 나름의 최종적 이상에 이르기 위한 여러 단계나 층위의 수행 덕목과 강령들이 설정되어 있는 것일 터이다. 각 종교별로 그 구체적 내용은 제각각이겠지만 대부분 가장 '쉬운' 단계의 수행은 일단 이상적인 상태-이를 깨달음이라고 하든, 해탈이든, 구원이든-에 이르는 길을 방해하는 요소들을 없애는 것으로부터 시작할 수 있을 것이다. 이 방해되는 것들에는 욕망이나 집착, 시기, 미움의 부정적인 감정 등등 여러가지가 있겠지만 어찌됐든 이들은 모두 우리의 마음을 어지럽히는 갈등 요소라 부를 수 있다. 그리고 실질적으로 보통의 수행은 이러한 갈등 요소가 발생했을 때 그 어지러워진 마음을 다스리는 처방으로부터 시작할 수 있을 것이다. 그런데 근래의 평화 연구이론들을 개인에게 적용해서 이를 바라본다면, 이렇게 갈등이 발생하여 제거해 나가는 것은 다소 소극적인 의미에서의 'peacemaking'의 실행에 해당된다고 볼 수 있을 것이다. 더욱 광범위하고 적극적인 범주의 'peacebuilding'을 통해 평화구축을 길고 복합적인 과정으로서 인식하고 실천하려면 갈등이 생기기 전에 이를 원천적으로 차단하고 예방하는 노력이 필요하다.*

---

* 이하 'peacebuilding'에 대한 기본적 내용에 대한 이해를 위해서는 United Nations Peacekeeping (website) "Terminology" https://peacekeeping.un.org/en/terminology ; Luc Reychler, "Peacemaking, Peacekeeping, and Peacebuilding," *International Studies* (March, 2010), International Studies Association and Oxford University Press, Online article: https://oxfordre.com/internationalstudies/view/10.1093/

그렇다면 먼저 개인의 평화에 장애물이 될 갈등을 어떻게 하면 원천적으로 막을 수 있을 것인지 모색해보는 것도 'peacebuilding'*을 향한 개개인의 노정에 있어 첫걸음이 될 수 있을 것이다. 그러나 실상은 이 첫 단계부터 지난하기 짝이 없다. 한 사람의 평화를 방해하는 온갖 요인들은 인간 혼자서 어떻게 한다고 해결될 수 있는 것들이 거의 없는데, 그 요인들 대부분을 지배하는 것은 거대한 사회·경제적 시스템 (다른 구조와 제도들은 차치하고라도)이기 때문이다. 설령 그 시스템에 개인이 탁월하게 적응해서 기득권을 점령하고 물질적 풍요를 이뤘다고 하더라도, 그런 부류의 사람들은 여전히, 바로 그 시스템으로 인하여 평화롭지 못한 삶을 살지 못하게 된다.

물론 그것은 평화를 방해하는 요인이 또다시 자기 자신의 마음에서 발생하기 때문이다. 대개 인간의 행복과 평화는 순간적이며 사람은 언제나 불안하고, 불만족스럽고, 공허하거나 속상한 마음을 안고 살아간다. 이는 불완전한 인간조건 자체가 빚은 비극이라고 할 수 있을 터, 포괄적으로 말하면 이는 근본적으로 인간 스스로가 '자연'임을 망각하는 데서 발생하는 자가당착적 오류가 큰 원인이라 하

acrefore/9780190846626.001.0001/acrefore-9780190846626-e-274 을 참조하였다.

* 필자로서는 이 'peacebuilding'에 정확히 대응되는 한국어 단어를 선별하기가 쉽지 않다. '평화구축'이라고 해도 'peacemaking'과 명확히 구별되는 것도 아니고, 여러 복합적인 요인들을 고려하고 거시적인 관점에서 바라보며 차근차근 단계별 과정을 통해 평화를 '닦아나간다'고 하는 의미를 우리말 한 단어로 정확히 전달하기에는 필자의 능력이 부족하여 영어 용어를 그대로 사용하고자 한다.

겠다. 인간이 자연이라는 것은 당연한 얘기이지만, 문제는 비극이자 축복이라고도 할 만한 인간의 조건으로, 이는 인간이 자연이면서도 자연을 '마주하는' 위치에 있다는 것이다. 이 특수한 조건이 인간의 끊임없는 망각과 오만, 어리석음을 낳아왔는데, 여기서 굳이 하이데 거라든가 불교의 유식철학을 거론하며 설명하지 않아도 이미 많은 학자들이 이에 대해 논의해왔고 레페스 토론에서도 종종 언급되어 왔으니, 자칫 논점을 흐릴 부연적 설명은 건너뛴다.

요는, 인간은 분명 자연임에도 이를 깨닫지 못하고 자연의 이치와 존재 방식, 그리고 무엇보다 자연의 불완전함--불교식으로 말하면 공(空)-을 인간의 운명으로 받아들이지 못하는 데에 근본적인 인간 의 착오와 갈등의 씨앗이 서려 있다는 것이다. 불교에서 말하는 중 생의 '무명(無明; avidyā)'이 바로 이 문제를 가리키고 있다.

그렇다면 인간, 곧 자연의 이치와 존재방식이란 무엇인가? 불교에 서는 시방(十方)의 부처님의 덕과 마음이 현현한 것이라 한다. 불교 의 그 많은 만다라(曼茶羅)들은 바로 이러한 상즉(相卽)관계를 비주얼 화한 것이다. 물론 부처의 마음을 완벽하게 닮은 것이 아니기에 자 연은 불완전하고 중생은 수행이 필요한 것이 실상이다. 이러한 골자 의 내용은 동양적 음양오행사상이나 이것이 반영된 전통 유교사상 에서도 발견된다. 땅에 있는 모든 것은 하늘의 이치대로 생성되고 발전해나가는 것이라는 사상, 특히 천인합일(天人合一)이라는 기치 하에 인간에게 하늘의 뜻에 순응할 것을 거듭 강조하는 것이 그 핵심 적 면모라 할 수 있다. 이찬수는 『평화와 평화들』이란 저서에서 인문학으로서의 평화연구를 강조하며 '인문(人文)의 활동이란 인도(人道)가 천도(天道)에 상응하도록 구체화시키는 작업'이라고 하며 하늘의 본성과 닮은 인간의 본성을 탐구하는 동양의 인문정신은 결국 동아시아적 평화학의 근간이 될 수 있다고 역설한 바 있다.* 결국 불완전하게나마 하늘이나 부처님, 또는 하나님에 닮아있는 우리 인간은 바로 불완전하기 때문에 하늘을 닮는 것을 늘 이상으로 삼아 왔다고 할 수 있다. 그리고 그 이상을 실현하기 위해 지속적으로 노력하는 길이 바로 깨달음, 구원으로 가는 수행의 노정이며, 이런 점에서 볼 때 종교는 개인이 스스로 진정한 평화를 이뤄가는 'peacebuilding'의 과정에서도 매우 결정적인 동력과 자양분이 되어 줄 수 있다고 생각한다.**

  그러나 한편, 이렇게 각각의 개인이 'peacebuilding'의 과정을 차근차근 다져 나가며 노력한다는 가정하에, 과연 이 개인들이 모인 인간 사회 전체가 성공적으로 평화를 이룰 수 있을 것인가를 생각해보면 역시 일말의 회의감이 드는 것을 부정할 수 없다. 이는 지금까지의 인류 역사를 돌아볼 때도 그렇거니와, 무엇보다 각 개인의 다양한 현실적 조건과 그에 따른 개인적 우선 순위, 욕망, 지적 수준이나 관심

---

*　이찬수, 『평화와 평화들: 평화다원주의와 평화인문학』 (모시는사람들, 2016), 122-123.

**　"Religion & Peacebuilding: Religion & Peacebuilding Processes," peacebuilding initiative (online article URL: http://www.peacebuildinginitiative.org/index9aa2. html?pageId=1827) by International Association for Humanitarian Policy and Conflict Research (www.peacebuidlinginitiative.org), 2007-2008.

사 등 소위 근기(根機)의 차이를 생각해본다면 자연히 평화의 가능성에 대한 의구심을 느낄 수 밖에 없을 것이다.

따라서 이 지점에서 요청되는 우리의 자세가 '같이'라고 하는 말–요새는 표어로서 자주 쓰이는 듯하지만–이 함의하는 일종의 연대의식이라고 본다. 그리고 이러한 연대의식이 우리가 서로 '같음'을 인식하고 그 인식이 '같이'라는 정신과 행동양식을 낳는, 곧 깨달음의 사회화 과정에서 '자동적으로' 나오는 실천이라는 것, 또한 이는 '타자'라고 생각한 세상의 모든 것들과 공명하고 소통하며 어울림으로써 실행된다는 것, 그리고 이야말로 평화를 '닦아나가는' 근본적 마음가짐이자 실천이라는 것이 이 글의 논지이다.

물론 불교연구자인 필자로서는 기본적으로 인간의 삶을 고찰할 때 종교를 중요한 요소로 고려할 수 밖에 없는 입장이기는 하다. 그러나 세상의 대다수 종교가 신도 상호간의 교류와 소통을 강조하고 커뮤니티를 이루는 것을 권장하며, 타인의 고통에 공감하고 그 고통을 경감해주려는 자세와 실천을 지향하는 것을 볼 때, 역시 인간사회의 'peacebuilding'을 가능케 할 만한 동력의 주체로 종교를 주목하지 않을 수 없다.

필자가 이런 생각을 좀 더 구체적으로 하게 된 것은 2017년 여름 『아시아 평화공동체』(모시는사람들, 2017)라는, 아시아의 평화와 공동체의 가능성, 그 가치와 전망에 대한 다수 저자의 논의들을 엮은 책의 서평을 하게 되면서부터였는데, 여러 논문 가운데서도 아시아의 평화를 넘어 궁극적으로 세계평화를 이루는데 종교가 큰 동력이 될 가능성을 타진한 이찬수의 글이 인상적이었다. 특히 '종교야말로 기존의 영토와 민족, 국가적 경계를 넘어 새로운 경계를 세워가는 세계화 현상의 원조'라고 한 울리히 벡의 말을 밑거름으로 종교의 힘과 가능성을 피력하면서도, 한편으로 경계해야할 종교의 차별적이고 폭력적인 이면을 지적하며 신자와 이방인을 나누는 '종교'(명사)가 아닌, 경계 초월적이고 경계 개방적인 '종교적'(형용사) 자세를 지향할 것을 강조하는 내용이 흥미로웠다.* 사실 종교만큼 천차만별의 사람들을 하나로 모아 그들이 공유한 무엇에 대해 진지한 태도를 갖게 만드는 기제도 흔치 않다는 점을 고려해보면, 평화구축에 종교가 공헌할 수 있는 면모를 가늠하는 것은 그다지 어렵지 않아 보인다.

그러나 현대 역사상 인류가 꽤 오랜 기간 경험하지 못했던 심각한 전염병의 공포 속에서 인간사회의 평화라는 차원을 넘어 인류의 생존과 안전, 그 근간이 흔들리고 있음을 목도하게 된 최근 2년여간의 세계, 또한 그 공포와 혼란 가운데 전국민적 공분을 일으키는 각종 사건들로 인해 인간성의 향방과 미래의 삶 자체에 대한 암담한 우울감은 물론 상호불신이 만연한 오늘의 대한민국에서 과연 종교가 인간사회에 긍정적인 역할을 제대로 할 수 있을까 의문이 들지 않을 수 없다.

다만 이러한 위기를 맞아 우리에게 진정 필요한 것이 무엇인지, 또

---

* 이찬수, "공동체의 경계는 어디까지일까", 『아시아 평화공동체』 (모시는사람들, 2017), 65-96.

종교가 그를 위해 어떻게 공헌할 수 있는지 부단히 고심하지 않을 수 없는 이 시점에서 한번 곱씹어 볼 만한 사안이 있다. 전술한 이찬수의 인용 속에서 언급된, 평화의 실현을 위한 '종교적' 자세라는 말의 의미이다.* 이찬수의 글에서도 강조되는 바, 이는 특정한 종교와 관련없이 무릇 종교의 공통된 미덕—개방성과 포용성, 이해심 등—을 삶의 근본적 태도로 삼아 평화의 길을 열고 닦는다는 뜻으로 이해할 수 있다. 다시 말해 이는 결국 종교의 순기능, 즉 긍정적 측면을 최대한 활용하며 종교라는 이름으로 인간을 구속하고 집단을 구분짓는 것이 아니라, 바로 그 종교라고 하는 덕(德)으로써 모두를 포용하며 조화로운 세상을 이루어 나가자는 열린 종교 윤리의 실천을 말하고 있는 셈이다.

그러나 따지고 보면 종교 윤리라는 것은 이미 각 종교마다 갖추어져 있지 않은가. 또 그 윤리들은 적어도 이론상, 표면상으로는 대부분—용어와 표현들은 각각 다를지언정—저러한 '종교적' 자세와 별 다를 바 없는, 매우 인류애적이며 이상적인 내용들을 담고 있는 것이 사실이지 않은가 말이다. 그렇다면 도대체 인류 역사의 시간 동안 그 많은 종교들은 왜 세계평화에 뚜렷하고도 지속적인 공헌을 하지 못했을까. 무엇이 문제였을까. 또 문제가 무엇인지 알게 된다면 과연 우리는 성공적으로 평화를 닦아나갈 수 있을까. 여기 이 짧은 소

---

* 명사로서의 '종교'와 형용사로서의 종교적 자세의 구분 자체는 Wilfred Cantwell Smith 가 한 것이다. 5번 각주의 페이지 참조.

고를 통해 그에 대한 명쾌한 해답을 제시하는 것은 아마도 무리일 듯하다. 그러나 예의 W. C. Smith의 명언에 비추어 거듭 강조해 보자면, 각 종교가 구태의연한 '종교' 윤리를 벗어나 진실로 '종교적'인 윤리를 실천하는 것이 가능할지, 특히 불교의 시각에서 바로 세워야 할 '종교적'인 윤리와 실천은 어떤 것이 될 수 있을지를 가늠해보는 가운데, 이를 위해 '지금, 여기'에 있는 우리들의 평화구축에 기여하면서도 앞으로도 지속적으로 유효하게 작용할 가치를 어떤 기준으로 세울 수 있을지 나름대로 조망해 보는 것이 이 글의 의도이다.

2. 자타불이의 깨달음과 평화

평화를 논하는 관점은 무수히 많을 수 있지만, 필자가 생각하는 평화란, 그것이 어떤 종류이든, 어느 정도의 상태이든지 간에, 무엇보다 우리 인간의 의식이 깨이지 않으면 진실로 구현될 수 없다는 것이다. 그리고 이런 관점에서 볼 때 평화로운 인간 세상을 이루는데 가장 근본적으로 장애가 되는 인간의 의식은 '분리'의식, 즉 너와 나를 분리하고 모든 것을 개인화, 원자화하여 자기 자신을 타인으로부터는 물론, 인간을 전체의 자연으로부터 분리, 소외시키는 사고방식이다. 결국 이러한 의식은 '자기 자신'의 마음마저 분열시켜 한 개인으로서의 정신적·정서적 균형과 조화를 깨고 자신을 진정한 구원으로부터 멀어지게 할 위험성을 안고 있다. 사실상 이는 인간조건과 현상계가 태생적으로 내포한 위험인데, 곧 '형체'라는 외피를 입은, 감각과 의식이 있는 그 모든 사물은 이러한 분리의식의 함정에 빠질 수밖에 없는 존재들이라고 할 수 있다. 그리고 '자기'의 육체를 비롯하여 자기를 규정하고 둘러싼 그 모든 가시적인 외피의 종류가 많으면 많을수록 더욱더 분리와 소외는 확장되고 강고해지게 되며 항시 '다른 것들'과 잠재적으로 호전적인 긴장관계를 이루는 결과로 이어지게 된다. 불교의 가르침에서도 이러한 인식을 잘못된 것으로 경고하고 이를 진실을 제대로 못 보기(avidyā; 無明) 때문이라고 했듯이, 이런 잘못된 인식은 인간을 포함한 우주자연의 진실에 대한 우리의 불완전한 앎에서 비롯되는 것이라고 생각된다.

한편, 이러한 불완전한 앎을 바로잡으려 하는 노력이 인류의 시간을 통틀어 다양한 철학, 윤리, 종교 등에 의해 끊임없이 시도되어 왔지만, 오늘날까지도 자신들의 불완전한 앎으로 인해 서로 고통을 주고받으며 험난한 세상에서 신음하고 있는 우리 인간을 보면 그 어떤 철학이나 종교도 끝내–그래도 '아직까지는'이라고 해두고 싶은 심정이나–성공하지 못한 듯하다.

그렇다면 왜 성공하지 못했는가, 과연 어디에 문제가 있는가 하는 점을 헤아려볼 때 필자로서는 이 또한 근본적으로는 '불완전한' 지식으로 인한 것이 아닌가 하는 의심이 든다. 가령 불교에서는 진정한 앎, 즉 깨달음과 그 기본자세에 대해 '자리이타(自利利他)'라든가 '상구보리 하화중생(上求菩提 下化衆生)'과 같은 말로써 깨달음이 개인적 중대사에 그치는 것이 아니고 궁극적으로는 남을 향한 것임을 설파하는데, 이것이 대대적으로 잘 실천만 된다면 사람들이 서로서로 위하며 돕는, 그야말로 평화로운 세상이 이루어질 것임이 자명해 보인다.

그러나 이와 같은 이상적인 교리도 생각해보면 어째서 자신의 깨달음이 결국에는 타인들을 위하는 마음으로 가게 되는지 정확하게, 누구나 이해할 수 있는 논리로 설명된 적이 없다. 실상 그저 조금 더 당위성이 짙은 '덕'의 영역에서 설명되어왔을 뿐이다. 따라서 '이타'와 '하화중생'은 결국 '깨달은' 사람만이 진정 알 수 있는, 곧 개인의 종교적 체험을 통해서만이 확인할 수 있는 진리가 되는 셈이다. 그렇다면 깨달음이나 그것의 '사회화'라고 할지, 책임, 구제, 구원, 그리고 이에 연결되는 인간의 평화 등 일체의 이상과 윤리는 모조리 개인의 어깨에 달리게 된다. 이는 깨달음이라든가 구원을 개인적인 '사건 (event)'으로서 상세히 설명하는 데는 성공했으나, 그것이 개인이 바라보는 대상과 어떻게 상즉·불이(不二)의 관계를 이루는지에 대해서는 명확히 설명을 하지 못한 데에 일차적인 원인이 있다고 볼 수 있다. 결국 깨달음에 대한 '불완전한' 지식이 문제인 것이다.

우리가 주목해야 할 지점이 바로 여기다. 필자는 '(더욱) 완전한' 깨달음의 메커니즘에 대한 앎이 우리의 의식의 변화를 넘어 행동의 변화, 즉 깨달음의 실천으로서 이타행을 더욱 '설득력 있게' 만들 수 있을 것이라고 보고 있다. 이는 마치 어린 학생들에게 서로 협동해야 한다는 사회 윤리에 대해 가르칠 때 단순하게 '그것이 미덕이며 성숙한 시민이 하는 행동이기 때문에'라고 하는 것보다는, 사회의 구성원으로서 왜 협동심이 중요하며 그것이 어떻게 개인에게도 도움이 되는지 등을 자세히 설명할 때 더욱더 설득력을 얻고 그 적극적인 실천을 유발할 가능성이 높아질 수 있다는 맥락에서이다.

아직까지는 대략적인 얼개 정도만 사변적인 관점에서 궁리해온 수준이지만, 필자가 탐구하고 있는 '깨달음의 메커니즘'의 골자는 이타행이나 하화중생이 결코 깨달은 이의 '의지'나 '결의'에 의해 촉발되는 것이 아니라, 온전히 '자동적'으로 이루어지는 것이라는 점이다. 나아가 이 진정한 깨달음의 성취 또한 자신의 힘에 의해서도 아니고 또 '다른' 누군가 혹은 무언가의 힘으로 얻은 것도 아닌 것이라는, 소위 말해 자력(自力)과 타력(他力)의 불이관계를 '설명할 수 있게' 규명해내는 것을 목표로 하고 있다. 그럼으로써 진정한 무애(無碍)와 공(空)의 미덕, 곧 지금껏 '보지 않았던' 우리의 진실을 보게 하고 자타불이의 각성 속에서 조화를 이루며 서로 배려하는 것만이 우리의 살 길이자 인간의 운명이라는 것을 환기시킬 수 있다면 더 바랄 나위가 없다.

물론 '깨달음'을 언어로 설명한다는 것은 불가능해 보이고 특히나 선(禪)의 입장에서 본다면 어리석기 짝이 없는 일이겠지만, 이러한 선의 종의(宗義)에 비판적인 시각을 지녔던 일본 중세의 천태(天台)는 언어란 것이 비록 불완전한 것이기는 해도, 어떠한 수준에 있는 사람에게도 통하는 가장 기초적인 감응의 토대이기에 설법이 필요한 것이라고 했다. 즉, 말로 설명하는 것을 포기해서는 안된다는 입장을 밝힌 것이다. 이는 바로 필자의 '스탠스'이기도 하다.

지난 2019년 1월 조치대학(上智大学)에서 열린 아시아 종교평화학회 심포지엄에서, 그리고 그 뒤에도 기회가 될 때마다 필자는 인간의 구원과 평화를 위한 '전파'의 역할에 대해서 역설해왔는데, 전파의 핵심은 언어다. 물론 전수·전파의 수단은 언어 이외에도 기호, 상징, 도상 등 여러 가지가 있겠지만 요는, 이러한 수단에 의한 전파도 언어로 설명될 수 있어야 대다수의 사람들에게 의미가 제대로 전달될 수 있다는 것이다. 모든 수준의 사람들이 공유하는 언어를 포기하면 종교는 끝내 하화(下化)하지 못하며 '야곱의 사다리'에 오르기만 하고 내려오지 못하게 된다는 것이 필자의 시각이다.

불교는 전반적으로 교학이 잘 발전되어 비교적 매우 '설명적'인 종교라고 할 수 있을 것이다. 그럼에도 불구하고, 거듭 말하지만 진리의 정수를 담고 있는 깨달음에 대한 설명이 아쉽다. 성공적인 설법, 전파의 확대를 위해서도 제대로 된 해설이 필요하다고 생각한다. 신비적 체험으로 마무리되는 것이 아니라 체험을 설명할 수 있어야 한다고 본다. 인간의 복잡다단한 감정도 과학적으로, 논리적으로 분석해내는 이제는 그럴 수 있는 시대가 아닐까. 과학과 기술의 발전을 위시하여 자연(인간을 포함)에 대한 정보가 많아질수록, 우리의 불완전한 앎도 점점 채워질 수 있을 것이란 기대를 해본다. 물론 진리(理)와 인간의 인지력(智) 간의 관계는 언제나 점근선의 그래프를 이루겠지만, 그 점근선의 거리가 점점 좁혀지리라는 것은 이미 모두가 예측하고 있는 우리의 미래이다.

사실 우리가 아무리 시방(十方)을 파헤친다 해도 '진리'라는 것을 손에 넣을 리는 만무하다. 그러나 '이(理)'로서의 진리가 아닌 '지(智)'로서의 깨달음은 상당부분 설명 가능한 영역이다. 우리의 인식체계와 메커니즘의 문제이기 때문이다. 깨달음의 비밀이 개방되어 우리가 이를 인식하게 된다면 지금 이곳의 환경(根機)에 맞춘, 현재 우리에게 절실하게 필요한 방향성과 현대적인 기준을 제시해줄, 깨우침과 구원을 위한 '매뉴얼'도 가능해지지 않을까 조심스레 희망해 본다. 그렇다면 우리는 무엇을 더 알아야 하는 것일까. 혹은 이미 알고는 있지만 무엇을 더, 충분히, 끊임없이 '말'로 설명하고 사람들을 설득해야 하는 것일까. 또, 그리하여 개인적 깨달음에 대해 바로 이해함으로써 우리는 과연 구체적으로 어떤 '종교적' 윤리를 조망하고 평화의 길을 기획할 수 있을까.

이에 관한 논의에도 필시 다양한 시각과 방법론이 존재할 것이다. 필자 또한 몇 가지 다른 관점과 접근법을 고민해 보았으나, 특히 이런 짧막한 소고 형식에서는 본인이 가장 잘 알고 있는 정보와 지식을 통해 '이야기'하는 것이 보다 효과적이고 진실성이 있을 것이라 판단했다. 불교의 수많은 경전 중『법화경(法華經)』은 다채로운 비유와 예시, 우화로써 최고의 진리를 이야기하듯 쉽게 설하는 그 특유의 형식으로도 유명한데, 사실 당시 인도에서는 누구에게나 친근하고 이해하기 쉬운 이야기였을지는 몰라도 오늘의 대한민국을 살아가는 우리에겐 너무나 생소한 환경과 내용이 담겨있는 이야기들이 태반이다. 그럼에도 불구하고『법화경』이 여전히 여타 경전들에 비해 쉽게 읽히고 이해되는 것은, 읽는 쪽에서도 그렇지만 이야기를 하는 쪽에서 매우 익숙한 사실들을 다루었기 때문이라고 생각한다. 즉, 화자(話者)가 이미 자신이 잘 소화한, '내면화'한 정보와 지식을 엮어 스토리를 전달할때 청자(聽者)와의 소통과 교감이 더 잘 이루어질 수 있을 것이라 보는 것이다. 이하 후술될 필자의 내면화된 경험과 연구와 사색을 섞어 간결히 엮은 '스토리텔링'을 통해 필자의 메시지가 더 효과적으로 전해지기를 기대해본다.

3. '같음'이 '같이'를 이끄는 시스템과 '종교적' 윤리의 바탕

몇 해 전 필자가 미국에서 박사논문을 거의 마칠 무렵 미국 내 다른 대학에 가서 초빙강연을 했던 적이 있었다. 공식 일정을 마친 후 그곳의 교수, 대학원생들과 함께 식사를 하며 느긋하게 담소를 나눌 때, 동아시아사를 가르치는 젊은 신진 교수로부터 이런 질문을 들었다.

"내일 수업에서는 아시아의 근대화 과정을 다룬다. 특히 서양으로부터 유입·전파된 문화와 사상들이 아시아의 전통적 문화나 사상들과 어떤 상호작용을 했는지 등을 살펴보는 시간이다. 그런데 종교학자가 아닌 나로서는 어려움을 느끼는 부분이 서양과 동양의 종교관이나 종교문화에 관한 것이다. 여기 미국에서는 일반적으로 서양의 'religion' 개념과 동양의 '종교(宗敎)'의 개념이 완전히 다르다는 것을, 특히 이는 근대 일본이 'religion'을 종교라는 용어로 번역하여 받아들였을 때부터 발생한 오해와 차이라는 점을 지나치게 부각시키는 듯해서 불만이다. 그러한 문화교류 상의 차이와 착오를 아는 것도 물론 필요하지만, 교육자로서 어린 학생들, 특히 동양 문화가 생소한 미국 학생들에게 그러한 사소한 차이들에도 불구하고 인간의 근본적 사유나 정서는 결국은 같은 것이라는, 서양과 동양이 전혀 이질적인 것이 아니라는 점을 일깨워 주어야 한다는 것이 내 신념이다. 이런 점을 서양과 동양의 '종교'라는 용어와 그 실제라는 주제면에서 다각도로 설명하려고 하는데, 아이디어를 얻을 수 있을까?"

식사 중 느닷없는 심각한 주제의 질문에 정리가 안 된 채 답변은 꽤 장황하게 되어 버렸고 그 내용도 정확하게 기억할 수는 없지만, 필자의 대답의 골자는 이러했다. "서양과 동양의 종교라는 개념이 그 용어적인 측면에서부터 이질적이라고 한다지만 나는 동의하지 않는다. 일단 서구에서 종교를 뜻하는 단어들이 공유하는 라틴어 어원의 의미부터 살펴보자. 이에 관해서는 이미 아득한 옛날부터 다양한 해석들이 존재해 왔던 것으로 알고 있다. 그러나 일단 이 문제에 있어 가장 지배적인 성 아우구스티누스(St. Augustine)와 키케로(Cicero)의 견해만을 놓고 보더라도, 또 이를 다시 해석한 현대 종교학자들의 견해를 참고하더라도 'religion'이나 '종교'나 결국 같은 인류 보편적인 정신적 욕망과 행동양식을 그 의미 속에 함축함을 알 수 있다. 즉, 라틴어 'religio'를 'religare'에서 연원한 것으로 보고 'to bind (back)/reconnect'라고 해석하는 관점이나, 또 이를 'relegere'의 파생어로 보고 'to go through again in thought/re-read/retrace'라고 한 해석이나* 잘 생각해보면 여기엔 모두 어떤 '근원'이나 '시원'이라는 핵

---

* 'Religio'의 어원에 대해 더 자세히 알고 싶은 독자들은 백과사전이나 이 용어에 대한 현대의 논문들 몇 편 중 골라 읽으면 된다. 필자는 그 중에서도 핵심적인 논의들을 쉽

심개념 혹은 대전제가 상정되어 있음을 간취할 수 있다. 풀이하자면 우리는 '이것'에 구속되어 있는 존재들이며 늘 이 시원을 구하려는, 그것에 돌아가려는 근본적 욕망을 가지고 있고, 그것이 무엇인지를 기억해내려 끊임없이 '회상하는' 사고를 하는 것이다. 이렇게 풀이할 때 동양의 '종교'라는 용어와도 교차점을 발견하게 된다. 이 또한 근본, 근원에 대한 소구(遡求), 즉 근원을 받들고 따르고자 하는 인간의 강한 정신적 욕망─나는 이것을 모든 인간에게 내재된 '종교심'의 본질이라고 본다─이 읽히는 용어이며, 바로 그 근원에 대한 가르침이기 때문이다. 다만 이 근원을 대체 무엇이라고 이름하며, 그것을 어떻게 설명하는가가 각 종교를 구별짓는 것이라 생각한다."

당시 자리의 가벼운 분위기 속에서 상세히 설명하기는 곤란했기에 답변은 다소 추상적인 수준에 그칠 수 밖에 없었다. 그래도 그 답변을 경청하던 사람들로부터 꽤 호응을 얻었으니 다행이었는데, 어쨌든 이 에피소드는 필자에게 깊은 인상을 남겼고 그 뒤로도 계속 관련된 주제에 대해 곱씹어보며 갖가지 사색할 거리를 안겨주었다. 그러나 무엇보다도 이런 '말'을 둘러싼 탁상공론은 차치하고, 여기서 진정 중요한 문제로 다가오는 것은 이 '근원'이란 도대체 무엇인가, 우리는 어째서 그것을 갈구하는가 하는 의문일 것이다.

아시아 한자문화권에서 '종(宗)'이라는 말은 곧 '씨(氏)'라는 말과 상

고 간결히 정리한 Sarah F. Hoyt, "The Etymology of Religion" *Journal of the American Oriental Society* Vol.32, No.2 (1912, 126-129)을 추천한다.

통한다. 라틴어 'religio'의 어원 논의에도 함축되어 있듯, 우리에게 가장 오래된 그 무엇은 사람들 간에 '공유된', 모든 사람들이 공통적으로 지닌 그 무엇이다. 그것을 '시조(始祖)'라고 하든, '신(神)'이라고 하든, 아니면 현대과학의 언어로 'DNA'라고 하든, 동양에서는 이미 태고적부터 다양한 신화·설화나 민간신앙의 전통과 의례를 통해 '이것'을 나름대로 이야기해오고 소중히 받들어왔다. 다만 불교 이전에는 '이것'을 이론적으로, 가슴이 아닌 머리로도 이해하고 인식할 수 있게끔 설명할 수 있는 지적인 틀과 그런 식의 '해석'에 관한 전통이 없었을 뿐이다.

그리고 이윽고, 불교의 교리와 철학을 통해 발견되는 것은, 우리가 공유한 '이것'의 의미나 중요성, 특히 개인적인 면에서도 이것을 단지 숭앙하는 것이 아니라, 필사적으로 생각, 곧 '회상'하고 찾으려는 적극적 행위가 인간에게 얼마나 중요할 수 있는가 하는 점이다. '종교'로서의 불교의 의미는 위에서 언급했듯, '宗'이나 '氏'의 개념을 곱씹어 볼 때 또한 잘 드러난다. '宗'과 '氏'라는 용어는 산스크리트어의 'gotra'와 'garbha'라는 말들과 정확히 대응되는데, 이는 말 그대로 '씨, 씨족, 배아(embryo), 기원, 근본, 기초'라는 뜻이다. 그리고 바로 이 용어와 의미들이 *Ratnagotravibhāga*(『究竟一乘寶性論』)와 같은 경전을 통해 발전한 여래장(tathāgatagarbha; 如來藏) 사상의 토대를 이룬 것이다. 따라서 축자적인 의미에서 여래장이란 한마디로 '여래(tathāgata)의 씨', '씨·배아의 형태의 여래'를 가리키는 것이며, 대승불교사상에 있어서 이는 일체의 중생이 공유한 구원의 씨, 즉 '불성(佛

性)'이다. 그리고 불교적 '종교'의 의미를 생각할 때 이러한 여래장이 어떻게 '시원'이나 '회상'이라고 하는 개념과 불가분 연결되는가 하는 점은 여래장의 관념을 바탕으로 한 '본각(本覺)'의 개념, 특히 중세 일본의 천태(天台) 불교에 이르러 불교적 구원론으로 심화·발전한 본각사상을 통해 잘 드러난다.

지면의 제약상 약술하자면, 본각이란 일체 중생에게 원래부터 내재되어 있는 본래의 깨달음이란 뜻인데, 이 뜻을 간략히 설명하면 다음과 같다. 대개 중생들은 자신들이 본래부터 이 본각을 지니고 있다는 것을 알지 못하고 깨달음을 위해 발심을 하고 수행을 한다. 그러나 이들이 수행을 잘 해서 해탈의 경지에 이르면, 자신이 처음부터 이미 깨달은 상태였다는 것을 발견하게 되는 것이다. 즉, 본각은 자신이 이미 가진 깨달음을 재확인하는 것이 된다. 이런 본각의 관점에서 보면 깨달음이란 수행의 결과이자 원인이며, 결국 우리는 '과거'인 우리의 근원을 역추적하여 진리에 다다른 셈이 되는 것이다.[*] 이를 좀 더 쉽게 이해하기 위해 열매의 비유를 들어 설명해보자면, 보통 사람들의 상태는 이미 ('주어진') 사과 열매라고 할 수 있고, 수행이란 이 사과가 대체 어디서 왔는지를 추적하는 '회상'으로서의 사유의 과정이라 할 수 있다. 그 과정을 거쳐 '씨'라는 근원적 실체의 인식에 도달했을때, 이 씨가 사실 사과 열매 속에 있는 그 씨와 같다는 것

---

[*] 이를 제대로 설명하자면 의식의 작용을 바탕으로 한 본각의 메카니즘을 상술해야 하므로 여기서는 과감히 생략한다.

을 깨닫는 것이 본각사상의 골자인 셈이다. 따라서 일체 중생은 모두 여래장이라고 하는 씨를 가졌다는 점에서 같다. 물론 이 씨를 '인식'하지 못하면 소용없는 것이다. 여기서 존재론적인 논의보다는 인식론과 실천론에 방점이 찍힌 불교 교학의 특성이 엿보이기도 한다.

지금까지 설명해온 것을 종합해 보면, 불교적 관점에서 볼 때 종교의 의미는 우리 인간이 여래장을 공유한 점, 즉 누구나 잠재적 부처라는 점에서 같다는 것, 결국 '인간이란 무엇인가'하는 논의에서 결코 벗어날 수 없음을 보게 된다. 그런데 사실 인간의 동일성이라고 하는 것은 당연한 얘기다. 철저히 물질적 관점에서 인간을 보더라도, 우리가 공유한 것이 한 둘인가. 따지고 보면 모두 한 조상—현재의 학설이 옳다면 아프리카 대륙의—에서 나왔으며, 기본적 인체 구조나 작용방식은 모두 똑같다. 과연 종교·철학적 의미에서 인간의 하나 됨을 강조하는 것이 현재 인류사회에 있어 얼마만큼의 영향력을 가질 수 있을까. 현실은, 우리가 '같다'는 것을 안다고 하더라도 그것이 오늘날 우리가 당면한 그 어떤 문제에도 해결책을 제시해줄 수 없다는 것이다.

비록 서로 같은 인간임을 알지만 우리는 오히려 온갖 사소한 차이에 집중하며 구별과 차별을 일삼는다. 심지어 같다는 진실, 하나 됨의 인식과 실천 자체도 조건적으로 작용하는 것이 현실이다. '그리스도 안에서 하나 되는 우리' 라든가, '하나의 중국' 이라든가 '원아시아' 라든가, 물론 이러한 표방에 대해서는 나름의 역사·문화적으로 복잡한 면면들이 얽힌 현실 속에서 파악해야 마땅하기에 무턱대고 가치판단을 내릴 수는 없다. 요는, '같음'의 미덕이 효력이 없는 세상의 현실 속에서 우리가 주목해야 할 진실은 '같음'의 의미의 중층에 내 재되어 있는 '같이'의 면모라는 것이다. '같이'가 진실상 '같음'과 동거 하고 있다는 것, 다시 말해 '하나'란 결국 '하나 됨'을 의미한다는, 마 치 언어유희와도 같아 보이는 이 언설의 뜻에 대해서는 여타의 동양 철학이나 과학철학적으로도 해석될 수 있겠으나, 다시금 불교, 특히 중세 일본 천태의 밀교철학을 통해서도 확인할 수 있다.

중국이나 한국의 천태와는 달리 일본의 천태는 밀교(Vajrayāna)의 철학과 의례를 수용하여 천태의 소의경전인 『법화경』의 가르침에 통합·일치시킨 것이 독특한 점이다. 따라서 중세 일본의 천태교학에 는 밀교의 주요 특색 중 하나인, '형상화,' '시각화,' 즉 추상적인 교법 에도 형색(形色)을 '입히는' 특징이 잘 드러나 있다. 밀교의 만다라(曼 茶羅)가 그 대표적인 예다. 이러한 형상화의 경향과 관련되어 눈에 띄는 특징 중 알레고리나 상징을 다채롭게 사용하는 것을 들 수 있는 데, 이는 물론 초기 불교 경전에서부터 현저한 불교 교설에 있어서의 특징이라고도 볼 수 있지만, 일본 천태의 경우 이런 성향이 한층 두 드러진다. 이는 '비밀전수(秘密傳授)'라는 밀교의 특성에도 기인하는 것으로 보인다.

가령 앞서 말한 여래장이나 본각이라는 개념의 경우, 일본 천태 교 학 발전의 절정기였던 중세의 천태 텍스트들 속에서 이 본각에 '체 (體)'를 설정, 형상화·시각화하여 설명한 것이 매우 의미심장하다. 이 논의는 사실 매우 복잡하므로 여기서는 최대한 간단히 풀어 요점만 제시하기로 한다. 그로써 본각사상의 원리가 어떻게 '같음'을 넘어서 '같이'의 이상을 내포하고 있는지를 전달하는 것이 이 이야기의 주목적이다.

중세 천태의 본각에 관한 설명에 따르면* 일체 중생의 몸 속 깊은 곳에는 아주 작은 뱀과 같은 것이 있는데, 이는 우리 모두에게 내재된 진정한 깨달음을 여는 본각의 체(體)로서, 이는 마치 뱀처럼 구불구불 춤추는, 곧 '진무(振舞)'–일체 법계의 만물은 스스로 본연의 진무를 한다고 한다–를 하는 우리의 생각의 체(念體)라는 것이다. 다시 말해 앞에서 본 것처럼, 일체 중생에게 공통된 여래장 또는 본각이라 하는 어떤 '씨'가 있다고 한다면, 이 씨가 단지 존재한다는 것을 넘어 그 본연의 움직임, 즉 현대적 표현으로 '진동'을 한다는 공통의 보편적 성질이 있다고 하는 점이 더욱 중요한 것이다. 그 씨를 '뱀'의 형태라고 비유한 것은 물론 여러 종교문화적 요소가 작용한 것이기도 하지만, 무엇보다 진무 자체의 요동치는 움직임, 구불구불하고도 인과관계가 복잡히 얽힌 그 운동의 구조 및 모양과 관련된다고 하겠다.

흡사 현대 이론물리학의 초끈이론을 연상시키기도 하는 이러한 비의적 천태교설을 통해 어쨌든 우리 모두가 지닌 그 무엇이 꽤 동적(動的)인 시스템이라는 사실을 알게 된다. 확실히 본각이라고 하는

---

* 필자가 주로 참고한 것은 『케이란 슈요슈(溪嵐拾葉集)』(1348)라는 천태 교학과 의례, 수행, 문화를 집대성한 일본 중세의 백과사전적 기록문헌인데, 본문에서 얘기한 내용은 이 텍스트 외에도 다양한 중세 천태의 문헌들에서 발견된다.

것은 기본적으로 동적인 구조와 작동방식을 지닌 것이다. 인간 자신이 스스로 사유를 하고 수행을 거듭해야지만 깨닫고 유지할 수 있는 것이기 때문이다. 그러나 보다 중요하게는 진무, 진동의 의미가 '소통'이라는 관점에서 비로소 명확히 이해될 수 있다는 것이 역시 중세 천태의 비의들을 통해 드러난다.

결론만 소개하자면, 만물—여기서 만물은 사람 만이 아니라 진정 온갖 것들을 가리킨다—은 그 본연의 진무를 통해 서로 통하고 교감을 나눌 수 있는 것이며 심지어 '신'과의 감응도 진무를 통해 가능한 것이다. 바로 여기에 깨달음, 인간의 구원의 가능성이 있다는 것이 곧 '진동하는 본각의 체'가 전하는 메시지인 것이다.* 그렇기에 본각이란 인간의 구원을 위한 부처님의 선물이자 초대이다. 이것이야말로 우리를 구속하며 다시 돌아오게끔 끊임없이 손짓하며 부르는 '시원'이다. 그리고 우리는 이 시스템을 통해 교감하며 모두의 구원을 위해 서로를 초대할 수 있다. 하나의 진무가 다른 진무와 만났을 때 그것은 왈츠가 되고, 군무가 되며, 비로소 '사건'이 된다. 그것은 '연기(緣起)'의 춤이다. 하나의 진동이 다른 진동과 만났을 때 그것은 단순한 소리가 아닌 '음악'이 되는 것이다. 물리학자 김상욱은 최근의 저서에서 양자역학의 세계를 통해 인간 존재의 의미를 비추어 보며 '존

---

* 이 '진동'하는 본각의 체와 그 의미에 대한 자세한 논의는 졸고, "셸 위 댄스?: 일본 중세 천태불교의 카미神담론" (『환동해지역의 오래된 현재』(경희대 국제지역연구원 환동해 지역연구 8), 해토, 2017)과 "Medieval Tendai Buddhist Views of Kami,"*Exploring Shinto* (Sheffield: Equinox, 2020)를 참조 바람.

재의 떨림은 서로의 울림이 된다'는 아주 멋진 말을 쓴 바 있다.* 진리를 어떠한 관점에서 구하더라도 결과가 비슷한 윤리적·철학적 진실이 우리를 이끈다는 것은, 이 세상엔 결국 답이 있고 의미가 있다는 희망을 던져주는 것이라 생각한다. 종교가 있든 없든 자칫 허무와 염세에 빠지기 쉬운 우리 인간에게 희망적인 그 답은 또한 우리가 제대로 풀어야 할 숙제이기도 하다.

마지막으로 천태가 설명하는 진무와 본각에 대해 약간 부연할 필요가 있다. 본각은 당연히 우리의 의식을 통해 작용하고, 따라서 그 '본각의 체'의 진동은 우리의 마음 속에서 이루어지는 것이다. 본각의 메커니즘에 관련된 다각도의 중세 천태 담론들을 종합해서 이해해보면, 다른 것 혹은 '다르다'고 보이는 것과의 '공명'이 본각수행의 핵심임을 알 수 있는데, 예로 든 아주 작은 뱀 형상의 본각체가 있는 곳이 '아뢰야식(阿賴耶識; ālaya-vijñāna)'의 바다이기 때문이다. 우리의 가장 깊은 의식의 층이라고 할 수 있는 제8식 아뢰야식은 법계 일체의 종자(種子)가 서려있는 곳이다. 이 일체의 종자라는 것은 말 그대로 일체의 다르마, 곧 모든 존재와 사물과 현상과 생각과 행위 등, 소위 '업(業)'의 원인(이자 결과)이다. 쉽게 말해 자기 자신과 직접적으로 관련이 '없어 보이는' 그 모든 것들의 역사가 이 종자에 압축되어 있는 것이다. 이것이 개개인의 깊은 의식의 층위에 수장되어 있다. 즉,

---

* 김상욱, 『떨림과 울림-물리학자 김상욱이 바라본 우주와 세계 그리고 우리』 (동아시아, 2018).

나라고 생각했는데 내가 아니고, 남이라고 생각했는데 남이 아닌 것이 내 안에 이미 깊이 뿌리박고 있다는 것이 아뢰야식의 본질이며, 이를 깨치는 것이 실상 깨달음의 주요한 '내용'이 된다는 얘기를 필자는 꼭 말해두고 싶다. 이렇듯 소위 '자기 안의 타자(성),' 혹은 '자타의 동거'라고도 부를 만한 개인의 정체성의 복잡한 본질에 대해서는 현대 철학이나 윤리학에서도 자주 논의되어 왔으며, 불교의 '불이' 개념은 바로 이것을 일컫는 것이다. 그리고 천태에 있어 해탈과 깨달음의 본질 또한 이러한 무애, 불이의 진실을 보는 것에 있다.

거듭 강조하지만 이러한 진실은 우리의 본각체인 진동하는 뱀이 수많은 '다른' 것들과 공명하고 감응하면서 깨달을 수 있는 것이다. 따라서 우리가 본각을 본래적으로 지니고 있다고 하는 것은, 그럼으로써 자연스럽게 그것을 좇아가게끔 우리를 이끄는 진실을 가리키며, 또한 이는 필연적으로 '타자'–자기 안에 있는 타자성을 통해서라도–와의 소통을 이끄는 메커니즘의 기본 장착을 의미하는 것이다. '같은' 무엇이 결국 '같이'를 지향하게 만드는 시스템, 이것이 바로 천태의 본각론을 통해서도 읽어낼 수 있는 인간 본성의 이상이자 평화로운 인간사회의 건설을 위한 '종교적' 윤리의 토대가 아닐까, 그리고 이런 이상을 실천할 수 있는 길이 무엇인지를 고민하는 것이 지금 우리의 임무가 아닐까 생각해 본다.

4. 나가며: 포스트 코로나 시대, '같이'를 위한 절호의 기회

인간의 구원을 결국 개인의 문제로 환원시키는 그 어떤 종교나 철학, 이데올로기도 인간사회의 정신적 발전과 평화실현에 공헌할 수 없다. 그러나 사실 인류 역사를 통틀어 존재해 온 종교나 사상들의 대다수가 이론적으로는 조화와 연대, 통합의 미덕과 그 실천을 외친다. 본문에서도 잠시 살펴본 라틴어 'religio'의 어원 중 'religare'에는 'be united,' 즉 '통합되다', '하나가 되다'라는 또다른 주요한 의미가 함축되어 있는데, 많은 고전학자나 신학자들이 밝혔듯 이는 인간이 신과 하나가 되기를 바라는 열망뿐 아니라, 인간과 인간이 신의 주재 하에 서로 하나가 되는 이상이 담긴 말이다. 그런 만큼 서구 주요 종교의 구원관에도 이러한 이상이 줄곧 투영되어 온 것이다. 하지만 안타깝게도 이 세상 종교가 구원을 '다같이' 이루는 방법에 대해서 명확한 길을 제시하지 못하는 사이 그 하나 됨의 이상도 희미해지고, 사람들은 오히려 제각각의 종교와 신앙별로 뭉치게 되어 지금껏 우리는 종교가 통합이 아닌 분열에 일조하는 역사를 보아오게 되었다.

그러나 인간의 구원 및 인간사회의 평화를 위한 우리의 구체적 행동방향을 제시해 줄 기준으로서도 인간의 연대, 즉 '같이'의 자세는 아무리 강조해도 지나침이 없는 가장 기본적인 실천윤리의 바탕이라고 사료된다. 그리고 앞에서도 보았듯, 인간을 포함한 자연의 본질상 '같음'과 '같이'가 '본래부터' 자동적으로 연계된 구조라는 것, 또 앞으로 그 메커니즘에 관해 보다 명확히 알게 된다면 '하나 됨'은 본각처럼 인간이 반드시 회복 또는 재확인해야 할 우주 자연의 본질이자 인간 존재의 운명이라는 깨달음에 훨씬 더 가까워지지 않을까 기대해본다. 말하자면 이제 '종교' 윤리가 아닌 '종교적' 윤리로서의 인간 연대를 더욱 설득력있게 만들어야 할 때가 왔다는 것이다.

'같이'의 자세야말로 기후·환경위기 및 '코로나바이러스감염증-19'라는 매우 강력한 전염병이 전세계 인류를 위협하고 있는 이때, 또 그로 인해 전혀 새로운 질서와 규범이 인간을 통제하는 포스트 코로나 시대 뉴노멀 사회를 대비해야 할 우리에게 가장 요구되는 실천 덕목이라고 생각한다. 무엇보다도 지금이야말로 진실로 이상적인 '같이'를 실천할 기회로서, 이는 현재 그 실천의 당위성이 더욱 설득력을 얻을 수 있는 상황이기 때문이다. 즉, '같이'의 자세가 반드시 필요한 '이유'가 자명해진 때를 만났다는 것이다. 그 이유는 바로 '생명'이다. 첨단과학을 이용한 고도의 생명 연장 기술이 나날이 발전하는 가운데 고령화 사회의 부작용으로 골머리를 앓고 있던 시점에 바로 그 생명 유지가 가장 불확실하게 되어버리다니 참으로 아이러니한 일이기는 하다. 하지만 그런 만큼 인간 역시 생로병사를 겪는 자연의 이치에서 조금도 예외일 수 없는 존재이며, 따라서 생명이란 인간이 자연으로서 무엇보다 중요하게 지켜야 할 절대적인 가치임을, 인간과 자연은 한 운명임을 겸허히 깨달을 수 있는 기회가 바로 지금이라는 것이다.

우리 모두가 서로의 생명을 '책임지고' 있다는 사실의 각성 속에서 그 생명을 지킬 수 있도록, 우리는 '같이' 공명하며 노력해야만 한다. 한편 바로 이 대목에서 필자가 꼭 지적하고 싶은 점은, 이러한 사실이 그저 필요에 의해 인위적으로 구성된 윤리·도덕의 내용이 아니라, 그런 사실, 즉 재차, 만물은 '같이' 연결되어 있는 운명공동체며 생명공동체라는 사실 자체가 곧 모든 존재 본연의, '본래 그러한' 진리라는 것을 우리가 똑바로 인식할 수 있도록 교화하고 그에 따른 책임있는 행동을 이끄는 역할, 그것이 바로 종교가 가진 힘이자 인간의 구원과 평화를 위한 종교의 사명이라는 것이다.

이 글을 쓰는 지금 우리나라에서는 안타깝게도 종교라는 것에 대한 불신과 혐오가 만연할 수 밖에 없게끔 만드는 일들이 지속적으로 일어나고 있다.* 광신적 믿음과 집단최면, 비뚤어진 자기 효능감, 또 이를 이끌고 이용해 특수한 정치권력적 아젠다를 달성하려는 일부 종교계 리더쉽이 초래한 근래의 재앙들을 볼 때, '종교'라는 것, 또 일반적으로 간주되는 의미에서 '종교적' 태도라는 것이 실상 얼마나 왜곡되고 오염되기 쉬운지를 새삼 깨닫게 된다. 자신의 신념이나 신앙과 일치된 행동으로써 자기 존재를 증명하고 싶어하는, 그럼으로써 무언가 '근본적'이고 '절대적'인 것에 근접하고자 하는 보편적인 인간

---

* 이 원고를 완성한 2020년 9월 기준으로 이 해에는 코로나19와 관련하여 크게는 신천지 대구교회 집단 감염사태 및 사랑제일교회 집단 감염과 방역지침 고의 위반에 관련된 여러가지 갈등과 폭력적 상황이 끊임없이 발생했고, 두 경우 모두 각각 제 1차, 2차 코로나19 대유행의 원인을 제공하여 이로 인한 전국민적 분노와 스트레스가 극심해져 있을 때였다. 그러나 이후에도 일부 기독교 관련 단체나 이단 내지 사이비 교회들의 방역수칙 위반으로 크고 작은 집단감염들이 빈발하였고, 이러한 일련의 사태들은 최근 대한민국 사회 전반에 걸쳐 종교에 대한 불신감이 만연하게 된 데에 일조했다고 볼 수 있다.

의 욕망을 가장 잘 이해하는 것도 종교이고, 그 욕망이 개인의 정신과 정서를 풍요롭게 하면서 사회 전체에 도움되는 방향으로 발현되도록 인도할 수 있는 힘을 지닌 것도 종교다. 거듭 말하지만 필자는 이것이 종교의 힘이자 임무라고 생각한다. 그리고 이렇듯 바람직한 '종교적' 자세를 이끌기 위해서 종교는 '온전한 앎'과 그 전파 및 소통을 위해 부단히 애써야 한다.

물론 이 온전한 앎과 바른 소통을 위해서는 종교계를 비롯한 사회 전체가 함께 역할을 해야 할 것이다. 사람들 사이에는 늘 그릇된 정보와 지식이 유통될 수 있고, 또 그로 인한 '악'이 언제든지 발생할 수 있다. 그럴 때마다 이러한 거짓 지식과 악을 분별해내는 집단지성의 시스템이 성공적으로 작동해야 할 것이고, 또 그러기 위해서는 무엇보다 언론이 공정한 정보를 제공하며 올바른 여론을 조성하도록 돕는 본연의 임무를 제대로 수행해야 할 것이다. 소위 사회 지도층이라고 하는 다양한 분야의 전문가, 지식인, 관료를 비롯한 여러 집단과 개인의 바른 역할 수행의무는 두말할 나위도 없다. 사회 각 방면의 어느 한 군데도 모두의 '생명'에 대한 책임과 '같이'의 실천윤리로부터는 자유로울 수 없다.

다시 한번 강조하지만 지금은 진실로 이상적인 인간의 연대를 실천해야 할 때이다. 무조건 함께 해야한다는 강압적이고 폭력적인 전체주의식의 통합과 결속이 아니라, 개인의 다양성과 차이를 포용하고 서로 적절한 '거리를 두면서' 마음과 행동을 함께 하며 생명공동체를 지키는 '느슨한' 연대야말로* 모두가 존중되고 공공 질서가 유지되는 평화를 이룰 수 있는 최선의 길이다. 무엇보다 이는 우리가 직면한 뉴노멀·언택트 사회·문화의 이상과 맥을 같이하기에, 현재로서나 당장 눈앞에 둔 미래를 위해서나 가장 실현가능하고 지속적으로 유효한 가치가 있는 평화 윤리라고 판단된다.

서로 간에 다름을 인정하는 동시에 하나 됨을 추구한다는 것은 결코 말처럼 쉬운 일이 아닐 것이다. 21세기의 전반적인 문화현실에 비추어 볼 때는 그저 서로 다르다는 사실을 인정하며 각자 '쿨하게' 도생하는 그런 평화를 선호할 사람들이 아주 많을 것으로 짐작된다. 하나 됨의 미덕은 이미 가족간에서도 찾기 힘들게 되어 버린 시절에 우리는 도착해 있다. 이러한 시절에 저마다 다른 그 모든 관심과 욕망과 기준을 넘어서는 그 무엇이 있지 않고서는, 조화와 공유와 소통을 이끄는 적극적 평화구축의 길은 매우 험난할 것이다. 그러나 지금, 포스트 코로나 시대 모두가 기를 쓰고 지켜야 할 그 무엇이 우리 모두의 운명과 직결되고, 따라서 이제 자기를 지키는 행위가 동시에

---

* '느슨하다'고 하면 부정적인 어감이 들기 쉽겠지만, 이는 그 연대나 결속이 절대로 억압적이고 무조건적인 성격이 되어서는 안된다는 것에 방점을 두기 위한 표현이며, 이찬수가 그의 평화 논의들에서 사용한 '열린'(하나)라든가 '실선이 아닌 점선'으로서의 공동체라는 말들의 의미와도 상응하는 것이다. 그리고 무엇보다 일찍이 노엄 촘스키(Noam Chomsky)가 그가 꿈꾸는 이상적인 사회형태에 대해 이야기하면서 곧잘 언급해온, 사람들(구체적일 때는 노동자) 사이의 '느슨한(loose), 혹은 '느슨하고 자유로운(loose and free)' 결합과 연대라는 개념으로부터 가장 큰 영향을 받은 표현이다. 다만 이러한 '느슨한' 연대나 '열린' 하나가 실제적으로 어떠한 구조와 형태로 구성될 수 있을지, 다각도의 심층적 논의와 기획이 장차 반드시 수반되어야 할 것이다.

남을 지키는 이타행이 될 수도 있다는 것을 보게 되는 그 소소한 일 상적 진실의 확인이, 우리를 더 큰 깨달음과 실천으로 이끄는 계기가 될 수 있지 않을까 기대를 걸어본다.

오해와 편견, 이슬람에 관한 소고

이충범(협성대 교수)

1. 들어가며

20세기 혁명가이자 시인이며 유명 가수였던 존 레논(John Lenon)은 〈Imagine〉이란 곡에서 다음과 같이 노래하고 있다.

> Imagine, there's no countries. It isn't hard to do.
>
> 국가가 없다고 상상해보세요. 어려운 일 아니잖아요?
>
> Nothing to kill or die for.
>
> (국가가 없다면) 국가를 위해서 누굴 죽이거나 내가 죽을 일도 없지요.
>
> And no religion, too.
>
> 종교도 똑 같아요.
>
> Imagine all the people, Living life in peace"
>
> (국가/종교가 없을 때) 모든 사람들이 평화롭게 살고 있을 그 모습을 상상해보세요

최근 종교계에서 평화에 대한 논의가 활발하게 진행되고 있다. 종교가 폭력을 감소시키고 평화유지와 평화구축에 공헌할 수 있는 역할을 궁리하려는 것이 이 논의의 중심 논제이다. 그러나 위에서 존

레논이 노래한 것처럼 인류의 역사는 정반대로 전개되었다. 종교가 평화유지나 평화구축에 공헌 하기는 커녕 종교란 이름으로 온갖 갈등과 전쟁으로 얼룩진 것이 인류 역사의 실체이다.

기독교인인 필자는 역사 속에서 서유럽 기독교가 자행한 대규모 학살, 다양한 폭력, 지독한 수탈, 무자비한 전쟁의 역사에 대하여 익숙하다. 그러나 단지 기독교뿐 아니라 지구상 제도권 종교가 있는 곳엔 언제나 종교란 이름으로 갈등과 폭력이 그 얼굴을 드러내었다. 그렇다면 존 레논의 노래처럼 평화를 위해 종교무용론을 선포하는 것이 양심적 종교인이 할 수 있는 최선일 수도 있다.

기실 종교가 평화유지와 구축에 공헌할 수 있는 데에는 현실적 한계가 존재한다. 기본적으로 세계종교라고 불리는 종교들은 이미 거대한 기성 권력집단으로 형성되어 국제관계나 현실정치에 적극적으로 개입하려고 하지 않는다. 설령 개입한다고 하더라도 다양한 종교가 갖고 있는 건널 수 없는 평화 개념의 차이와 다양성으로 인하여 현실적인 효과를 기대할 수 없다.

또 다른 회의(懷疑)는 제도권 종교가 평화담론에 접근한다고 해도 그 영향력은 또 다른 주제라는 점이다. 이미 현대사회에서 종교는 제도권 종교의 종말과 세속적 영성의 시대를 구가하고 있기 때문이다. 그렇다고 종교가 종교 본연의 역할에 충실해서 개인의 변화를 통해 평화가 실현된다고 하는 신념은 이상적일 수밖에 없다. 이미 전통적인 사회학에서는 개인의 변화가 사회 및 국가의 구조적 변화로 이행되는 것이 현실적으로 가능하지 않다고 보았다.

평화와 종교의 문제가 새롭게 부각되기 시작한 것은 21세기에 접어들어서도 개선되지 않는 서구와 중동 아랍 국가들의 갈등이 큰 역할을 했다. 911 테러, 아프간 침공, 이라크 전쟁 등은 서구와 중동국가 간 갈등을 극대화했다. 사무엘 헌팅턴(Samuel Huntington)의 진단처럼 세계는 마치 종교를 기반으로 한 문명 간의 충돌 현장이 되는 듯 했다. 즉, 서구와 중동지역 간의 분쟁은 문명과 문명, 종교와 종교 간의 충돌인 것처럼 묘사된다. 그러나 이는 과장의 탓이거나 인간의 탐욕 및 국가 이기주의에 기인한 정치적 문제를 종교의 문제로 환원시키려는 의도일 수 있다. 단적으로 이슬람 세계는 종교 확산을 위해 전쟁을 한 적이 없기 때문이다.

그럼에도 불구하고 오랜 동안 서구와 중동 아랍국가 간 갈등은 서구 정치권에 의하여 종교 간 갈등으로 확고하게 구축되었다. 테러의 가장 큰 피해자가 테러의 가해자로 지목되고, 타종교에 가장 관대했던 이슬람이 이슬람 세계화라는 음모론의 희생자가 되었다. 이름만 대면 아는 유명 통신사, 언론사, 잡지사 등과 세계의 돈주머니를 장악한 세력에 의하여 중동의 국가들은 테러, 폭력, 여성 학대, 타종교 탄압, 전쟁광, 잔인함, 졸부 등의 이미지로 고착화되었고, 이에 따라 전 세계에 이슬람 혐오증(islamophobia)이 확산되고 있다.* 유대교를 차별하고 박해했던 유럽 가톨릭 세계와 그들에 의해 핍박받았던 유

---

* 이충범, "선교? 아니면 평화? 무엇이 중요한가", 『기독교사상』 740, 2020, 194-201.

대교 세력이 협력하여 유대교에 관대했고 유대인들의 해방자 역할을 했던 이슬람 세계를 포위하는 형세가 된 것이다.[*]

안타까운 사실은 중동의 국가들은 물론 이슬람 국가들과 아무런 적대적 역사가 없으며 그간 우호적인 경제협력을 해왔던 우리나라에도 이슬람 혐오증이 급속히 확산되고 있다는 사실이다. 지난 몇 년 간 우리 사회에 확산되었던 이슬람 관련 정보들은 거의 괴담에 가깝다. 그럼에도 불구하고 괴담과 가짜 뉴스가 우리 국민들의 대 이슬람 관념을 많은 부분 지배하고 있는 실정이다. IS 테러 자금 지원설, 할랄단지 조성설, 검단 스마트시티 이슬람화 전략, 좌파와 이슬람 세력의 협력설 등은 팩트 체크를 통해 가짜 뉴스로 확인되었음에도 불구하고 여전히 인구에 회자되고 있다. 가짜 뉴스가 판을 친다는 사실은 단적으로 누군가에 의해서 의도적으로 이슬람포비아를 생산하며 확산하고 있다는 사실을 반증하고 있다.

전 세계 인구의 4분의 1이 신봉하고 57개 국가의 국교이며 한류의 최대 소비자들인 이슬람국가들. 이들과 역사적으로 아무런 적대관계를 갖고 있지 않은 우리가 적어도 16억에서 19억에 가까운 지구인들과 57개 국가를 혐오하고 적대시할 이유는 없다. 수출 중심 국가로서의 실리적인 이유가 아니더라도 이제 세계의 중심국가로 도약하고 있는 우리나라가 저 많은 국가들을 혐오 및 배제하고 세계의 지

---

[*]   우스키 아키라, 김윤정 역, 『세계 속의 팔레스타인 문제』 (파주: 글항아리, 2015), 82.

도급 국가로 도약할 수는 없다. 다행이 우리나라에서도 이러한 문제들을 직시하고 해결하기 위한 다양한 목소리들이 나오고 있다.

종교들 간의 화해를 위해서는 다양한 방법이 있을 수 있다. 그 중 각 종교가 공유한 종교·문화적 유산들과 교리적 공통점들을 부각시키는 방법도 있을 수 있다. 혹은 한 종교를 국교로 삼고 있는 다양한 국가 간의 실리적 이익을 부각시킬 수도 있다. 그러나 선행되어야 할 것은 한 종교에 대한 편견, 오해, 고정된 인식들을 극복하는 것이다. 이 글은 이슬람과 무슬림에 대해 한국인들이 갖고 있는 오해와 편견이 무엇인가 조사해본 후 그것의 편향된 인식과 불합리성을 지적해보고자 한다. 그리고 이슬람에 대해 객관적이고 정확한 정보를 확산함으로써 우리 사회가 갖고 있는 이슬람에 대한 인식을 제고하고자 하는 것도 이글의 목적이겠다.

2. 오해의 원인과 이해의 필요성

국가로서 대한민국은 세계 여러 국가들과 판이하게 다른 몇 가지 특징을 갖고 있다. 그중 하나는 국가와 민족이 완벽하게 동일한 나라라는 점이다. 또 다른 특징은 종교백화점이라고 불릴 만큼 다양한 종교가 분쟁 없이 공존하는 몇 안 되는 나라이다. 그러나 신의 뜻과 무관하게 최근 이슬람에 대한 극단적인 혐오가 급속히 증폭되고 있는 것이 사실이다.

이희수는 한국인과 이슬람 간 소통을 막고 오해와 편견이 축적되게 된 원인을 다음과 같이 진단하였다.[*] 첫째, 국내 무슬림 선교의 역사가 일천하다는 것이다. 여전히 한국인들에게 이슬람은 생소한 종교이다. 그렇기에 한국은 전 세계에서 이슬람 인구 비율이 가장 낮은 나라이기도 하다. 둘째, 한국은 이슬람에 대한 미국의 입장과 시각을 그대로 이식받았기 때문이라는 것이다.

한국인이 갖고 있는 단일민족 이데올로기는 때론 한국인들의 자긍심이기도 하지만 타자에 대하여 폐쇄적인 경향을 갖고 있다. 이희수는 이것을 이슬람과 소통하는 데 장애가 되는 세 번째 이유로 보았다. 네 번째 가장 명백하고 큰 영향은 연일 보도되었던 이슬람 극단주의자들의 비인도적 테러 행위들이다. 마지막으로 그는 한국의 보수 기독교 측에 의한 흑색선전이 한국인과 이슬람이 소통하는 데 장애라고 보았다.

위 진단 중 마지막 언급은 종교인으로서 매우 심각한 문제라고 할 수 있다. 사실 이슬람은 유대교나 기독교에 대한 선지식이 없이 이해하기 어렵다. 이 언급은 두 가지 사실을 내포하는데, 첫째는 유대교, 기독교, 이슬람교가 매우 긴밀한 종교적 연관관계를 갖고 있다는 점이고, 또 다른 하나의 사실은 기독교인이야말로 이슬람을 가장 잘 이해할 수 있는 사람들이란 점이다. 그럼에도 불구하고 기독교계가 이슬람에 대한 혐오와 왜곡을 조장한다는 것은 뼈아픈 사실이다. 학

---

[*] 김남석, "종교간 대화와 협력에 관한 연구: 이슬람교에 대한 한국교회 선교방향 모색", 『신학사상』 177, 2017, 212.

자들은 한국 사회에서 이슬람 혐오에 가장 적극적 집단은 보수 개신교이며,* 이들은 이슬람교에 대해 왜곡된 사실들을 무분별하게 공유하면서,** 막강한 숫자를 동원해 이를 확산시킨다고 진단한다.*** 전술한 바와 같이 종교가 평화에 공헌하기는커녕 또 다른 갈등과 혐오를 생산해내고 있는 것이다.

필자가 수년간 수업시간을 통해 학생들을 대상으로 이슬람에 대한 상식을 조사해본 결과 기독교인들뿐 아니라 대부분의 한국인들은 이슬람에 대한 가장 기초적인 지식도 없는 반면 왜곡된 정보를 확신하고 있는 것을 확인할 수 있었다.**** 이는 당연한 것으로 학교에선 유럽사를 제외한 그 어떤 역사도 제대로 배워본 적이 없기 때문이다. 문제는 그 어떤 역사를 제대로 알기도 전에 표면적인 사건들과 보도만 가지고 그 전체를 성급하게 혐오하고 배제시킨다는 데 있다. 그러나 이 지점에서 종교 및 종교인들이 이런 갈등을 해소하는 데 공헌할 수 있는 바가 크다.

일찍이 가톨릭은 제2바티칸 공의회를 통해 무슬림과의 화해와 협력을 선포하였다. 세계교회협의회 역시 이슬람을 동등한 대화와 협

---

* 김동문, 『우리는 왜 이슬람을 혐오할까』, (구리: 선율, 2017), 14.
** 김남석, "종교간 대화와 협력에 관한 연구: 이슬람교에 대한 한국교회 선교방향 모색", 199.
*** 김근주, "추천사", 『우리는 왜 이슬람을 혐오할까』 1.
**** 이충범, "선교? 아니면 평화? 무엇이 중요한가", 194-5.

력의 상대로 인정하였다.[*] 십자군 발발 900년이 되던 1996년 4월 7일 시작된 화해의 걷기운동(Reconciliation Walk) 역시 기독교가 이슬람을 향한 고백의 발걸음이었다. 십자군이 시작되었던 독일 쾰른에서 터키 이스탄불까지 걷는 이 운동은 출발 전 이슬람 세계를 향해 사죄문을 선포하였다.[**] 우리나라의 경우 지난 2010년부터 2016년까지 한국종교인평화회의(KCRP)는 종교 간 대화협력사업의 일환으로 이슬람교와 대화협력 프로그램을 총 7회에 걸쳐 개최하였다. 이 외에도 한국종교인평화회의는 지속적으로 종교 간의 갈등을 해소하기 위한 프로그램들을 진행하고 있는데 이는 종교란 이름으로 벌어지는 혐오와 갈등을 해소하는 데 큰 역할을 하리라 본다.

종교학계는 다양한 종교의 평화 개념과 평화를 위해 노력하는 모습들을 각종 학회나 글을 통해 전하고 있다. 이 역시 우리 사회의 종교 간 갈등, 특히 이슬람 관련 혐오를 불식시킬 수 있는 도구로 작용할 수 있다. 그러나 무엇보다도 중요한 것은 각 종교가 이웃 종교 혹 타종교에 관한 이해를 돕는 교육의 활성화가 필요하리라 본다. 기독교계는 우리 사회에 확산되고 있는 이슬람포비아를 불식하기 위해 교회교육을 통해 정확한 정보를 전달할 필요가 있다. 왜냐하면 타종교를 이해한다는 것은 단순히 정보적 차원의 이해를 넘어서서 타자

---

[*] 김대옥, "성경과 꾸란의 공통 내러티브를 통한 무슬림과의 선교적 대화 가능성 연구", 『신학사상』 161, 2013, 232.
[**] 김동문, 『우리는 왜 이슬람을 혐오할까』, 183-4.

에 대한 공감 역량을 발달시키는 종교 본연의 교육 목적에 부합되기 때문이다.

우리는 종종 레비나스(E. Levinas)의 타자의 윤리학이나 후설(E. Husserl)의 상호주관성에 대해 논의한다. 그 어떤 것이든지 공감(empathy)이나 이입(Einfühlung)이 없으면 불가능하다. 공감과 이입을 하지 않은 연구와 분석은 타자를 대상화하여 생명이 없는 화학물질로 분해한다. 이슬람 연구 역시 무슬림에 대한 공감보다 그들의 문화, 종교, 국가를 대상화해서 혈관 속에 뜨겁게 흐르는 피 없는 무미건조한 연구만을 할 때 이슬람이라고 하는 인류문화와 수십 억 지구인은 대상화되고, 그 학문은 생명 없는 껍데기 학문이 될 수밖에 없다. 이찬수의 지적처럼 인문학이란 연구자 자신이 타자에 공감하면서 연구를 통해 갈등과 아픔을 줄이는 작업에 참여하는 것이기 때문이다.[*]

3. 오해와 편견

이슬람 혹은 무슬림에 대한 오해와 편견은 국제적 유형과 한국적 유형으로 나누어 볼 수 있다. 이 글에서는 한국인들이 가질 수 있는 대표적인 이슬람에 대한 편향된 인식 중 거시적인 것들을 선정하여

---

[*] 이찬수, 『평화와 평화들: 평화다원주의와 평화인문학』, (서울: 모시는사람들, 2016), 132.

그 타당성을 검토해보기로 한다.

1) 이슬람은 하나다: 중동은 아랍이고 아랍은 이슬람이다?

에드워드 사이드(E. Said)의 지적처럼 동양(East)이란 서유럽, 특히 영국을 세계의 중심으로 보았을 때 동쪽의 세계를 일컫는 용어이다.[*] 중동(Middle East) 역시 서유럽과의 거리를 기준으로 근동(Near-East), 극동(Far-East)처럼 거리적으로 페르시아와 북인도 주변지역을 지칭하였으나 현재는 북아프리카, 서남아시아, 터키, 이란까지 포괄하는 개념으로 확장되었다. 어찌 되었건 중동이란 용어는 가치중립적인 용어가 될 수 없을 뿐만 아니라 구체적인 한 지역을 정확하게 지칭하는 용어라고 할 수 없다. 게다가 우리에게 이 지역은 동쪽이 아니라 서쪽이다. 그렇다면 현재 중동이란 용어는 지정학적으로 한 지역을 지칭하는 용어라기보다 오히려 진보나 우익처럼 정치적인 용어라고 볼 수 있다.

참고로 사라센(Saracen)이란 용어도 확인할 필요가 있다. 사라센(sarakenoi)은 원래 시나이 반도에 거주하는 유목민들을 지칭하는 용어로서 '동쪽 사람' 혹 '사막의 사람'이란 의미일 것으로 추정된다. 이것이 서유럽 중세 이후 이슬람 제국 전체를 지칭하는 멸시적인 용어로 굳어졌다.[**] 다시 말하면 사라센인은 구체적인 지역에 살던 아랍

---

[*] 에드워드 사이드, 박홍규 역,『오리엔탈리즘』, (서울: 교보문고, 2012), 14.
[**] 리처드 플래처, 박홍식 외 역,『십자가와 초승달』, (파주: 21세기북스, 2020), 27-28.

인들을 지칭하는 용어로서, 사라센=이슬람 제국도 타당한 등식이 아니다. 왜냐하면 모든 무슬림이 사라센인은 아니기 때문이다.

또한 아랍(Arab)이란 용어만큼 모호한 용어도 없다. 아랍은 원래 아라비아 반도에 살던 사람들을 지칭했던 용어로 추측된다. 그 후 아랍은 오랫동안 다양한 언어, 전통, 문화를 가진 아라비아 반도와 레반트 지역(시리아와 팔레스타인 주변 지역)에서 유목하던 부족들을 통칭하는 용어로 사용되었다. 그러므로 아랍은 민족이나 국가개념이 아니었다. 그러다가 무함마드 이후 지칭 대상이 확장되어 아랍이란 '아랍어를 사용하는 사람들' 혹은 그 국가로 보인다. 따라서 원래 언어를 중심으로 한 민족 집단으로 알려진 아랍인은 원래 다양한 민족과 다양한 종교, 즉 무슬림, 기독교인은 물론 유대인까지 지칭하는 포괄적 개념이었다.[*]

보다 더 정확하고 객관적인 사실은 다양한 국가, 다양한 부족, 다양한 종교, 다양한 민중이 있을 뿐, 전체로서 통칭되고 일반화될 수 있는 중동, 아랍, 이슬람은 없다는 것이다. 우선 중동=아랍=이슬람의 등식이 성립하지 않는 첫 번째 이유는 이들 국가들이 이슬람 세계를 대표하지 않을 뿐만 아니라 이슬람 인구의 다수를 점하고 있지 않기 때문이다. 중동지역 국가들의 이슬람 비율은 전 세계적으로 30%에 불과하다. 이슬람 인구는 오히려 인도네시아와 말레이시아를 비

---

[*]   우스키 아키라, 『세계사 속의 팔레스타인 문제』, 151.

롯한 아시아 국가에 더 많다.* 또한 인도, 중앙아시아, 발칸반도, 코카서스 지방 국가들에도 이슬람 인구가 상당하다. 감비아, 세네갈, 소말리아, 모리타니와 같은 서아프리카 국가들 역시 이슬람 국가이다. 반대로 중동지역인 레바논에는 마론파 기독교, 이집트엔 콥트 기독교도가 다수 존재하며 에티오피아는 기독교 국가였다. 따라서 이슬람=중동은 전적으로 참된 판단이 아니다.

　중동=아랍=이슬람의 등식이 성립하지 않는 두 번째 이들 국가의 언어, 민족, 문화, 역사 및 외교적 입장이 다양하기 때문이다. 위의 등식에 가장 두드러진 예외들은 아마도 이란과 터키의 경우일 것이다. 가령 이란, 쿠르드, 터키 등 국가(민족)들은 자신들의 고유 언어를 사용하고 있다. 특히 이란은 1935년 국호를 변경하기 전까지 페르시아로서 현재 아랍 국가들과 역사적으로 단 한 번도 우호적인 관계를 맺은 적이 없다. 이슬람이 발흥하기 전까지 페르시아는 현 중동지역을 두고 비잔틴 제국과 300년이 넘는 전쟁을 했으며, 이슬람이 지배하던 시절엔 지속적으로 독립전쟁을 일으켜 자국왕조를 세웠다. 심지어 최근까지 아랍의 맹주를 자칭하던 이라크와 10년 간 전쟁을 치루기도 했다. 현재도 서방과 친밀한 아랍 국가들과 적대적 관계에 있다.

　오스만 제국을 건설하여 400년 간 중동을 지배했던 터키는 아랍어

---

*　이희수, 『이슬람학교 1』, (파주: 청아, 2016), 34-38.

를 사용하지 않을 뿐만 아니라 인종적으로도 중동지역과 다른 투르크족이다. 그리고 오스만 제국 시절 중동지역에선 끊임없이 오스만 제국의 통치에서 벗어나 독립적인 국가를 세우려는 반란과 투쟁이 지속되었다. 심지어 1차 대전 당시 아랍은 영국을 도와 오스만 제국에 치명타를 가함으로써 오스만 제국의 멸망에 공헌했다. 이런 사실은 우리가 중동이라고 여기고 있는 지역이 무척 다양한 역사와 상황이 공존하는 곳일 뿐 아니라, 중동=이슬람=아랍의 등식이 성립되지 않음을 보여준다.

사실 양차대전과 여러 차례 발발한 중동전쟁을 통해 중동=아랍=이슬람의 등식을 완성하고자 하는 시도가 없었던 것은 아니다. 2차 세계대전 이후 속속 서방으로부터 독립을 얻었던 아랍의 독립국들은 1945년 아랍연맹을 창설하였다. 그 이후 독립하는 국가들이 아랍연맹에 가입하여 현재 22개국이 회원국으로 있다. 여하튼 아랍연맹이야말로 이슬람의 깃발 아래 모여 과거 이슬람 제국을 재건하자는 이념을 갖고 조직된 연맹임이 분명하다. 그리고 1948년부터 빈발했던 중동전쟁 당시 이집트의 낫세르에 의해서, 서방이 점유했던 석유산업을 국유화했던 리비아의 가다피에 의해서, 이라크 전쟁 당시 사담 후세인에 의해서 아랍 민족주의가 주창되었지만, 허공에 외치는 소리 정도였다. 그간 회원국들 간의 전쟁도 여러 차례 있었고 현재도 시리아와 예멘 내전을 둘러싼 회원국들 간 갈등이 극심하다. 결론적으로 아랍 민족주의는 결코 이루어질 수 없는 신기루에 불과하다.

1990년대 말까지 서구에서 아시아적 가치(Asian value)라는 용어가 친숙하게 사용되었다. 아시아적 가치는 전적으로 유교적 가치(Confucian value)를 의미했다. 단적으로 아시아적 가치는 4마리의 용(한국, 대만, 홍콩, 싱가포르)이 6-70년대 고도성장을 이룩하게 한 요인이라는 것이 이 용어의 핵심이다. 유교적 가치란 예의, 공손함, 서열 중시, 격식, 공동체와 국가 중심적 사고를 말한다. 이 개념이 여전히 유용하다면 이젠 아시아의 용들 틈에 중국이나 베트남도 포함되어야할지 모른다.

　유교를 기반으로 한 사회에 산다고 한국인을 구별하지 않고 중국인과 일본인과 유교인으로 지칭하거나, 같은 언어를 사용한다고 대한민국 사람과 북한인을 동일시한다거나, 생김새가 비슷하다 하여 우리에게 무조건 중국인이라고 부른다면 유쾌하지는 않다. 서구를 여행하면 여지없이 듣는 말이 '니 하오 마?' 혹은 '아리가또'였다. 그럴 때마다 나는 한국인이라고 알려줘도 그들의 태도는 '그게 그거지'라는 반응이었다. 지역적으로 근접하여 살고 있지만 한중일은 서로 역사·문화·언어적으로 명백하게 구별되는 것을 모르는 채 하나로 싸잡아 취급했던 그들의 무지를 탓할 수밖에 없는 상황이었다. 우리가 알고 있는 중동, 아랍, 이슬람도 이와 정확하게 동일하다. 우리가 태어날 때부터 타인들의 눈에 유교로 비춰지듯이 중동은 이슬람이라는 판단도 이와 정확히 같다. 결론적으로 중동=아랍=이슬람을 하나의 정체성으로 통칭할 수 있는 등식은 성립할 수 없다. 다만 각국의 특수성과 지역적 다양성이 있을 뿐이다.

2) 이슬람은 폭력적이고 호전적 종교이다?

한국인들이 갖고 있는 이슬람과 무슬림에 대한 고정적 이미지 중 하나는 무슬림은 본성상 폭력적이고 잔인하다는 것이다. 그래서 그들은 외부 혹은 그들끼리 끊임없이 전쟁과 테러를 감행한다는 것이다. 이들이 이렇게 된 연유는 이슬람 종교의 가르침에 연유한다고 생각한다. 다시 말하면 이슬람이란 종교는 폭력을 유발하고 행사할 수밖에 없는 본성을 갖고 있다고 생각하고 여기에 지하드(jihad) 개념이 소환된다.

적어도 이 시대를 살아가는 한국인들에게 이와 같은 생각은 지극히 당연하다. 911 테러의 끔찍함을 생중계로 시청했고 알카에다 및 IS(이슬람국가) 등 폭력적 저항조직에 의해 연일 보도되는 야만적 테러사건을 익숙하게 듣는 우리로선 아랍인들은 잠재적 테러리스트들이라 여기게끔 한다. 따라서 이러한 이슬람에 대한 현대인의 타당성을 검토해볼 필요가 있다.

첫 번째 검토할 사항은 전쟁의 발발 지역과 빈도수이다. 중세 이후 대부분의 전쟁은 이슬람권이 아닌 유럽 내에서 발발했다. 17세기 이후만 보더라도 30년 전쟁을 비롯하여 총 90회 가량의 크고 작은 전쟁이 유럽에서 발생했다. 이중 오스만제국 및 투르크와 관련된 전쟁은 약 20회 가량이지만 이 전쟁의 대부분인 12차례는 쇠잔해져가는 오스만제국으로부터 발칸반도와 흑해 연안의 영토를 분할받아 제국을 확장하려는 러시아에 의해 발생하였다.

1, 2차 세계대전은 유럽 내부 전쟁의 백미를 장식했다. 주지하다

시피 제1, 2차 세계대전 당시 미국조차 이들의 전쟁에 관여하지 않으려 노력했다. 다시 말하면 역사적으로 볼 때 같은 문화권 내 전쟁의 발발 빈도는 서유럽을 능가할 지역이 없다. 이 기간 중 이슬람 제국 내부는 큰 전쟁 없이 적절한 평화를 유지했다. 역사적으로 제1차 세계대전 이전까지 중동국가 간 대규모의 내부적 갈등은 거의 없었다. 심지어 이 지역 아랍인과 유대인 사이 큰 갈등도 없었다.* 이러한 사실은 로마 중심 종교를 가진 서유럽 지역이 더 호전적이었는지 메카 중심 종교를 가진 중동이 더 호전적이었는지 다시 한번 생각해 보게 된다.

두 번째 검토할 사항은 지하드 개념이다. 시저 파라(Caesar Farah)에 의하면 서구학자들이 무시한 지하드 개념이 있는데, 그것은 지하드가 비군사적인 의미로 활용되었다는 점이다.** 다시 말하면 지하드란 용어는 전쟁과 관련된 용어만은 아니라는 것이다. 지하드의 아랍어 어원의 의미는 '노력하다'이며, 본래 의미는 '알라를 위해 자신을 희생하다' 혹은 '적극적으로 고투(active struggle)하다'이다. 무슬림들은 이를 실천해야만 했는데 불신자들에게 이슬람의 길을 확신시키기 위해 노력하거나 투쟁하는 것을 의미했다.*** 기독교인의 시각에선 "땅 끝까지 이르러 내 증인이 되라."는 그리스도의 지상명령을 실

---

* 이희수, 『이슬람학교 2』 100. 박정욱, "중동은 왜 항상 싸울까?"
  http://www.podbbang.com/ch/15781?e=23349452
** Caesar Farah, Islam, (New York: Barron's Educational Series, Inc. 1968) 158.
*** 리처드 플래처, 『십자가와 초승달』, 33.

천하여 하나님의 나라를 완성한다는 개념과 매우 유사하다. 따라서 지하드의 목표는 전 세계를 이슬람의 법치 하에 두려는 것이고 이를 위해 강제로 개종시킨다기보다 개종의 장애물들을 제거하는 것이었다.[*]

버나드 루이스(Bernard Lewis)는 지하드 개념의 역사적 변천을 매우 명확하게 제시하고 있다. 그에 따르면 초기의 지하드 개념은 시대가 지속될수록 계속 희박해졌다는 것이다. 그런 이유로 11세기 십자군이 팔레스타인을 정복했을 때 이슬람 제국은 과거의 지하드 개념을 소환하지 않았을 뿐만 아니라, 이 사건에 큰 관심을 두지 않았다. 오히려 이슬람 영주들은 십자군 공국과 우호적인 관계를 유지하기도 하였고, 십자군 영주와 이슬람 영주는 서로 우정을 나누기도 했다. 그러던 와중에 지하드 개념이 다시 부활하는 사건이 벌어지는데 이는 1182년 케라크(Kerak)의 영주이자 십자군 기사였던 샤틸롱의 레이날드(Reynald d'Chatillon)의 도발이 도화선이 되었다.

레이날드는 기존 협정을 위반하고 메카를 향하던 이슬람 순례단을 학살하고 대상들을 약탈했다. 이는 순례자 보호를 종교적 의무라고 철썩같이 확신하는 주변 이슬람 영주들을 자극했다. 또한 레이날드는 아라비아와 아프리카 해안을 약탈하기 위해 해상 원정을 감행

---

[*] 버나드 루이스, 『중동의 역사』, (서울: 까치, 2015) 250. 버나드 루이스에 따르면 성 토마스 아퀴나스와 성 베르나르두스가 십자군 운동을 초기 지하드 개념과 동일한 논리를 사용하여 선동하였다고 한다. 즉 그들의 논리는 성스러운 도시로 가는 장애물을 제거하기 위한 전쟁이 십자군 전쟁이라는 것이다.

했다. 그의 행태는 살라딘(Salahdin)으로 하여금 지하드 의식을 소환하게 했고, 지하드의 기치 아래 이슬람 병력들이 집결했다.* 결국 5년 뒤 예루살렘은 살라딘에 의해 탈환되었다.

　12세기 소환되었던 성전(holy-war)과 연관된 지하드 개념은 오랫동안 다시 침묵하였다. 잠자고 있던 지하드 개념이 2차 부활한 것은 오스만 제국 시대였다. 그러나 '정복을 위한 지하드'는 1683년 비엔나 공격을 마지막으로 재차 시도된 바 없었다.** 이미 이 시대의 서유럽은 오스만 제국이 필적할 수 없을 만큼 강성해져 있었다.*** 이러던 지하드 개념이 최근에 다시 소환된 것이다. 하름 데 블레이(Harm de Blij)에 따르면 1990년대까지 이슬람 근본주의 운동에 대해 알려진 바는 거의 없었다. 오랫동안 이슬람 테러리즘은 팔레스타인 해방기구(PLO)의 대이스라엘 활동과 동일시되었다. 그러던 것이 1982년 처음으로 이슬람 지하드라는 이름의 조직들이 정보기관에 포착되기 시작했다.**** 결국 서방에 의해 이 개념은 또 다시 소환된 것이다. 그러나 최근 이슬람 테러조직이나 사담 후세인에 의한 지하드 개념의 소환은 결국 막강한 서구 열강들을 향한 울림 없는 아랍세계의 목소리에 불과한 것이 수차 확인되었다.

　결론적으로 이슬람의 지하드 개념은 반드시 전쟁과 관련한 개념

---

* 　위의 책, 252-3.
** 　전쟁과 연관된 지하드 개념은 정복을 위한 지하드와 방어를 위한 지하드 두 개념이 있다.
*** 　버나드 루이스, 『중동의 역사』, 254.
**** 　하름 데 블레이, 『분노의 지리학』, 유나영 역, (서울: 천지인, 2007), 238-9.

이 아닌데다가 역사적으로 소환되었던 적이 별로 없었다. 그리고 그 소환 자체도 십자군 세계와 서구 열강에 의해 소환되었다. 따라서 이슬람의 지하드 개념이 아랍의 혼정성이라는 본질을 확정할 근본적 원인이라는 판단도 재고되어야만 한다.

세 번째는 최근 자행되는 테러와 폭력의 원인이 이슬람=아랍의 본성적인 호전성에 있다는 판단에 대해서도 재고가 필요하다는 것이다. 제국의 팽창과 몰락의 역사 속에서 전쟁, 학살, 폭력 등은 일반적 현상이다. 이슬람 제국의 발달사 역시 예외일 수는 없었다. 이슬람 세계는 수세기 동안 인류 문명 발전의 선두주자였다. 이들이 팽창할 당시 이와 필적할만한 문명은 중국 정도였다. 이들의 눈에 비친 유럽의 영토는 아프리카의 오지와 같이 배울 것도 수입할 것도 없는 야만과 암흑의 세계였다. 따라서 당시의 무슬림들은 이러한 야만인들이 취할 수 있는 최선의 길은 이슬람 제국에 편입되어 이슬람 문명의 혜택을 누리는 것이라고 생각했다.[*]

이러한 상황은 당시 도시의 규모를 통해서도 간접적으로 확인할 수 있는데 11세기 비잔틴 제국의 콘스탄티노플 인구는 약 60만 명이었고, 이슬람 제국의 가장 큰 도시였던 바그다드와 카이로의 인구는 40-50만 명이 되었다. 이에 비하여 로마, 베니스, 베네치아는 3-4만, 파리와 런던의 인구는 2만 명에 불과하였다. 당시 예루살렘 인구가

---

[*] 버나드 루이스, 『무엇이 잘못 되었나』, (서울: 나무와숲, 2002), 12-4.

최대 3만 명 정도였으니 파리나 런던이 이슬람 세계에 비해 얼마나 왜소했는지 짐작할 수 있다.[*]

적어도 1699년 이슬람 세계를 지배했던 오스만 제국이 오스트리아를 비롯한 신성동맹과 카를로비츠(Carlowitz) 조약을 체결하기 전까지 이슬람 제국과 서유럽의 무게 추는 이슬람 제국에 있었다. 오스만 제국은 이 조약을 통해 헝가리 주변, 흑해 연안, 우크라이나 등 제국의 영토를 유럽 국가들의 손에 넘겨줘야만 했다. 이슬람 제국이 풍요로움을 만끽하며 비잔틴 너머 암흑의 세계에 무관심할 때, 그 지역의 기술발전은 이슬람 세계가 넘볼 수 없을 만큼 이루어졌다.

이슬람 종교를 파괴하러 온 것이 아니라 이집트의 권리를 되찾고 강탈자를 응징하러 왔다며 꾸란에 경의를 표하던 나폴레옹의 1798년 이집트 정벌 연설은 이후 200년 간 이슬람 세계 전체가 예외 없이 서유럽의 지배를 받게 되는 신호탄이었다. 인도네시아, 인도, 스리랑카, 말레이시아, 브루나이, 아프가니스탄, 중앙아시아, 북아프리카, 레반트 지역, 이란과 아나톨리아 일부까지 이슬람 세계는 네덜란드, 영국, 러시아, 프랑스 등에 의해 점령되었다.

제1차 세계대전은 현재까지 진행되고 있는 갈등과 폭력의 씨앗을 뿌렸다. 서구 제국주의는 밀실에서 자(尺)와 펜을 들고 이슬람 지역의 분할을 합의하고 있었다. 영국은 동맹국에 가담한 오스만 제국의

---

[*] 사이먼 시백 몬티피오리, 유달승 역, 『예루살렘 전기』, (서울: 시공사, 2014), 353.

배후를 치기 위해 아랍인들을 전쟁에 끌어들이고자 1916년 소위 후세인 맥마흔 밀약을 통해 아랍 왕국의 독립을 약속했다. 또한 독일 내 유대인들의 군수과학기술을 취하기 위해 1917년 유대인들의 국가 독립을 선언했다. 그러나 이미 1916년 10월 사이코스-피코 밀약을 통해 영국과 프랑스는 아랍지역의 분할을 합의했고 러시아는 이제까지 점령한 오스만 영토의 보장을 받고 이에 동의했다. 밀약에 참여한 집단 중 같은 이슬람인 오스만 제국을 배반하고 영국을 위해 싸웠던 아랍인들만이 철저한 배신을 당했다. 서구 제국주의의 이 놀라운 한편의 사기극*으로 인해 중동지역 국가들의 비극은 시작되었다.

양차대전을 통한 제국주의 분할의 결과 중동지역은 서로 종교, 언어, 민족, 문화, 부족이 다른 민중들이 한 국가로 묶이는 재앙을 낳았다. 레바논은 4개의 종파가 한 국가로 묶여 지속적인 분쟁의 공간이 되었고, 팔레스타인, 체첸, 보스니아, 코소보, 세르비아, 크로아티아는 영토와 종교 갈등으로 인종청소 학살의 비극을 겪었다. 또한 분할의 결과 어떤 민족은 각국으로 뿔뿔이 흩어졌다. 현재 아랍은 22개로 쪼개져 있고, 그 결과 상호 적대적 관계가 된 국가들도 다수이다. 그리고 심지어 수천 년의 역사와 문화, 그리고 고유 언어를 가진 대규모 민족인 살라딘의 후예 쿠르드족은 여전히 국가가 없는 채 여러 나

---

* George Antonius, *The Arab Awakening: The Story of the Arab National Movement*, (London: Hamish Hamilton, 1938) 248. 유진 로건, 『아랍: 오스만 제국에서 아랍 혁명까지』, 217에서 재인용.

라를 떠돌고 있다. 마지막으로 제국주의의 농간은 2천 년을 평화롭게 공존했던 유대인과 아랍인을 철천지원수가 되게 만들었다.

여전히 서구는 중동 지역 이슬람 국가들의 문제에 개입한다. 미국의 대통령은 독제자의 폭정으로부터 민중을 해방시킨다고, 테러의 배후세력에 보복을 가하겠다고 이라크와 아프가니스탄을 침공하고, NATO는 리비아에서 작전을 하고, 러시아는 자신들의 정권을 세우기 위해 아프가니스탄을 10년 간 공격했다. 여전히 유럽과 미국은 중동의 맹주로서 각종 분쟁에 자국의 이익을 위해 개입하고 있고, 70년 간 그 지역에서 석유를 퍼다 쓰고 있다.

이희수는 전쟁으로 초토화된 삶의 현장, 가족과 친척을 잃은 분노와 복수심, 미국의 부당한 이슬람 세계의 침략, 석유를 둘러 싼 서구의 경제적 수탈, 1천 년을 살고 있었던 성스러운 이슬람의 영토를 유린하고 초법적인 이스라엘에 대한 서방의 무조건적 지지, 이것이 이슬람 세계에서 급진세력들이 성장할 수 있는 토양이 되어 왔다고 지적한다.* 이슬람의 역사가 아무리 비극이라도 비인도적이고 반인륜적인 테러가 정당화될 수 없을 뿐 아니라 비난을 피해 갈 수 없다. 그러나 중요한 것은 매우 극소수 극단주의자들의 망동이 이슬람포비아를 정당화시키는 논리가 돼서는 안 된다는 것이다.

2014년 세계에서 가장 영향력 있는 이슬람 학자 120명은 IS의 비

---

* 이희수, "이슬람의 관점에서 바라본 기독교와 평화", 『한국신학논총』 15, 2016, 90-100.

(非)이슬람적 요소를 전적으로 분석하여 전 세계에 공포한 일이 있다.[*] 실재로 IS를 괴멸시키기 위해 쿠르드를 비롯한 이슬람 국가와 민병대들이 서방을 대신해 전투를 했다는 사실을 아는 사람은 많지 않다. 게다가 전 세계 테러 희생자의 75%가 아랍인들이고 아랍인에 의한 테러가 2% 정도 밖에 안 된다는 것을 아는 사람은 거의 없다.[**]

결론적으로 무슬림이 본성상 전쟁과 테러를 감행하는 호전적인 사람들이고 이들의 종교인 이슬람이 바로 그 원인이라는 관념은 오해이다. 적어도 근현대의 전쟁은 거의 대부분 유럽에서 발생했고 이슬람 지역은 유럽과 비교하여 상대적으로 매우 평화로웠다. 둘째, 이슬람의 지하드 개념은 시대를 관통하는 개념이 아닌데다가 유일하게 전쟁과 관련된 개념도 아니다. 게다가 이슬람의 지하드 이념을 소환한 것은 십자군과 서유럽이었다. 마지막으로 현재 이슬람 극단주의자들의 폭력은 제국주의에 대한 반동의 산물이며 이슬람인 조차도 혐오하는 극소수의 일탈된 행태이다.

3) 아랍은 강압적으로 전 세계를 이슬람화 했고 또 하려 한다?

최근에는 더 이상 사용되지 않는 언설이 있다. "한 손엔 칼, 한 손엔 코란." 성 토마스가 발화자라는 이 언급은 이슬람에 대한 정보에 어두웠던 우리나라에서도 무슬림의 변할 수 없는 이미지로 각인되었

---

[*] 김대옥, "구약성서와 꾸란의 대화", 『신학사상』 169, 2015, 20.
[**] 김동문, 『우리는 왜 이슬람을 혐오할까』, 191.

다. 최근에는 소위 '이슬람화 8단계 전략'이라는 괴담으로 이슬람의 한국선교 음모가 급속하게 유포된 적이 있다.* 이러한 사실들은 이슬람이란 종교의 포교가 매우 강압적이고 공격적이라는 점을 강조하고 있다. 추론해보면 이와 같은 판단은 역사적 근거가 있음직하다.

기독교가 모진 박해를 겪어내고 로마제국 선교에 성공한 것은 발생 후 거의 3백 년이 지나서였다. 이에 반해서 7세기에 발생한 후발 종교인 이슬람이 제국을 건설하는데 100여 년 밖에 걸리지 않았다는 것은 아무래도 침략전쟁을 통한 강압적 개종이 대규모로 시행되었을 것이라 추측하게 한다. 이와 반대되는 추론도 가능하다. 각종 종교의 길거리 포교를 마주칠 수 있는 현대사회에서 이슬람의 길거리 포교와 마주친 경우는 거의 없다. 게다가 보수적인 이슬람 학자로 알려진 유대인 버나드 루이스조차 "이슬람화는 평화롭게 진행되었다."**라고 단언하니 어리둥절할 뿐이다. 그렇다면 이슬람인들이 피지배민들을 강압적으로 개종했다는 주장은 역사적 진실이었을까 하는 의문이 남는다.

의문을 해결하기 위해 첫 번째로 검토해야 할 사항은 초기 이슬람의 가르침과 이웃 종교에 대한 그들의 태도이다. 꾸란에는 이교도에 대한 적대적인 언급이 적지 않다. 특히 다신교도들에 대한 부정적 언급이 그것이다. 그러나 유대교와 기독교에 대한 태도는 근본적

---

* 위의 책, 135.
** 버나드 루이스, 김호동 역, 『이슬람 1400년』 (서울: 까치, 2010), 330.

으로 달랐다. 꾸란은 이들을 자신들과 동일한 믿음을 가진 자들로서 최후의 심판 때 보상을 받을 것이라고 여겼다.[*] 왜냐하면 유대교와 기독교는 자신들과 동일한 경전을 갖고 있는 백성들이기 때문이며, 그런 이유로 교리적 논쟁이 불필요한 사람들이라고 생각했다.[**] 특히 꾸란은 같은 경전의 사람들 중 기독교인들에겐 더 많은 애정을 표시한다. 꾸란은 기독교인들을 겸손한 사람들로 묘사한다.[***] 물론 여기서 기독교인들이란 사바인, 네스토리우스교도 등과 같은 단성론자들이었다.

첨언하면 무슬림들은 무함마드의 사명이 혁신이 아니라 지속이라고 해석한다. 다시 말하면 무슬림들은 자신들의 종교가 기존 종교인 유대교 및 기독교와 전혀 다른 새로운 종교라고 인식하지 않았다. 오히려 이슬람은 기성 종교인 유대교와 기독교를 계승하고 발전시킨 최종단계의 완성된 종교라고 이해했다.[****] 따라서 무슬림들의 유대교 및 기독교에 대한 태도는 유일신 사상을 갖고 있지 않은 종교들에 대한 태도와 근본적으로 달랐다. 단언하면 지역적, 시대적, 교파별 차이는 있더라도 이슬람은 교리적으로 유대교, 기독교를 이교도로 여기지 않았다. 강압적으로 개종시켜야 할 근본적인 이유가 없었던 것이다.

---

[*] 「꾸란」, 2:62.
[**] 「꾸란」, 29:46.
[***] 「꾸란」, 5:82. 꾸란엔 기독교에 대한 긍정적 묘사만큼 부정적 시각도 많다.
[****] 버나드 루이스, 『중동의 역사』, 233.

두 번째 고려해야 할 사항은 초기 이슬람 제국이 전 제국 영토 내에서 강압적 개종을 시도할 상황과 형편이 되었는가 하는 점이다. 적어도 발달된 기독교 도시들이나 페르시아 영토 내에서는 개종을 강제할 형편이 되지 못했다. 당시 정복자보다 피정복민이 압도적으로 다수였을 뿐 아니라 기독교인과 페르시아인들만이 발달된 행정 및 교육의 전문성을 갖고 있었다. 무슬림 정복자들은 이 체제를 바꾸려하지 않았다. 왜냐하면 대안이 없었기 때문이다.

이런 이유로 이슬람 지도부는 정복한 지역의 기독교인 주민들을 우대하기도 하였고* 자신들이 정복한 사산조 페르시아인들의 마음을 얻기 위해 사산조에서 부과하던 세금을 경감하고 이들을 행정 관료로 등용하였다. 이로 인하여 이슬람 세계에 페르시아 문화가 전파되기도 했다. 개종을 하면 추가적인 혜택을 제공하였기에 도시 지역은 급속하게 개종자가 늘어났지만 지방은 여전히 조로아스터교 전통을 지켰다.** 이슬람 제국 최전성기인 이베리아 반도 진출 시기에도 이상하리만큼 이슬람 제국이 이베리아 전체를 개종시키거나 점령하지 않았던 이유도 이와 유사한 상황 때문이었다. 결론적으로 이슬람 제국은 피정복민들을 강압적으로 개종시키기 보다는 오히려 그들의 체제와 종교를 인정하는 정책을 편 것이다.

세 번째 재고해야 할 사항은 위에 언급한 이슬람 제국의 예속민 지

---

*   리처드 플래처, 『십자가와 초승달』, 47.
**   유흥태, 『이란의 역사』, (파주: 살림, 2015), 3-4.

배정책이다. 예속민의 이슬람 개종이 폭발적으로 이뤄졌던 초기 이슬람 제국의 지배정책은 딤미(Dhimmi)라는 용어로 축약될 수 있다.[*] 이는 이슬람 제국 내 보호받는 비무슬림 시민들을 일컫는 법률적 용어였다. 정확하게 이들은 '경전의 백성'이라 불렸던 기독교인, 유대인, 일부 조로아스터교인들을 지칭했다.[**] 이들은 계약에 의해 자신의 생명과 재산을 보호받았으며 외적의 침입으로부터 보호받았다. 그리고 종교, 신앙, 종교 활동, 행정에 대한 광범위한 자치의 자유를 보장받았다. 대신 이들의 의무는 이슬람의 우위와 국가의 지배를 인정하고 그 사회의 제약을 준수하며 인두세(Jizyah)를 납부하는 것이었다. 그렇다고 해도 딤미는 무슬림보다 불리한 지위였다. 이들은 무슬림보다 더 많은 세금을 부담해야만 했고 무장은 원칙적으로 금지되었다.[***]

8세기 이슬람 세력을 장악한 압바스 왕조(750-1258)는 전임자들보다 훨씬 개방적 태도를 견지했다. 칼리파들은 제국 내에서 여전히 소수였던 무슬림 인구를 확장하기 위해 피지배민들의 개종을 적극 장려한다. 개종한 피지배민들은 무슬림과 동일한 사회정치적 권리를 약속받았다. 이 약속은 압바스 왕조로서는 재정적 불이익을 감수해야만 했는데 피지배민들의 개종이 곧 세금의 경감을 가져왔기 때

---

[*] 무슬림과 비무슬림 사이 맺어진 협약을 뜻하는 딤마(dhimma)에서 파생된 용어로 협약민을 지칭. 버나드 루이스, 『이슬람 1400년』, 54.
[**] 버나드 루이스, 『이슬람 1400년』, 54.
[***] 위의 글, 같은 곳.

문이다. 여하튼 이러한 정책으로 인하여 압바스 왕조 초기 피지배민의 이슬람 개종 추세는 탄력을 받았다.* 이라크, 시리아, 이집트 지역에서 일어난 대규모 개종은 791-888년 피지배민들의 34%가 이슬람으로 개종하는 결과를 이루어 냈으며 이 시기부터 이슬람은 제국 내 다수를 점하게 된다.**

조지프 나이(Joseph Nye)는 패권국의 권력을 단단한 힘과 부드러운 힘으로 구별했다. 단단한 힘이란 군사력이나 경제력으로서 강제하는 힘이다. 반대로 부드러운 힘은 수동적이지만 타국이 수용을 애원하게끔 하는 힘이다.*** 매력적인 문화가 대표적인 부드러운 힘이다. 최근 종교계도 단단한 힘을 사용한 선교에서 부드러운 힘을 창출하는 전략적 수정을 모색하고 있다.**** 이런 의미에서 본다면 초기 이슬람 제국의 선교정책은 폭력을 동반한 강압적 개종보다는 부드러운 힘을 활용한 포교에 더 근접해 보인다. 심지어 7-8세기 개종 인구의 폭발적 증가로 인해 한 때 무슬림이 되는 길이 제한되고 차단되었던 적이 있기 때문이다. 따라서 무슬림들이 개종과 죽음, 이 둘의 선택

---

* 　리처드 플래처, 『십자가와 초승달』, 66.
** 　Richard W. Bulliet, *Conversion to Islam in the Medieval Period: An Essay in Quantitative History*, (Cambridge: Harvard University Press, 1979), 서원모, "역사 신학적 관점에서 본 기독교와 이슬람: 초기 압바스 시대 기독교인의 대응을 중심으로," 『Muslim-Christian Encounter』 6, 2013, 16.
*** 　조지프 나이, 홍수원 역, 『제국의 패러독스』 (성남: 세종연구소, 2002), 25.
**** 　이충범, "영토, 공간, 한류 그리고 선교: 문화융합 공간으로서 한반도와 선교 전략"『한류로 신학하기』, (서울: 동연, 2013) 참조.

을 예속민들에게 강요했다는 주장을 온전히 받아들일 수 없다.

마지막으로 고려할 사항은 종교를 학살과 전쟁의 동기로 활용한 것이 이슬람 제국이라기보다 기독교 제국임을 보여주는 역사적 사실들이다. 대표적인 사례는 살라딘의 1187년 예루살렘 재탈환 사건을 들 수 있다. 1099년 7월 14일과 15일 십자군은 예루살렘에서 약 1만 명의 무슬림과 유대인들을 학살했다. 프랑크군은 병사는 물론 여성과 아기들조차 성벽에 짓이겨 살해했고 성체의식과 같이 시신들을 절단했다. 살육에 지친 프랑크군은 쌓여 있는 사체와 하천처럼 흐르는 피 위에서 휴식과 식량으로 재충전했고, 귀족들과 사제들은 성묘교회로 가 예수를 찬양하는 노래를 부르고 기뻐하면서 박수를 치고 기쁨의 눈물을 흘리며 제단에서 목욕을 했다.*

약 100년 뒤 이집트의 살라딘은 유대인들과 시리아 기독교인들이 열어준 성문으로 예루살렘에 입성했다. 건강이 좋지 않았던 살라딘을 보살펴 예루살렘으로 진군하게 공헌한 사람은 유대인 대 신학자이자 의사였던 마이모니데스(Moses Maimonides)였다. 그는 살라딘의 주치의로 일했다. 살라딘은 단 한 사람이라도 민간인의 몸에 손을 대지 않았다. 거주하던 곳에 남을 수 있는 자유, 아니면 예루살렘을 떠날 수 있는 자유는 종교와 상관없이 각자의 판단에 맡겨졌다. 단 떠날 사람들은 이슬람법에 따라 남, 여, 어린이 각각 몸값을 지불하

---

* 사이먼 시백 몬티피오리, 『예루살렘 전기』, 361-3.

고 떠나야 했다.

성묘교회를 파괴하자는 신하들의 요청을 묵살한 살라딘은 기독교인들이 제한 없이 성묘교회에 접근할 수 있도록 허가했다. 그 후 교회를 정교회에 넘겨주었다. 떠난 사람들의 빈자리를 살라딘은 식량 부족으로 고생하던 아프리카 유대인들을 이주시킴으로써 메꾸었다. 그 뒤 천 년간 예루살렘은 이슬람, 유대인, 기독교인들이 함께 공존하면서 살아가는 상생의 상징으로 남았다.*

위 사건은 이슬람을 변호하려는 사람들에 의해 자주 인용된다. 인류 역사상 가장 반문명적 학살과 포용의 사건을 극적으로 대비시키고 있다. 안타까운 것은 그 반대의 사례보다 유사 사례가 역사에는 더 많이 노정되어 있다는 것이다. 이슬람 제국이 이베리아 진출 시 그곳 원주민들의 저항은 크지 않았다. 그간 서고트 족의 폭정에 대한 반발이 심했기에 오히려 이슬람의 입성은 해방군을 맞는 듯했다. 그 후 정확히 781년간(711-1492) 현 스페인 안달루시아 지방은 평화로웠다. 주변에서 지속적으로 유대인 학살이 자행되는 순간에도 이곳의 원주민, 무슬림, 유대인, 로마 가톨릭은 공존하며 조화롭게 살았다. 떠나는 사람 적고 몰려드는 사람이 많았기에 아베로에스(Ibn Rushd)를 필두로 한 대 학자들이 배출된 중세문명의 핵심지가 되었다.**

---

* 위의 책, 405-441 요약.

** 이희수, "이슬람의 관점에서 바라본 기독교와 평화", 98.

1492년 3월 31일은 홀로코스트만큼이나 유대인들에겐 잊을 수 없는 날이었다. 가톨릭 통일왕국은 그해 7월 31일까지 가톨릭으로 개종하지 않는 유대인들을 화형하거나 추방한다는 것이 골자인 알함부라 칙령(Alhambra Decree)에 조인하였다. 주어진 넉 달 안에 유대인들은 서둘러 모로코, 알제리, 튀니지 등 북아프리카 이슬람 지역과 네덜란드로 흩어졌다. 유대인들이 이슬람 지역으로 이주한 이유는 명확했다. 유대인들은 이슬람 지배 유럽에서 특혜를 누렸다. 그후 폴란드, 오스트리아, 보헤미아 등지에서 추방된 유대인들이 아르메니아, 이스탄불 등 오스만 제국으로 몰려온 이유도 마찬가지였다. 오스만 제국은 그들의 전임자들이 딤미제도를 운영하였듯이 밀레트(Millet)란 종교·종파 공동체를 운영하며 종교적 자치를 보장했다. 현재도 이스탄불의 유대인들은 동일한 혜택을 누리고 있다고 한다.[*]

참고로 아랍인과 유대인의 갈등이 수천 년 묵은 관계라고 믿는 기독교인들이 많다. 현재 이스라엘과 팔레스타인의 갈등을 구약시대 블레셋과 이스라엘의 갈등으로 오해하는 기독교인들도 있다. 그러나 확실한 사실은 구약시대 블레셋 및 블레셋인들과 현재 팔레스타인 및 그곳의 아랍인들과는 하등의 관계가 없다. 전술한 대로 아랍국가 간 갈등과 전쟁이 시작된 것은 불과 80여 년 전이다. 또한 아랍인들과 유대인의 상호 증오의 역사도 역시 이와 동일하다.

[*] 위의 글, 99.

이슬람 근본주의나 극단주의의 모태로 여겨지는 무슬림 형제단 (The Society of the Muslim Brothers)이 결성된 것도 유대인에게 군사적 공격을 감행하거나 이슬람 선교를 위한 것이 아니었다. 무슬림 형제단은 오스만투르크가 패배한 제1차 세계대전 이후 전리품으로 떨어진 중동국가들을 식민 지배하려던 서구의 아귀다툼에 맞서 반제국주의 무장투쟁운동을 위해 결성된 단체이다.* 즉, 서구와 중동의 갈등은 종교적 문제가 아니라 제국주의와 반제국주의의 충돌이었고 아랍세계와 이스라엘의 갈등은 제국주의 분할과정에서 생산된 것이다.

기본적으로 정복자였던 무슬림들이 자신들의 종교를 피정복민들에게 강요하려고 했던 역사적 근거가 없는 것은 아니다. 그러나 이는 역사적으로 정복의 과정에서 발생하는 매우 일반적인 것이었다. 이슬람 통치 하에서 비무슬림 공동체의 운명은 매우 다양했다. 다시 말하면 지역, 시대, 역사, 상황에 따라 많이 달랐다. 가령 그루지야, 아르메니아, 에티오피아는 기독교적인 특성을 그대로 보존했고, 이집트의 기독교 교회는 비잔틴의 영향이 줄어들면서 오히려 득을 보아 번성을 했다. 반면 북아프리카 기독교회는 소멸되고 말았다.

유대교 공동체들은 기독교 교회와 유사한 지위를 얻었는데 이는 비잔틴 치하에서보다 훨씬 더 자유롭고 폭넓은 지위였다.** 이슬람이 강압적으로 자신들의 종교를 포교했다는 일반적인 생각과는 달리

---

* 　김동문, 『우리는 왜 이슬람을 혐오할까』, 68.
** 　버나드 루이스, 『중동의 역사』, 231-2.

이슬람 제국 지배 하의 모든 지역, 모든 시대에서 강제적 개종이 전 제국적으로 실시된 적은 단 한 번도 없었다. 그 때문에 서양 연구자 들은 공동 연구를 통해 중세 이슬람 사회는 중세 기독교 사회보다 상 대적으로 더 관용을 베푼 사회였다는 점에 합의하고 있는 것이다.[*]

4. 나가며: 앗싸비야(Assabiya)

종교 및 종교계가 평화유지와 구축에 어떤 역할을 할 수 있을까? 다양한 방법론들 가운데 기본적인 것은 지구촌 한 지역에 대한 혐오 와 편견을 극복하는데 종교계의 역할이 있을 수 있다. 그것도 혐오 와 편견이 종교적 옷을 입고 있다면 더욱더 그러하다. 위에서 검토 하였듯이 중동과 이슬람에 대한 오해와 편견은 오랫동안 고정된 인 식으로 자리 잡았다. 그러나 대표적인 고정관념들을 검토해본 결과 역사적 사실이 아니거나 과장된 것임을 알 수 있었다.

중동은 아랍이고, 이슬람 국가들이란 고정된 관념은 변경되어야 만 한다. 이 지역 국가들은 각기 다양한 역사와 문화가 있고 각국의 이해관계가 충돌한다. 그럼에도 불구하고 이들 지역을 하나로 통칭 하여 일반화하는 것은 인식의 폭력일 수 있다. 오리엔탈리즘처럼 동 양에 대한 서양의 사고방식이며 지배방식과 동일한 것이다.[**]

---

[*]   우스키 아키라, 『세계사 속의 팔레스타인 문제』, 77.
[**]   에드워드 사이드, 『오리엔탈리즘』, 100.

중동지역의 전쟁과 테러리즘이 이슬람에 기인한다는 생각도 역사적으로 재고되어야 한다. 지하드 개념은 이슬람의 중심 개념도 아니었을 뿐 아니라 역사 속에서 희미했던 개념이었다. 이를 소환한 것은 이슬람 자신들이 아니라 서구에 의해서였다. 또한 이슬람 제국은 상대적으로 전쟁 중 비폭력적 사례들을 다수 남겼다.

마지막으로 무슬림이 개종이냐 죽음이냐 같은 방식의 강압적 포교를 해서 제국을 확장했다는 인식도 역사적으로 오해였다. 이슬람 제국은 개종하게끔 유인하는 포용정책을 사용하여 한 민족이나 국가 전체가 이슬람으로 개종하는 사례들을 만들어냈다. 한편으로 딤미 제도나 밀레트 제도를 통해 예속민들의 종교를 존중하면서도 또 한편으론 개종을 장려하는 세금제도를 운영했던 역사적 사실은 이슬람이 강압적 포교로 제국을 확대했다는 주장의 설득력을 잃게 한다.

중년들은 '아싸라비야'란 말을 기억하는 사람들이 많다. 기분이 좋을 때나 흥이 났을 때 썼던 일종의 여흥구 같은 말이었다. 그런데 이 말이 아랍어라는 사실을 알고 쓴 사람들은 거의 없다. 이슬람 최고의 역사학자 이븐 칼툰(Ibn Khaldun, 1332-1406)은 앗싸비야를 집단 연대의식이나 집단 및 국가의 내적 존재방식으로 설명한다. 그리고 앗싸비야의 궁극적 목적은 통치이며 그 통치를 통해 상호 공격을 제어하고 억제하여 평화를 가능케 하는 권력이라고 설명한다.* 타자에

---

* 이븐 칼툰, 김정아 역, 『무깟디마』(서울: 소명출판, 2020) 200, 236-8.

대한 편견, 오해, 혐오는 상호 앗싸비야를 생성할 수 없다. 또한 중동 지역 전체나 이슬람을 '미개한' 지역 및 종교로 여기는 것 역시 연대 감을 형성할 수 없다. 유대교, 그리스도교, 이슬람은 동일한 하나님과 동일한 역사를 공유한 채 발전했다. 유구한 세월 동안 교리나 예식은 상호 상이한 면이 많다. 그럼에도 서로 공유한 요소들을 부각시키며 앗싸비야를 형성한다면 현재 극단적 갈등이 완화될 수 있지 않을까 희망을 갖게 된다.

인류세 시대와 종교의 평화론

전철후(원광대 강사)

1. 인류세 시대의 지구위험

지구적 차원에서 인류가 당면한 과제인 인류세*와 기후위기는 보다 근본적으로는 과학과 기술의 영역을 넘어 인간 삶의 가치관과 인식, 태도에 관한 문제이다. 인문학의 관점에서는 인간이 자연을 어떻게 인식해왔고 이용해 왔는지, 그 결과 인류가 현재 어떤 상황에 처하게 되었는지, 그리고 더 나아가 앞으로 인류는 자연을 어떻게 인식하고 다루며 어떤 삶을 살아야 할 것인지의 윤리와 가치관과 연결된다.** 따라서 인간과 자연을 이분법으로 가치매김하고 "타자화"시

---

* 인류세란 용어와 개념은 남극의 오존층 파괴 규명으로 노벨화학상을 수상했던 폴 크루첸(Paul Crutzen)이 2002년 『네이처』(Nature)에 「인류의 지질학」("Geology of Mankind")이라는 글을 통해 본격적으로 학계에 제시된다. 이 글에서 크루첸은 "여러 면에서 인간이 지배하는 현시대에 지난 만 년내지 만 이천 년의 온난한 시기인 홀로세(the Holocene)를 대체하는 새로운 지질시대인 '인류세'라는 용어를 부여하는 것은 타당할 듯하다"라고 인류세 인식의 필요성을 제기한다. 인류세는 anthropocene를 번역한 것으로 anthropo(인류)+cene(최근의, 새로운)이라는 단어들의 조합이다. 즉 anthropocene 자체로는 '최근의(새로운) 인류'라는 뜻이 된다. 인류세의 '-세'(世)는 'epoch'의 번역어로 읽혀야 하므로, 우리가 인류세라고 할 때에는 anthropocene epoch를 뜻하는 것이다.

** 신두호, "환상에서 현실로: 인류세, 기후변화, 문화적 수용의 한계", 『인문과학』 60, 2016. 71.

키는 인식에 대한 전환이 요구된다. 인류세 시대의 평화론은 인간과 인간, 인간과 자연 등의 상호관계성과 공동운명체로서의 평화인식을 필요로 한다.

특히, 기후위기는 인간의 갈등에 심각한 영향을 미친다. 기후위기는 전 세계적 식량부족, 생태계와 생물 다양성의 손실, 해수면 상승 등 인류의 생존을 위협한다. 이로 인해 개인 및 집단 간 폭력과 정치적 불안정과 사회제도 붕괴 등의 현상을 초래하게 되고, 국가와 국가 간의 국토 분쟁의 원인이 되기도 한다. 그 때문에 다시 강대국이 약소국을 잠식시키는 분쟁과 전쟁의 제국주의는 계속되고 확산될 것이다.

기후위기에 의한 구조적 인권침해의 계층화 현상이 발생한다. 특히, 섬나라, 개발도상국가, 저소득 국가 등이 가장 큰 피해를 본다. 즉 기후 이탈 현상은 저소득 국가들이 모여 있는 지역에서 가장 먼저 발생한다. 기후변화를 일으킨 원인인 산업화와 자본주의 역사 과정으로 이득을 본 사람들과 그것의 환경적, 사회적 비용을 지불해야 할 사람들 사이의 격차가 더욱 벌어질 것이다. 이로 인해 빈곤국의 식량 기근, 사회 붕괴, 대량 이주로 인한 난민이 예상되며 전 지구적 분쟁과 문명의 붕괴까지도 예상할 수 있다.[*]

울리히 벡은『위험사회』에서 "빈곤은 위계적이지만 스모그는 민

---

[*] 조효제,『인권의 지평』(후마니타스, 2016), 107.

주적이다"라고 규정한다. 부의 분배가 이미 형성된 어떤 위계에 따라 계층화 되는 특징이 있는 반면, 위험의 분배는 스모그처럼 계층을 가리지 않고 모두에게 분산된다. 근대화 과정은 이렇게 산개한 위험을 사회의 하층부에 축적하여 관리하고, 나아가 이윤창출을 위한 시장기회로 삼으려는 합리화의 과정이었다. "부는 상층에 축적되지만, 위험은 하층에 축적된다"라는 그의 진단은 왜 가난한 지역의 가난한 이들이 더 많이 아프고, 더 많은 위험들에 노출되어 살아가고 있는가를 묻는 질문에 답한다.

벡은 자연과 인간사회의 대립은 자연의 파괴와 자연에 대한 위협의 사회화로, 더 나아가 경제적, 사회적, 정치적, 모순과 갈등으로 변형되는 왜곡된 사회화 과정으로 이어졌다고 보면서, 이제는 자연과 인간사회의 대립을 종식시켜야 한다고 강조한다. 인간은 이제 자연사회이고 사회는 자연으로 인식하는 의식의 전환 속에서 살아야 한다. 이러한 의식전환은 현재 우리가 살고 있는 위험사회에 대한 생태적 자기 성찰이 각성되는 지점에서 시작한다. 성찰적 인식은 생태적 각성과 이에 대한 문화적 대항운동으로 환경운동, 평화운동, 페미니즘 운동으로 표출되고 있다.

2. 인류세의 인간관

프랑스의 철학자 알베르 멤미(Albert Memmi)는 새로운 인종차별주의는 자신의 공격을 정당화하기 위해 피해자를 희생시키고 자신의 이익을 행하는 '가치매김'이라 말한다. '가치매김'은 개인과 사회의 여러 요인으로 나와 너, 우리와 그들이라는 '차이'를 만들어 낸다. 타자에게 발견된 '차이'를 부정적으로 규정하고, 이와 대비되는 자신은 무조건 긍정적인 것으로 그려내는 방식이다. 이는 같은 인간임에도 불구하고 타자를 비인간화시키는 도구로 만든다. 근대성이 가지고 있는 구조적 폭력 중의 하나는 인간과 자연에 대해 타자화된 세계관이다. 이는 세계화에 따른 신자유주의적인 시각으로 인간과 자연을 오로지 합리화된 경제인으로 보기 때문이다. 특히, 인간을 젠더, 인종, 계급 등을 고려하는 휴먼(Human)으로 보지 않고, 가치중립적인 자본 활동가로 인식한다. 이러한 인간은 자신의 온전한 주체성을 지니지 못하게 된다.

근대성에 바탕한 타자화된 세계관은 자연스럽게 인간중심적 인식론으로 흐르게 된다. 모든 자연은 자신의 목적과 주체성이 없이 단지 인류 문명의 발전을 위해서만 이용된다. 인간은 자연을 마음대로 착취할 수 있는 근거를 얻게 되고, 이는 결과적으로 자연생태계의 파괴를 부추겨 왔던 것이다. '타자화'는 기본적으로 추상적인 수준의 활동이 아니다. 지배와 착취를 실행하는 것을 바탕으로 하는 범주화 과정이다. 특히, 기후위기에서 타자화가 이루어졌다는 사실뿐 아니라 정확히 어떤 유형의 타자화가 어떤 방식으로 이루어졌는지에 대해서도 주의 깊게 살펴야 한다. 기후 환경운동가 나오미 클라인(Naomi Klein)은 '타자화된 사람들'이 기후로 인한 재앙의 첫 번째 희생양이 될 것이라고 지적했다. 또한 기후위기의 거의 모든 측면이 타자화와 관련되어 있다고 해도 과언이 아닐 것이라 한다.

인류세에 대한 성찰적 개념과 인식은 인간이 어떻게 자연을 인식하고 어떻게 살아가야 할 것인지에 관한 가치와 윤리의 인문학적 문제이다. 인류세는 인류 문명의 발전을 추구하는 인간의 작용이 지구 환경에 매우 큰 변화를 초래하는 원인이 되었다는 점을 강조한다. 이러한 인류세에 대한 강조는 지구 시스템 혹은 지구 생태계의 존속을 위해 인간이 적극적으로 환경파괴에 대응해야 한다는 성찰을 담고 있다. 이것은 기후위기라고 하는 지구적인 구조적 폭력을 줄여나가기 위한 과정에서 인간에게 강한 책임감과 도덕의식을 촉구한다. 인간과 자연의 상호관계성이 균형을 잃게 된 것은 산업혁명으로 인한 과학문명의 발달과 이로 인한 자연에 대한 과도한 이용 때문이란 것이 인류세의 기본 입장이다.

따라서 인류세에 대한 성찰은 인간중심주의(anthropocentrism)에 대한 비판으로 작용한다. 자연을 정복하고 인간이 세계의 중심이 되어왔던 근현대와 그 시대를 지탱해오던 사유의 틀과 제도와 기술에 대한 전면적인 반성을 내포한다. 그렇기에 인류세가 (인류세를 둘러싼 담론이) 제기하는 문제는 인간 대 비인간, 정신 대 물질, 문화 대 자연 같은 근대의 이원론적 사고방식에 대한 근원적인 회의 및 비판과 매우 직접적인 관련이 있다.[*]

---

[*] 김상민, 김성윤, "물질의 귀환: 인류세 담론의 철학적 기초로서의 신유물론", 『문화과학』 97, 2019. 60.

3. 평화의 개념화

'평(平)'이란 단순히 반듯한 기계적, 물리적 정지 상태라기보다는 갇혀 있는 기운을 헤쳐서 자유롭게 뻗어 나가는 정신 상태를 의미하며, 골고루 갈라놓아서 많고 적고가 없도록 고르게 한다는 의미이다. '화(和)'란 음악에서 여러 가지 소리가 조화를 이뤄 아름다운 음악을 만들어낸다는 의미에서 조화롭게 고르게 한다는 뜻이다. 평화는 인간 삶의 모든 영역을 고르게 하고 서로 조화를 이뤄 그 기운을 활짝 열리게 하는 것이다. 그 때문에 평화의 구체적인 내용은 인간의 '살림'이고 새 세상의 '열림'이며, '새롭게 열린 세상'을 구현해 가자는 정신개벽의 실천적 모습이다.

이찬수는 "평화는 평화들이다."라고 개념화하고 있다. 평화는 한 가지로 규정할 수 있는 대문자 "Peace"가 아닌, 다양한 평화들로 존재한다. 소문자 복수형의 '평화들(peaces)' 즉, 평화는 peace 1, peace 2, peace 3 ⋯ 등으로 존재하면서, peace 1과 peace 2가 만나 더 상위의 가치로서의 peace 12로서의 "평화들"이 이루어지도록 해야 한다. 평화와 평화가 만나는 더 상위의 가치인 '평화들'이 되기 위해서는 peace 1과 peace 2의 사이에서 자기중심적 평화를 넘어서 어떠한 형태로 만나지는지가 중요하다. 이러한 평화와 평화 사이의 만남은 예를 들어, 하버마스(Habermas)가 제시한 의사소통과 공론장이 될 수 있고, '공공(公共)하는 철학'에서 '듣고 이야기하는 대화'의 철학이 되기도 하며, 로젠버그(Rosenberg)가 제시한 비폭력적 소통이 되기도 한다.

평화는 '평화들'은 평화의 개념을 찾는 과정에서 단수형이 아니라 복수형으로 존재한다. 저마다 다양하게 경험하는 평화들을 모두 긍정하고, 이들의 관계성에 초점을 맞추고 이를 조화시켜 나가는 과정이 평화이다. 한 사람의 평화 경험이 다른 사람의 평화 경험과 공유되면서 더 상위의 가치인 평화가 만들어진다. 이러한 '평화들'이 인식되고 유지되기 위해서는 공동체 안에서 다양성을 수용하고 존중해가는 '조화로움'이 필요하다.

이러한 '평화들' 개념을 기반으로 다양한 평화들을 긍정하고, 평화라는 공감대 안에서 유기적 연계와 통합이 가능하다는 입장을 "평화다원주의(pluralism of peace)"*라 한다. 평화를 설명하는 다양한 술어들에게서 '평화들'의 세계를 보면서 평화의 유기적 통합력까지 읽어낼 줄 아는 자세이다. 따라서 평화학은 자기중심적 평화를 극복하기 위한 구도자로서의 성찰적 학문이면서, 융합학문으로서 미래지향적 가치를 제시하는 학문이다.

---

* 평화들의 세계를 보면서 평화의 유기적 통합력(organic integrative power of peace)까지 읽어내야 한다. 평화가 유기적 통합력 안에 있기에 그 공감대로 평화를 전제하고 상상하면서, 평화에 대한 다양한 논의와 평화의 다양한 형태들이 정당성을 얻어간다. (이찬수, "평화 개념의 해체와 재구성: 평화다원주의의 정립을 위하여", 『평화와 종교』 1, 한국평화종교학회, 2016. 28.)

4. 타자화 극복의 평화인식

　모든 종교의 궁극적인 목적과 가치는 평화이다. 필자가 2018년 캐나다 토론토에서 열린 세계종교의회(Parliament of the World's Religions)에 참가하였을 때 세계의 모든 종교가 평화와 비폭력을 강조하고 있었다. 인류 역사상 분쟁과 폭력의 큰 원인을 대개 민족과 종교라 할 수 있지만, 평화적 수단에 의한 평화 역시도 종교에서 그 평화성을 찾아갈 수 있다.

　한국의 종교를 중심으로 살펴보면, 수운 최제우는 '하늘을 내 안에 모시고 있다.'는 시천주(侍天主)를 제시한다. 이는 모든 인간과 자연이 하나의 완전한 생명체라는 의미와 우주라는 전체 생명체의 하나라는 의미를 지니고 있다. 모든 인간과 자연이 아무런 차별 없이 하나의 생명체로 존엄하게 존중받아야 함을 강조한다. 인간과 자연이 존재론적으로 동일할 뿐만 아니라 상호 의존관계를 맺고 있다고 보았다. 그 때문에 이 세계는 인간과 자연이 상호 의존의 원리로 이루어져 있다고 본 것이다. 소태산 박중빈은 우주의 모든 생명체와 우주 자체가 총체적으로 연기적 은혜의 관계를 맺고 있음을 말한다. 인간과 인간뿐만 아니라 인간과 자연 사이에 맺어진 은(恩)의 관계는 '서로 없어서는 살 수 없는 존재'라는 것이다. 그 때문에 하나의 생명이 존재하기 위해서는 수많은 다른 존재의 작용과 희생으로 존재함을 강조한다.

　함석헌은 씨울이 스스로 자기 생명이 하늘(天)의 본성임을 인식하게 되면 비폭력 평화주의를 깨우쳐 갈 수 있을 것이라 보았다. 씨울이 자신 안의 생명의 속을 깨달을 때 평화를 실천해 내는 바탕을 만들어가는 것이며, 평화운동의 강력한 원동력으로 작용한다는 것이다. 비폭력적 삶은 자신이 생명의 존엄함을 스스로 생각하고 활동하는 가운데 내재되어 있는 나와 모든 생명과의 삶이 얼마나 성스러운 것인지 자각해가는 과정이라 할 수 있다.

『논어』의 화이부동(和而不同)에서 '화(和)'는 화목하고 서로 잘 어울린다는 의미이며, '동(同)'은 동일의 의미를 갖고 있다. 바로 '화(和)'는 다양성을 인정하는 관용과 공존의 논리이다. 반면에 '동(同)'은 다양성을 존중하지 않고 획일화된 가치만을 수용하는 지배와 합병의 논리이다. '화(和)'의 논리는 다양성을 인정하는 관용의 논리이면서 나아가 공존과 평화의 원리이다. '조화로움'의 논리는 자기와 다른 가치를 존중한다. 타자를 흡수하고 지배함으로써 자기를 강화하려 하지 않고 사람과 사람 사이 간의 모든 차이를 존중한다. 따라서 타자화된 폭력성을 극복하기 위해서는 이러한 조화로움을 전제로 해야 한다.

많은 이들이 평화를 원하지만, 세상이 평화롭지 못하는 이유는 무엇일까? 이는 자기중심적 평화주의(ego-centric pacifism)의 자세에 의해서다. 상대방을 자기중심적 기준에 따라서만 긍정하는 제국주의적 평화관이 이에 해당된다. 종교들이 저마다의 평화를 내세우면서 종교의 이름으로 갈등을 키우는 자세*도 이 때문이다.

폭력의 원인은 자기를 중심으로 인간을 사물화 내지 타자화하는 데서 비롯된다. 이를 극복하기 위해서는 파편화된 인간을 넘어서 사이성과 관계성에 토대를 둔 공감적 감수성**을 회복하는 것이 중요하다. 이러한 사이성(betweenness)의 통찰에 대해 이찬수는 "공감적 관계성"을 주장한다. 그리고 공감적, 공생적 평화의 영성은 반드시 비폭력적 '저항운동'의 성격으로 드러나야 한다고 말한다. 타자화가 이루어졌다는 사실뿐 아니라 정확히 어떤 유형의 타자화가 어떤 방식으로 이루어졌는지에 대해서도 살펴야 한다. '타자화'는 기본적으로 추상적인 수준의 활동이 아니다.

특히, 울리히 벡(Ulrich Beck)은 종교에서의 '타자화'에는 "'선한 세력들', 즉 세계를 구원하기 위해 '악의 세력'에 대항해야만 하는 '선한 세력들' 간의 구별이 교차된다."고 한다. 이렇게 해서 유일신의 절대성으로 인해 타자의 세계라는 하나의 적대적 무리가 창조된다. 벡은 세계종교에서는 보편주의를 도구 삼아 위계적인 상하관계를 만들어 내는데, 그러한 위계관계로 인해 근본적인 다름이 부각된다고 말한다.*** 이는 위계관계가 신자와 불신자라는 이분법에 뿌리 박혀 있기 때문이다. 다시 말해서 종교에서의 우리와 타자의 구별은 결국 선과 악의

---

* 이찬수, 『평화와 평화들: 평화다원주의와 평화인문학』 (모시는사람들, 2016). 64.
** 한자경, 『칸트 철학에로의 초대』 (서광사, 2006), 109.
*** 울리히 벡, 홍찬숙 옮김, 『자기만의 신: 우리에게 아직 신(神)이 존재할 수 있는가』 (도서출판 길, 2013), 85.

구별이 된다. 따라서 앞으로 종교평화학의 핵심 가치는 "종교와 종교, 신과 인간, 인간과 인간, 인간과 비인간의 경계 극복"이라 할 수 있다.

5. 인간중심 '인(人)'권을 넘어 '녹색' 인권으로

인권의 내재적 가치는 인간의 인격체적 성격을 보장하기 위해서는 인간이 자신도 남들과 똑같은 가치를 지닌 소중한 존재라는 자기 인식, 그리고 남들로부터 똑같은 인간이라고 인정받을 수 있는 존재감을 가질 때 확립된다. 이런 자기 인식과 타자로부터 인정받을 수 있는 능력 자체가 바로 인권이라는 것이다.[*]

조효제는 『탄소사회의 종말』에서 이번 코로나19의 신데믹(Syndemic) 발생의 근본 원인은 기후위기와 밀접한 관계가 있고, 이는 곧 지구적 불평등을 심화시키는 사회학적 차원을 각인시켜 주고 있다고 한다. 또한, 개인뿐만 아니라 사회적 차원에서 탄소사회와 단절하려는 의지가 있어야 기후위기를 극복할 수 있는 길이 생기며, 인권은 그런 길을 찾을 수 있는 렌즈를 제공하고 있다고 강조한다. 기후변화라는 '자연적' 현상조차 사회적으로 구성되어 있다는 사실, 즉 기후변화가 젠더, 인종, 계급, 지역 등의 차별 구조를 개별적으로 그리고/

---

[*] 조효제, 『인권의 지평』 (후마니타스, 2016), 39.

또는 교차적으로 악화, 재생산한다는 점을 말한다. 그 때문에 기후변화를 자연과학적 시선으로만 프레임하지 않고 사회학적 상상력을 발휘하면서 사회구조, 제도, 사회의 조직 방식, 문화적 가치와 규범, 이념, 사회적 관행, 조직화된 부인 기제 등의 요소가 합쳐져 기후변화에 대한 사회의 대응 방식이 결정됨을 알 수 있어야 한다고 한다.

『탄소사회의 종말』에서 "인권의 눈으로 기후위기와 팬데믹을 읽다."라는 부제처럼 인권의 눈으로 전환하여 기후위기를 보려는 렌즈가 필요함을 강조한다. 기후위기를 인권의 눈으로 본다는 말은 기후위기 피해를 더 이상 천재의 불운으로 보지 않고, 인재에 의한 불의로 본다는 뜻이다. 기후변화에서 가해자에 해당하는 국가와 기업에 대해 책임을 물으려면 기후문제를 시스템적 정의의 관점에서 볼 줄 아는 눈이 필요하기 때문이다.

특히, 인권담론 형성에서도 인간중심적인 '인'권을 넘어 자연과 지구의 권리를 포괄하는 넓은 개념으로 진화되어야 함을 강조한다. 이는 세상을 생태적 질서에 어울리게 재구성해야 한다는 문제의식에서 새롭게 등장하고 있는 "녹색(green)"과 상통되고 있다. 녹색의 은유적 의미는 생태적 질서이며, 자연과의 유기적 관계성이다. 이 책에서 말하는 인권담론 역시도 생태적 사회학적 상상력과 더불어서 '인간' 중심에서 '관계성'으로 전환과 비인간 인격체의 법적권리가 어떤 형태로든 포함될 것이라 보고 있다. 그 때문에 녹색의 과정과 목적이 정치, 경제 등의 사회구조적 차원에서 현실화되고 인권의 렌즈에서 인간과 자연의 '민감한 감수성'의 접근방식이 "녹색 인권"을 가능하게 할 것이다.

"녹색 인권"이 중요시되는 것은 신자유주의 시대의 세계경제 체제로 인한 제국주의적 유산으로 인한 이른바 "녹색 강탈"의 현상이 일어나기 때문이다. 탄소를 많이 배출하는 선진국이 탄소 경제활동으로 인한 위기를 탄소 경제의 논리로 대응하겠다는 발상은 오히려 개도국의 물 부족, 일자리 부족, 불평등 악화 등 사회적 차원의 불평등을 강화시키게 된다. 이러한 생태 경제 논리는 '생태 제국주의'라는 비판을 받는다. 조효제는 기후위기에는 하나의 자연과학적 현상의 기후변화만 있는 것이 아니라, 여러 "기후위기들"이 있음을 알아야 한다고 한다. 또한, 최근에는 '기후변화 범죄학'이 등장했음을 말한다. 이를 생태학살 즉 에코사이드(echocide)라 한다. 이는 인간의 행위 또는 여타 원인에 의해, 거주자들의 평화로운 영토 향유권이 심대하게 훼손될 정도로 그 영토의 생태계의 광범위한 피해가 초래되거나 그것의 파괴 또는 상실이 발생한 것을 의미한다. 이러한 생태살해죄를 국제법에 포함시켜 기후변화에 대한 범죄적 책임을 물어야 한다는 국제적 인권운동이 전개되고 있다.

이처럼 기후위기와 지구적 불평등은 서로 악순환한다. "부는 상층에 축적되고, 위험은 하층에 축적되고 있다."는 울리히 벡의 명제는 탄소 경제의 논리로 보편화되어 가고 있다. 녹색 인권은 녹색이라는 관계성에서 이루어지며, 인간과 자연의 조화를 넘어서는 영역이기도 하다. 또한, 기후위기로 인한 지구적 불평등을 줄여나가는 과정의 세계이다. 조효제는 기후위기를 인권의 눈으로 이해하고 유의미한 질적 변화를 이루어내기 위해서는 밀스(Mills)가 제시한 대로 "개인과 사회, 개인의 이력과 역사, 자아와 세계 사이의 상호작용을 포착할 수 있는" 사회학적 상상력을 키울 필요가 절실하다고 강조한다. 기후위기는 21세기 인권이 마주한 심각한 도전이다. 녹색 인권 담론이 보편적 재난, 차별적 피해를 극복하고 기후위기라는 '실존의 세기'를 건너는 희망으로 제시되어야 한다.

6. 공(公)이 공(共)한 평화공동체

공(公)이란 '어느 쪽으로 치우치지 않고 공평한'이란 뜻을 지니고 있으며, 공(共)이란 '여럿, 함께, 하나'라는 뜻을 가진 말이다. 함께 한다는 것은 타자를 전제할 수밖에 없다. 인류세의 시대는 개인적 차원이 아니라 공동운명체로서의 전 인류적 차원의 인간-자연 상관관계성에 근거한 의식과 가치관, 생활방식의 전환을 필요로 한다.* 인간과 인간, 인간과 자연의 "관계"에 대한 새로운 성찰을 가능하게 한다. 따라서 종교가 지향하는 평화에 대한 올바른 인식과 사회와의 실천적 연대의 과정이 필요하다. 이는 지구공동체로서의 새로운 윤리와 평화공동체의 가능성을 이야기 할 수 있다.

공동체(共同體)는 '같음(同)을 공유(共)하는 단체(體)'를 말한다. 획

---

* 신두호, "환상에서 현실로: 인류세, 기후변화, 문화적 수용의 한계", 『인문과학』 60, 2016. 76.

일적인 '같음'을 중시하기보다는 '공유'를 중요시해야 한다. 또한, 공동체는 개인들의 가치, 규범 등을 공유하고 내재적 선(善)을 실현하기 위하여 협동하는 인간 활동이다. 박상필은 "공동체 사회란 일정한 지역의 사회 구성원 사이에 자발적인 참여와 연대에 기초하여 공동의 문제를 함께 해결해가는 사회제도이며, 개인의 자유와 권리가 보장되면서 다양한 가치관을 공유하는 사람들이 모여 다양한 공동체를 만들고 공통적이고 이상적인 삶을 추구하는 것"이라 한다. 평화를 정착시키기 위해서는 공동체 사회 내에 평화 감성의 공공(公共)의식을 만들어가야 한다. 공(公)은 자신의 사적(私的)인 영역을 넘어선 가정, 사회, 국가, 세계 등의 공적인 영역을 의미하고, 공(共)은 공적영역 안의 구성원들 간에 서로 소통을 중시하는 것을 의미한다. 개인의 자유의지, 인권, 생명의 존엄성 등을 확보하면서 공공의 보편적 실천윤리를 만들어가는 것이다.

공공의식은 이성적인 소통과 조화를 통해서 평화가 하나의 형이상학적 가치를 지니고 있다는 것을 인식해야 한다. 이러한 공공의식을 '공공(公共)하는 철학'에서는 '듣고 이야기하고 대화'하는 철학이라고 한다. 서로 다른 다양한 의견, 입장, 목표를 갖고 살아 움직이는 복수의 인간들이 함께, 서로 마주하여 진솔하게 대화하는 철학이다. 평화운동가 로젠버그(Rosenberg)는 비폭력적 소통을 제시하면서 진정한 의사소통은 "자비로운 연결"을 근간으로 한다고 말한다. 언어 자체보다 그 언어의 내면, 즉 마음이 더 중요하며 소통과 대화도 연민에 기반해야 한다는 것이다.

사회학자 로버트 벨라(Robert Bellah)는 공동선과 공익 그리고 공론을 강조하는 "공공성(公共性)"의 윤리는 종교가 담당할 수 있으며 사회문제를 해결하는 데 일정한 역할을 할 수 있을 것이라 제시했다. 하지만 평화가 공동체 사회에서 공동의 목적으로 설정되어 있어도 저마다의 유리한 형태로 평화를 상상하기 마련이다. 그 때문에 자비로운 연결의 대화와 다양성과 차이를 존중하는 조화로움의 공공의식은 평화공동체를 향한 공(公)이 공(共)하는 "공공성(公共性)"을 찾아가는 과정을 중시한다.

　종교평화는 "평화다원주의"의 관점에서 대화적이고 관계적인 것이라는 인식, 저마다의 신념은 타자에 대한 긍정, 개성의 존중, 자유의 인정 안에서 타당해진다는 사실을 종교의 근본으로 삼는 것이다. 벡은 종교 근본주의의 폭력성이 자기 확장에 있다는 것을 경계하면서 세계정복적 보편주의를 극복의 대상으로 삼으며, 세계시민주의를 대안으로 삼는다. 세계시민주의는 사고방식과 공존 행위를 통해 '다름'을 인정하는 자세이며, 종교의 다름의 인정이 종교적 세계시민주의*의 핵심이다. 이를 위해 벡은 종교와 종교적인 것, 즉 명사인 종

---

* 울리히 벡의 종교적 세계시민주의는 사고방식과 공존, 행위를 통해서 종교적 다름을 인정하는 것이다. 거기서는 종교적 다름을 인정하는 것이 원칙이다. 이 점에서 종교적 세계시민주의는 보편주의와 구별된다. 문화적 종교적 차별화가 위계적으로 배치되지도 않고 또 소멸하지도 않기 때문이다. 종교적 타자를 특수하면서도 동시에 보편적이고, 다르면서 동시에 동일한 권리를 가지는 존재로 인식한다. (울리히 벡, 홍찬숙 옮김, 『자기만의 신: 우리에게 아직 신(神)이 존재할 수 있는가』(도서출판 길, 2013), 103)

교와 형용사인 종교를 구별할 필요가 있다고 제시한다. 명사로서의 '종교'는 이것과 저것의 이항대립의 논리에 맞춰 종교 영역을 규정하지만, 형용사로서의 '종교적'은 세계 속에서 종교에 제기하는 실존적 질문에 접근하는 태도를 의미한다. 형용사 '종교적'은 경계를 흐릿하게 하면서 포괄적이며 통합적인 대안을 상상하게 한다.

세 가지의 다원주의
—안보·평화·그리고 종교

이찬수(레페스포럼 대표)

1. 들어가며

레페스포럼(REligion and PEace Studies Forum)은 종교간 대화를 통해 평화를 추구하려는 목적으로 결성된 연구와 토론 모임이다. 종교 본연의 정신을 사회화함으로써, 한반도, 나아가 아시아 전역에 평화문화를 확장시키자는 선의를 가지고 정기적인 토론을 해왔다.

그런데 종교인도 사회의 구성원이고, 국가 단위의 정치와 경제의 주체이며, 무엇보다 세계시민의 일원인 한, 관련 연구와 토론이 특정 종단 중심의 교리적 언어에만 머물 수는 없는 노릇이다. 더욱이 종교적 정신을 기반으로 평화를 지향한다고 할 때, 그 평화가 단순히 개인의 내면적 안정감 정도에 머물지 않으려면, 각종 사회적인 문제, 국내 정치와 경제적인 문제, 국제 정치와 외교적인 문제 등에 둔감해서는 안 된다. 종교 연구자도 사회와 국가, 그리고 세계에 통하는 상식적 종교언어를 개발해나가야 하는 상황에 있는 것이다.

이 글에서는 국내외의 정치 상황을 염두에 둔 '안보'의 문제를 다원주의적 관점에서 재해석하면서, '안보다원주의'의 개념을 제시하고, 이 다원주의를 평화와 종교 영역에 적용해, 한반도와 동아시아에 어울리는 다원주의적 평화론으로 이어가고자 한다. 국내외에서 '한반도' 하면 떠올리는 북핵 문제를 시작으로, 안보다원주의, 평화다원주의 그리고 종교다원주의라는 세 가지의 다원주의와 그 상호관계성에 대해 정리해보도록 하겠다.

2. '북핵'을 문제로 삼는 이유

북한의 핵무기 문제는 한반도를 넘어 아시아의, 나아가 세계적 차원의 관심사이다. 북핵 문제, 정확히 말해 북한의 비핵화 문제는 한반도와 아시아의 평화를 이루는 관건처럼 여겨진다. 왜 북한의 비핵화가 국제사회의 요구 사항이 된 것일까.

북한은 물론, 미국, 러시아, 중국 등 대다수 핵보유국들이 핵무기를 개발한 이유는 기본적으로 자신의 안전을 위해서이다. 그런데 문제는 저마다 자신의 안보를 위해 군비를 확장하는 행위가 서로 경쟁적으로 상승작용을 하면서 저마다의 안보가 서로에게 불안의 계기가 된다는 것이다. 핵무기를 보유하는 이유는 일차적으로는 자체의 안전 보장을 위한 것이지만, 자신의 안전을 보장하려는 노력은 누구나 어느 나라나 하는 행위이다 보니, 세계적으로도 안전이라는 이름의 불안이 지속되고 있는 것이다. 특히 타자의 안보를 무력화시키려는 의도를 가지고 타자보다 월등하게 자신의 안보를 강화하다 보니, 서로가 자신의 안보를 강화하면 할수록 그 행위가 타자에 대해서는 폭력으로 이어질 가능성이 커진다. 이러한 사실이 이 글의 기본적인 문제의식이다.

이 글에서는 안보 불안의 근거를 해소한다는 명분 하에 특정 국가
(가령 북한)를 사실상 무장 해제시키는 방식으로 강대국 중심의 국제
질서를 유지하려 해온 저간의 흐름을 비판적으로 짚어보고자 한다.
북핵 문제의 원인에 대한 정치적 대답을 찾는 데 목적이 있는 것은
아니다. 그보다는 자기중심적 안보가 도리어 불안을 야기하고, 남을
희생시키는 방식으로 그 불안을 해소시켜온 국제정치적 역학의 심
층을 비판적으로 드러내보려는 것이다. 평화와 안보의 관계에 대해
정리하면서 문제를 하나씩 풀어가 보자.

3. 힘에 의한 평화와 안보딜레마

이천 년 전 문헌인 '성경'에 이런 말이 있다: "힘센 사람이 무장하고
자기 궁전을 지키는 동안 그의 소유는 '평화 안에 있습니다(엔 에이
레네)'."(누가복음 11:21) 지금도 그렇듯이, 이천 년 전 이스라엘에서도
'평화'를 더 큰 힘에 의해 보호받고 있는 상태로 이해하고 있었음을
보여주는 사례이다.

'더 큰 힘에 의해 보호받고 있는 상태'는 '안보(安保, security)'의 다
른 이름이기도 하다. 힘센 사람이 무장하고서 자신의 소유물을 지키
는 행위가 그렇듯이, 안보란 어떤 힘에 의해 무언가가 지켜지고 있는
상태이기도 하다. 안보라는 개념 자체가 무언가 막아야 하는 외부의
힘 혹은 폭력적 상황을 전제한다. 실제로 사전에서도 안보는 "외부
의 위협이나 침략으로부터 국가와 국민의 안전을 지키는 일"로 규정

되며, 국방, 국제정치, 외교의 주요 과제이다.

문제는 누구든지 다른 힘을 막기 위해 자신의 힘을 쌓고 이용하는 데서 발생한다. 안보는 힘으로 나를 지키는 행위를 기본으로 한다. 그런데 저마다 힘으로 자신을 지키려다보니, 힘들이 서로 충돌하며 갈등한다. 갈등을 해소하고 안전을 도모한다며 다시 더 큰 힘을 추구한다. 역시 저마다 그렇게 한다. 저마다 힘을 키우기 위한 투자가 지속된다. 그럴수록 실질적인 삶의 질은 뒷전으로 밀리고, 안보가 '편안히(安) 보전(保)'되는 상태이기는커녕, 도리어 불안(不安)의 계기가 된다. 서로가 힘을 키우면서 불안은 여전히 지속되거나 더 커진다. 안보에 대한 투자가 안보 불안을 키우는 역설, 안보딜레마가 지속되는 것이다.

4. '안보가 안보에게 늑대이다'

이러한 모순은 저마다 나의 안보만 중요하며 남의 안보는 나에게 위협이라고 생각하는 데서 비롯된다. 그러나 나의 안보, 우리의 안보가 있듯이, 누구에게나 저마다의 안보가 있다. 나의 안보만이 아니라 너의 안보도 있고, 너희의 안보는 물론 그들의 안보도 있다. 안보는 하나가 아니라 사실상 여럿이라는 말이다. 현실에서 안보는 언제나 복수이다. 하나의 '안보(Security)'가 있는 것이 아니라, 여러 '안보들(securities)'이 있다. 이런 상황을 인식하지 못한 채 저마다 자신의 안보만 중시하면서 다른 안보와 충돌하는 것이다.

서로 충돌하는 안보들 사이의 자세, 안보들의 성격은 기본적으로 동일하다. 성경이 전하는 이천 년 전 이스라엘의 상황이 그랬던 것처럼, 오늘날에도 안보는 나의 소유를 지키고 키우려는 마음에다가 남이 나의 소유를 뺏어갈지 모른다는 불안이 덧붙여져 있다.

이처럼 무장하고 나의 소유를 지킨다는 말은 누군가 나의 소유를 탐낸다는 사실을 전제한다. 그런데 나의 소유를 탐낸다고 여겨지는 상대방도 누군가 자신의 소유물을 탐낸다고 생각한다. 이런 식으로 서로가 서로를 경쟁자이자 적으로 여기는 상황이 지속된다. 널리 알려진 바와 같이, 토마스 홉스(Thomas Hobbes)가 『시민론』(De cive, 1642)의 서두에서 '사람은 사람에게 있어서 늑대이다(homo homni lupus)'라고 규정한 바 있다. 마찬가지의 논리로 『리바이어던(Leviathan)』(1651)의 「인간론」에서는 이것을 "만인의 만인에 대한 투쟁(bellum omnium contra omnes)"이라는 말로 이어갔다.

홉스에 의하면, 인간은 '자기가 원하는 대로 자신의 힘을 사용할 자유'를 일종의 자연권처럼 가지고 태어난다. 자기를 보존하기 위한 가장 효과적인 수단은 '힘'이다. 그런데 저마다 힘을 최고의 수단으로 생각하며 힘을 더 쌓기 위해 경쟁한다. 힘을 쌓기 위한 경쟁에 허영심, 시기심, 불신감 등이 덧붙여지면서, 힘의 경쟁이 격화되고, 전쟁이라는 비극으로 이어진다. 이것이 인간의 '자연 상태'이며, 전쟁은 이 자연 상태가 극단적으로 나타나는 사례이다. 홉스에 의하면, 이런 상황을 극복하려면 상호간 계약을 맺어 개인이나 집단의 싸움을 제한시키는 상위의 힘, 즉 '국가'를 구축해야 한다. 홉스는 국가를 성경에 나오는 거대한 괴물인 '리바이어던(레비아탄)'이라 명명하면서, '국가는 절대적인 주권자'라고 규정했다.

서로가 서로를 신뢰하지 못한 채 서로의 안보가 충돌하고 안보가 불안의 원인이 되는 이런 상황을 어떻게 극복해야 할 것인가. 상호 합의 하에 가령 '유엔'과 같은 세계 기구에 막강한 권한을 이양해서 각종 충돌을 사전에 예방하거나 제압하면 가능할 것인가. 완전히 불가능한 상상은 아니다. 하지만 그러한 '리바이어던'을 탄생시키는 과정에 또다시 서로에게 유리한 자리를 점하고자 하는 음모와 의도들이 충돌하면서 이런 계획은 사전에 좌초될 가능성이 훨씬 크다. 갈등이나 충돌을 거대한 힘에 의한 외부적 제압만으로 다 해결할 수는 없다는 뜻이다.

그보다는 훨씬 근본적인 문제의식과 그에 대한 공감적 확장이 필요하다. 홉스가 '만인의 만인에 대한 투쟁'을 막기 위해 국가의 구축을 요청했지만, 국가가 설립된 이후에도 국가 주도의 전쟁이 지속되어 왔고, 오늘날도 국가안보라는 이름으로 국방력을 강화하는 데 전 세계가 '올인'하다시피 한다. 그러면서 안보라는 이름의 불안이 지속되고 있다.

5. '안보'와 '안보들'

왜 안보라는 이름의 불안이 벌어지는가. 안보가 안보에게 딜레마인 이유는 전술했듯이 나의 안보만을 안보의 전부로 여기기 때문이다. 저마다 남의 안보를 나의 경쟁 상대이거나 적처럼 생각하기 때문이다. 저마다 자신의 안보를 '대문자 안보(Security)'로 여기는 데서 벌어지는 일이다. 자신의 안보만을 절대적인 가치인 양 생각하면서 절대를 내세운 상대적 가치들의 충돌로 이어지고 있는 것이다.

현실에서 '대문자 안보(Security)'라는 것은 없다. '소문자 안보들(securities)'만 있을 뿐이다. 이런 생각을 국가 단위에 적용하면서 국가안보라는 이름으로 국가들이 전쟁의 위협에 노출되고 더 불안해지는 모순으로 이어지는 것도 마찬가지이다. 안전을 누려야 할 최종 주체는 개개 인간임에도 불구하고, 안보가 추상적인 국가 단위에서 논의되면서 인간안보는 언어로만 존재할 뿐, 현실에서는 무력적 힘들 사이의 긴장으로 이어지고 있는 것이다.

이것은 라인홀드 니버가 『도덕적 인간과 비도덕적 사회』를 통해 개인은 어느 정도 도덕적인데 사회는 비도덕적일 수밖에 없는 모순된 현실을 분석했던 것과 비슷한 구조이다. 위 책의 요지는 다음과 같다: 가령 개인이 낯선 타인을 대할 때 가족이나 친구에게 하듯이 도덕적인 행동을 할 수 있다면 사회와 국가도 도덕적일 수 있을 것이다. 하지만 모르는 이에게까지 그렇게 하기는 힘들다. 자신에게 어떤 피해가 올까 염려스럽기 때문이다. 그런데 나만 그런 것이 아니라 남들도 그렇게 한다. 그런 자기중심적 행동들이 중층적으로 겹치면서 사회는 비도덕적으로 되어간다. 만일 안보는 나에게만이 아니라 너에게도 필요하다는 사실을 의식한다면, 애당초 무장을 하고 자기 소유물을 지켜야 하는 위험한 상황을 만들지 말자는 공감대가 형성될 수도 있을 것이다. 하지만 현실에서는 그런 의식이 거의 없는 탓에 사회는 계속 비도덕적으로 나아간다.

사실 안보의 주체는 인간이어야, 특히 개인 한 사람 한 사람이 되어야 한다는 문제의식 하에 유엔개발계획(UNDP, United Nations Development Program)『인간개발보고서』(1994)에서 '인간안보(human security)'라는 개념을 제시한 바가 있기도 하다.* 안보를 국가 단위에서 인간 개인의 단위로 전환하고, 인권, 환경(생태), 민주주의 등을 구현해서 개인이 피부로 느끼는 평화를 추구하자는 것이었다. 국가안보의 내용을 그 구성원인 인간이 느낄 수 있도록 실질적으로 보완하는 입장이라고 할 수 있다. '국가안보'의 모순에 대한 문제의식을 가지고 안보 본연의 길로 들어서고자 했던 사례라고 할 수 있다.

하지만 '인간안보'조차 만일 개인들이 자기중심적 선택과 행동으로 이어가고 힘에 의한 자기 안전을 추구하는 한, 안보딜레마에 빠지기는 마찬가지이다. 과거에 비하면 인권 의식과 사회적 자본이 한결 커졌지만 그에 비례해 상대적 박탈감이 더 커진 것도 비슷한 이치라고 할 수 있다. 이런 현상은 다른 분야에서도 두루 보인다.

국가 단위의 '주권'을 개인 단위의 '인권'으로 가져올 때도 그렇다. 가령 '인권'을 자기중심적 '자권(自權)'으로만 상상하고, 남의 인권[他權]을 나의 인권 다음으로 미루거나 하위로 두는 순간 인권이라는 이

---

* UNDP, Human Development Report 1994-New Dimensions of Human Security(New York: Oxford University Press, 1994)

름의 억압이 발생한다.* 인권(人權)은 나[自]와 너[他]의 권리를 두루 포함하는 언어이지, 나의 권리만이 아니기 때문이다. 나의 종교를 기준으로 상대방의 종교를 열등하거나 오류처럼 보는 배타적 종교 관도 마찬가지이다. 환경문제도 마찬가지이다. 만일 환경을 인간에 대해 객체로만 생각하거나 인간의 배경(background) 정도로 생각한 다면 그 배경이 다시 인간에 도전해온다. 환경은 인간을 둘러싼 배경이거나 인간을 위한 수단이 아니라, 인간을 포함하는 더 큰 생명의 세계이기 때문이다. 민주주의도 반사회주의 혹은 절대적 자유주의처럼 오해되면 민주의 이름으로 '만인의 만인에 대한 투쟁'이 벌어질 가능성도 커지게 된다.

6. 세 가지의 다원주의
: 안보다원주의, 평화다원주의, 종교다원주의

이것을 안보의 문제로 가져오면, 서로 대립하는 소문자 안보들 (securities) 간 조화를 도모해야 한다는 뜻이 된다. 여러 안보들 간 조화, 수용, 이해를 통해 실제로 모두의 안보를 담보하는 '우산'과 같은 상위의 안보를 계속 추구해야 한다. 상위의 안보란 나만의 안보가 아니라, 나와 너는 물론 우리 모두가 안전해지는 상태이다. 안보를

---

* 이찬수, "自權에서 他權으로: 그리스도교적 인권론", 영남대학교인권교육연구센터, 『인권 이론과 실천』 4, 2009.

이룬다면서, 개인 단위에서든 국가 단위에서든, 안보 때문에 불안해지는 역설을 극복해야 하는 것이다.

필자는 평화를 '대문자 단수(Peace)'가 아니라 '소문자 복수(peaces)'로 이해하고서, 소문자 '평화들' 간의 상호 인정과 수용, 이해와 타협을 통해 대문자 '평화'로 나아가는 길을 '평화다원주의(Pluralism of Peace)'라는 개념으로 규정한 적이 있다.* 많은 이들이 평화를 원하지만 평화롭지 못한 원인의 하나를 '자기중심적 평화주의(ego-centric pacifism)'로 명명하고서, 평화 역시 '평화들'이라는 복수성을 인정하고 수용하는 곳에서 모습이 드러나기 시작한다는 취지였다. 평화인식의 다양성을 인정하고, 서로 손을 맞잡는 그만큼 '대문자 평화'가 모습을 조금씩 드러내기 시작한다는 뜻이었다. 어떤 것이 옳으냐 그르냐는 대화의 내용이나 과정에 포함될 수는 있지만, 출발이나 전제가 되어서는 안 된다. 저마다 자신의 평화가 객관적이고 절대적인 평화인 양 내세우는 곳에서 평화라는 이름의 갈등이 벌어지기 때문이다.

마찬가지로 힘에 의한 안보는 기본적으로 힘들의 대립을 낳는다. 평화를 다원주의적으로 이해해야 하듯이, 안보도 다원주의적으로 이해해야 한다. 힘들의 균형, 대화를 통한 소문자 '안보들(securities)' 간의 타협의 과정을 통해 대문자 '안보(Security)'로 나아가는 길을 걸어

---

* 이찬수, 『평화와 평화들: 평화다원주의와 평화인문학』 (모시는사람들, 2016), 57-62.

야 한다. 자신을 지키기 위한 힘을 저마다 조금씩 내려놓는 것이다. 소극적 차원에서는 국내외 관련자들의 대화와 타협을 통한 상호 군축(reduction of armaments)이고, 적극적 차원에서는 민주주의 및 인권의 실천이며, 인간과 인간, 인간과 자연의 조화로운 삶이다. 국가 혹은 국방 단위의 안보에 머물지 않고, 인간안보로 확장시키는 것이다.

물론 인류는 국가 단위의 안보 불안을 여전히 해소하지 못했고, 인간안보는 더욱이나 실현해보지 못했다. 인간안보도 온전히 안전한 상태를 지향하는 '과정'으로만 나타날 뿐이다. 대문자 평화, 대문자 안보는 종교에서 말하는 '하느님 나라' 혹은 '불국토'처럼 영원한 이상과 목표의 형태로 존재한다. 종교적 '하느님 나라'나 '불국토' 혹은 '개벽'이 다원주의적 자세를 하지 않고서는 추구될 수 없는 이상 세계라는 사실과도 통한다.

7. 한반도 안보트릴레마

현실에서의 안보는 늘 딜레마에 처해있다. 한반도의 상황은 일반적인 '딜레마'보다 더 복잡한 상황에 처해있다. 이와 관련해 구갑우는 한반도의 맥락에서 '트릴레마'라는 말을 사용한 적이 있다. 가령 ① 한반도 비핵화, ② 한반도 평화체제, ③ 한미동맹의 지속, 이 세 가지는 한국에서 모두 중요하고 필수적이지만, 한국 정부가 동시에 달성할 수 없는 정책 목표, 즉 트릴레마라는 것이다. 한국 정부는 이 세 정책 목표를 모두 추구해야 하지만, 실제로 만들어낼 수 있는 것은 두 가지뿐이라는, 즉 애를 써서 두 가지를 해결하면 하나가 더 꼬이는 모순적 상황 속에 있다는 것이다. 한반도에서는 당면과제 세 가지가 2대 1의 구도로 충돌하는 상황 속에 있다는 것이다.

구체적으로 말하면, ①한반도 비핵화와 ③한미동맹을 같이 지속하려면 북한에 대한 강압 정책 또는 전쟁을 통한 북한 붕괴의 길을 선택할 수밖에 없으니, ②한반도 평화체제가 이루어지지 않는다는 것이다. ②한반도 평화체제의 구축과 ③한미동맹을 동시에 지속하려면 북한이 핵보유국이라는 사실을 인정할 수밖에 없으니 ①한반도 비핵화가 이루어질 수 없다는 것이다. ①한반도 비핵화와 ②한반도 평화체제를 이루려면 ③한미동맹의 형태나 수준을 변화시켜야 하는데 남한의 친미주의자나 동아시아에서 미국의 영향력을 훼손하지 않으려는 미국 주류의 입장 때문에 그것도 어렵다는 것이다. 만일 한국 정부가 나서서 한미동맹의 방향과 강도를 수정했는데도 한반도 비핵화와 한반도 평화체제를 달성하지 못한다면 국내정치적 파국에 직면할 수도 있다는 것이다. 한반도를 둘러싼 형세에 대한 적절한 분석이며, 형식논리상으로도 그럴듯하다.

8. 트릴레마의 돌파구

그러나 현실은 형식논리 안에 갇히지 않는다. 현실은 늘 변화한다. 현실적 난제에도 불구하고 세 가지 '렘마들' 간 선택지도 있다. 그것은 안보가 안보에 대해 불안의 근원이 되는 현실을 인식하고, 안보의 다양성을 인정하려는 노력에서 찾아진다.

물론 안보의 다양성을 실제로 인정하기란 대단히 어렵다. 종교에서 다원주의를 인정하기 힘들어하고, 평화를 위해 자기중심성을 내려놓고 타협하는 일이 대단히 어려운 것과 마찬가지이다. 이러한 심층적 모순에 대해 인식하고 그 해결을 위한 실천적 의지를 도모하지 않는 한 안보는 요원하다. 나의 안보도 여러 안보들 가운데 하나라는 사실에 대한 인식을 확보하고 확장해나가야 한다. 물론 그 과정에 복잡한 양보와 합의의 과정이 필요하다. 이러한 과정을 거치면서 '대문자 안보'가 구체화되기 시작한다.

안보를 말하는 근본 이유, 그리고 무엇이 안보의 최종 목적인가를 늘 생각해야 한다. 그러면 두 가지 렘마, 즉 '디-렘마(di-lemma)'의 상황이나 수준이 다르다는 사실이 보인다. 구갑우가 제시한 한반도 트릴레마의 세 난제, 거기에도 우선순위가 있다는 사실이 보인다. 그 차이 가운데 제일 평화적인 것을 우선시해야 한다. 안보의 최종 목적이 무엇인지 진지하게 확인해야 하는 것이다.

셋 가운데 최종 목적은 평화, 즉 '한반도 평화'이다. 평화가 우선이자 목적이다. 비핵화와 한미동맹은 어디까지나 평화로 가는 수단이지 그 자체가 목적은 아니다. 이렇게 본 뒤 누가 한반도의 평화를 이룰 수 있을지 물어야 한다. 물론 그것은 관련자 모두의 몫이다. 하지만 그중에도 관심과 정도의 차이가 있다. 한반도 평화를 가장 원하는 이는 한반도 구성원이다. 특히 한반도의 평화를 가장 아쉬워하는 곳은 남한이다. 가장 원하는 이가 손을 내밀어야 한다. 물론 북한도 평화를 원한다. 한반도 통일을 바라는 이가 북한은 95% 이상, 남한은 그 절반 수준이라는 점만 보면, 북한이 평화를 더 원한다고 볼 수도 있다. 하지만 지난 70년 이상 행해온 독자적 정책의 원심력이 여전히 작용하고 있을 뿐만 아니라, 북한에 대한 구미 세계의 압박이 강해 평화를 향한 공식적 모멘텀을 찾기가 남한보다 어렵다. 물론 그럴수록 김정은 위원장의 긍정적 역할이 좀 더 기대되는 상황이기도 하다.

그렇더라도 역시 평화의 모멘텀은 국제사회에 더 개방적인 한국에 있다. 한국 정부가, 근본적으로는 다수 국민이 먼저 평화로 나아가려 노력해야 한다. (이를 위한 대국민 평화교육이 전제되어야 하는 것은 물론이다.) 그것은 남과 북이 말하는 평화, 그 길과 목적이 달리 설정되어 있다는 사실을 인정하는 데서부터 시작된다. 북한의 현실을 긍정하면서 현실에서부터 한 걸음씩 공감대를 확보하고 확대해가야 하는 것이다.

이때 한반도 평화의 추구가 세계의 다양한 평화 목소리들과 대립한다면 역시 한반도 평화가 갈등의 원인이 될 수도 있고, 같은 소모적 논리에 빠진다. 노골적인 정치적 접근은 가령 중국(이나 일본)을 불편하게 만들 수도 있다. 인류애적 정서에 호소하는 것부터 단계를 밟아나가야 한다. 인류의 평화에 도움이 되는 한반도 평화여야 한다.

이념과 문화 차이로 인한 세계의 다양한 평화 목소리들을 일단 인정한다는 메시지를 세계에 발신해야 한다. 평화라는 이름의 폭력이

준 상처를 보듬을 줄 알아야 한다. 그런 뒤 한국이 할 수 있는 만큼 무언가 양보하는 모양새를 갖추어야 북한과 세계의 인정을 받는다. 이것이 가장 가능성 있는 트릴레마의 돌파구이다.

한반도 비핵화(사실상 북한의 비핵화)는 한반도 평화를 위한 핵심 과제이자 주요 과정이다. 전술한 대로 한미동맹도 적어도 한국인에게는 한반도 평화라는 최종 목적을 위한 주요 수단이다. 한미동맹 자체가 한반도와 인류의 평화보다 궁극적일 수는 없다. 한반도를 둘러싼 한미동맹 체제도 결국은 한반도의 평화를 위해 존재하는 것이다. 한국의 정부는 어떤 정권이 들어서더라도 이러한 문제의식을 반드시 견지해야 한다.

9. 뉴욕타임즈에 광고하고 BTS에 요청하라

하지만 동시에 이 지점이 사태를 풀어나가기 가장 어려운 지점이다. 세상은 한국이 원하는 대로 움직여주지 않는다. 기본적으로 미국은 미국대로 미국 중심적이며, 미국의 대북관도 다양해서 한국 정부의 목소리에 동일한 답을 내놓지 않는다. 정권에 따라 정도의 차이는 있지만 어디서든 강경 매파가 있고, 그 다음가는 우파도 있다. 민주당이든 공화당이든 세계에서 미국의 입지를 약화시킬 것으로 예상되는 정책에 대해서는 한결같이 반대한다. 설령 북한이 핵을 포기한다고 해도 그 과정에 아시아에서 미국 내 입지가 약화되는 방향으로 가지 않도록 다른 방식의 대중국 압박 정책이 강화될 테고, 그것은 예상치 못한 방식으로 북한의 핵무장을 다시 강화시키는 계기가 될 수도 있다. 나아가 아시아 전체의 긴장을 강화시키는 쪽으로 움직일 수도 있다.

일본의 정치적 환경도 늘 변수이다. 일본의 자민당 정권은 지금까지 그래왔듯이 정권의 유지와 일본의 재무장을 위해 늘 대북 강경파의 자리에 선다. 미국 국가안전보장회의 보좌관이었던 존 볼턴의 회고록(『그 일이 일어난 방』)에서 적나라하게 드러났듯이, 일본은 문재인 정부가 주선했던 북미 정상 회담을 대단히 불편해했다. 한반도의 평화가 일본과 현 자민당 정권에게 손해를 가져다 줄 것이라고 생각했기 때문이다. 자민당 정권이 지속되는 한 일본의 한반도 정책의 본질은 변하지 않을 것이다. '일대일로' 정책으로 세계적 영향력을 확보하고 특히 아시아에서 미국과의 경쟁에서 뒤지지 않으려는 중국의 경우 외견상으로는 한반도 문제에서 한발 물러서 있는 것처럼 보인다. 가령 중국 국가주석 시진핑은 늘 한반도의 자주적 통일과 평화를 지지한다고 말한다. 이때 '자주적'이라는 말 속에는 미국이 한반도에, 특히 군사적으로 개입하는 것을 반대한다는 뜻이 들어있다. 중국도 한반도의 비핵화를 원한다고 반복적으로 말하지만, 여기에는 한반도에서 미국의 영향력을 축소시키라는 우회적 요구가 들어있다. 그래야 중국이 나래를 펴는 데 한결 유리하기 때문이다. 이런 식으로 한반도 문제는 한반도만의 문제가 아닌 까닭에 안보딜레마, 심지어 트릴레마라는 말까지 만들어지고 있는 상황인 것이다.

그렇다면 한반도 평화를 열어줄 첫 열쇠는 역시 한국인과 한국 정부에 있을 수밖에 없다. 한국 정부는 남북 모두에게 유리한 상생적 정책을 늘 고민해야 한다. 반북적 국제질서에 예민하게 반응하고 주로 '뾰족한' 대응적 외교에 익숙해진 북한에게 한국이나 미국적 여유나 협의의 국제적 관례만을 일방적으로 요구해서는 사태를 해결하지 못한다. 김정은 정권을 포함하여 북한을 있는 그대로 인정한다는 사실을 강하게 각인시켜야 한다. 그리고 남과 북이 만나야 할 명분과 실리를 북한에 지속적으로 주어야 한다.

그리고 대외적으로는 특히 미국 사회 전체를 설득해야 한다. 미국은 특정 대통령의 나라가 아니다. 미국인의 나라이다. '뉴욕타임즈'나 '워싱턴포스트' 같은 유력 언론에 평화를 위한 감동적 전면광고를 해야 한다. 여러 차례 해서라도 미국 시민사회를 설득해야 한다. 한반도의 평화가 중국의 한반도 개입 가능성을 줄여 동아시아의 긴장을 완화시키고 미국에게도 경제적으로 유리하다는 사실을 알려야 한다. 북한을 통해서도 미국에 이익이 될 수 있다는 사실을 미국인 다수가 인식할 수 있도록 해야 한다.

물론 어려운 문제이다. 이러한 요구를 특히 탑다운 방식의 정책으로 구체화시키기는 불가능에 가깝다. 오래 걸리더라도 미국 시민사회를 설득해야 한다. 한반도의 평화가 미국 전체에도 이익이 된다는 사실을 미국 시민사회에 알려야 한다. 광고비는 제법 들겠지만, 그것이 대통령의 일회적 유엔 연설보다 효과가 몇 배 클 것이다.

청년들의 자존감에 기반한 사랑과 평화를 노래하는 BTS같은 아이돌 그룹이 전 세계의 청소년에게 평화의 감성을 심을 수 있도록 우회적으로 지원해야 한다. 대기업이 엄청난 광고비를 쓰는 이유는 결국 광고비를 훨씬 상회하는 이익으로 돌아오기 때문이 아닌가. 유튜브나 각종 SNS를 활용해 전 세계 젊은이의 정서와 교감할 수 있을 동영상을 대폭 제작해 두루 확산시켜야 한다. 손을 내미는 쪽이 진짜로 강한 쪽이다.

10. 진짜 강한 이의 몫

세 가지 렘마들 간 힘의 균형은 더 힘이 큰 쪽에서 한 발 물러서거나 문을 여는 데서만 이루어진다. 물론 힘이 있는 쪽에서는 손을 먼저 내밀지 않는 것이 힘 중심의 현 국제 질서에서 일반적이다. 그렇다면 차선은 가장 필요로 하는 쪽에서 손을 내밀 수밖에 없다. 이때 상대방이 물리치지 않을 정도로, 오판하지 않을 정도로 손을 내미는 외교적 지혜가 필요하다. 노태우 정부가 '북방정책'을 펼치면서(서울올림픽의 성공적 개최를 위해서이기는 했지만) 러시아 및 중국 등 대표적 사회주의 국가와 수교의 토대를 마련했던 일, 김대중 정부가 '햇볕정책'(포용정책)을 주도했던 일, 문재인 정부가 평창올림픽 기간 중 한미연합군사훈련을 연기하자고 미군에 정책적으로 먼저 제안하면서 북한에게 올림픽 참가의 명분을 마련해주었던 일 등은 적절한 예이다. 2018~19년 문재인 정부의 중재로 북미정상회담을 추진하면서도 자신은 스스로 조연 역할에 머물렀던 문재인 대통령의 처신도 장기적으로는 평화적인 행동으로 평가받을 수 있을 것이다.

물론 평화조차 자기중심적으로 상상하는, 본성에 가까운 습관 탓에 힘 있는 자가 힘을 일부라도 내려놓는 일은 쉽지 않다. 남한의 극우 보수 및 대북 강경파들이 북한과의 대화를 거부하는 심리도 자기중심성에 기반해 당장의 이익과 안정만을 추구하는 것과 연결되어 있다. 남한 내에서조차 이른바 남남갈등을 해소하는 과제가 간단하지 않다. 그런 점에서 평화와 안보는 지난하고 장기적인 과정적 과제이다.

그럼에도 불구하고 평화는 힘이 더 있는 자가 힘이 없거나 약한 자의 고통을 공감적으로 이해하면서 그 고통을 줄이는 데 동참하거나, 고통의 원인이 되는 구조적 폭력을 폭로하고 줄여가는 데서만 구체적 모습을 드러낸다. 힘 있는 자가(가령 북한에 대해서는 한국 정부가, 세계에 대해서는 미국 정부가) 움직일 수 있도록 모든 힘의 원천인 국민 다수와 함께 목소리를 내야만 하는 이유도 여기에 있다.

평화는 폭력을 줄여가는 과정이다. 단순히 폭력이 없는 상태가 아니다. '자기중심적 평화주의'에 담긴 평화는 '평화라는 이름의 폭력'을 지속시킨다. 자신의 평화를 유일한 평화, 즉 대문자 평화(Peace)인 양 전제하는 태도는 사실상 폭력적이며, 피해자 중심적으로 사유하는 평화론의 눈으로 보더라도 부적절하다. 평화는 현실의 불공평과 그로 인한 아픔을 해소하는 방식으로 드러나는 것이지, 그저 내세우고 주장한다고 이루어지는 것이 아니다. 자신의 이익을 확대하는 방식의 평화는 도리어 폭력에 공헌한다.

평화에 대한 구체적이고 현실적인 입장들, 즉 '평화들'을 일단 긍정해야 한다. 김정은의 평화와 바이든의 평화가 서로 다르다는 사실을 한국인이나 미국인이 서로 인정할 수 있도록 다양한 홍보와 교육이 이루어져야 한다. 차이의 인정이 상대방의 긍정으로 이어지고, 그러한 긍정들이 합의를 도출해내는 토대이기 때문이다.

먼저 인정하는 쪽이 주어로서의 평화에 먼저 다가서며, 평화를 먼저 연다. 이미 남북 간에도 힘의 균형이 동일하지 않은 마당에, 더 큰 힘이 먼저 대화와 만남의 계기를 제공해야 한다. 열을 가진 이는 하나를 줄 수 있지만, 둘을 가진 이가 하나를 내놓는 것은 모든 것을 내놓는 것이나 다름없다. 핵이 사실상 모든 것이나 다름없는 북한에게 모든 핵을 일거에 폐기하라는 주문은 가진 이의 폭력에 가깝다. 단계와 과정이 필요하다. 무엇보다 약한 쪽으로 먼저 나아가는 대화와 만남이 가장 평화적인 길이라는 사실을 힘 있는 쪽에서 먼저 인식해야 한다. 그럴 때 모두가 강자의 길로 들어서게 되는 것이다. 원불교의 개조인 소태산의 '강자약자진화상요법(強者弱者進化上要法)'도 이러한 원리를 통찰한 혜안의 하나라고 할 수 있을 것이다.

11. '감폭력'의 길

앞에서 "평화는 폭력을 줄이는 과정"이라 진술한 바 있다. 한 마디로 "감폭력(減暴力, Minus-violenc-ing)의 과정"이라고 더 요약해 볼 수 있다. 그 과정은 누군가 어디선가의 상처를 치유하고, 상처의 원인이 되는 폭력을 축소시켜가는 모습에서 구체성을 입는다. 이러한 과정은 '성스러운' 작업이기도 하다. 넓은 의미에서 '종교적인' 행위이기도 하다. 이러한 평화의 길에 민족 간, 교단 간, 국가 간 장벽이 있을 수 없다. "내가 주는 평화는 세상이 주는 평화와 같지 않다"(요한복음 14:27)고 예수가 말했는데, '세상이 주는 평화'가 힘에 의한 자기중심적 평화라면, '내가 주는 평화'는 상처를 치유하고 상처의 원인인 구조적 폭력을 축소해가는 과정이라고 할 수 있다. 소문자 '평화들' 간 대화를 통해 대문자 '평화'를 드러내고, 자기중심적 안보를 넘어 모두의 안보를 이루어가는 과정이 폭력을 줄여 그만큼 평화를 세워가는 '감폭력'의 길이다. "평화를 만드는 이들이 하느님의 자녀들로 불리리라"(마태복음 5:9)는 예수의 말은 시간이 흐를수록 더욱 설득력과 호소력이 있다. 우산과 같은 상위의 가치를 구체화시키기 위해 한 걸음씩 양보하고 공통의 타협점을 모색해가는 다원주의적 과정은 그 자체로 종교적이고 평화적이다. 그것이 '대문자 안보'로 가는 길이기도 하다. 안보가 평화를 담보하고, 평화의 구축 과정이 종교적 차원으로 승화되며, 종교 연구가 평화 연구의 다른 이름이어야 할 종합적인 이유도 바로 여기에 있다.

일본어 초록문

平和構築としての宗教*
―浄土教から平和構築を考える

北島義信(四日市大学 名誉教授)

　浄土経典の『仏説無量寿経』には, 法蔵菩薩は衆生救済のため48の誓願をおこし, それが成就して阿弥陀仏となったことが述べられている. その第一番目の誓願は, 「無三悪趣(むさんまくしゅ)の願」と呼ばれているものである. これは, 「地獄·餓鬼·畜生」のない世界, すなわち戦争, 飢餓と貪欲, 自己中心主義の存在しない平和な世界実現を意味する. ここには, 仏教の根本目的は平和実現であることが示されている. その実現のためには, 法的整備と論理的認識, 人間の主体化が必要である. しかし, その主体化は自己中心主義(煩悩)によって阻まれる. これを乗り超え, 主体者となる道筋がこの経典では示されている.

　平和構築の遂行を妨げるのは自己中心主義である. この「愚かさ」に気づかせる阿弥陀仏の呼び声(霊性のはたらき)を聞くことにより, 自分は無数の繋がりの中に位置づけられていることが自覚させられる. このような「めざめ」を得た人間を「正定聚」と呼ぶ. これは「命終われば, 浄土に生まれることが決定している仲間」であり, 連帯による平和構築の主体者に繋がるものである.

---

*　この論文は, 『リーラー「遊」』Vol.12(文理閣, 2022年3月)所収の拙論「浄土教と平和構築」の内容を縮小改稿したものである.

平和談論と宗教の智恵
―カトリックを中心に

金龍海(キム·ヨンヘ, 西江大学 教授)

哲学者ユルゲン·ハーバーマスいわく, 哲学は宗教的信念の下で真実性を持ってまじめに生きていく人々を尊重し, 自ら宗教的伝統を学ぼうとする姿勢が必要である. 彼によると形而上学の時期以降の思惟, つまり近現代哲学には普遍的に拘束力のある立派で模範的生き方―倫理―に関しては全く触れることのない一方, 聖書と宗教遺産には罪や救い, 救われない生からの脱出するような物語―他ではすでに消え去ってしまったもの―専門家たちの知識だけでは復元できないある表現の可能性と感受性がまだ傷つかないまま残っている.

「平和」と言う理念もまた宗教から哲学へ, さらに世俗社会の政治と経済, 外交と国防の領域に移動した. 人間社会が共同善として平和を求める限り, 本来平和に関与してきた宗教にとってはその本質に対し言い続けるしかないし, 平和建設に対する使命から宗教共同体が排除されるわけにもいかない. また, 世界中の多くの紛争·テロの原因が宗教であることもあり宗教と平和談論は深く関わっている. 宗教共同体がいかに平和を理解しているか, 世俗国家体制の下で宗教は国家とどのような関係と脈絡で「平和」という共同善を実現させるか, また平和に向かう過程で生じる葛藤·緊張の中で宗教はどのような原則と価値を維持しつつ平和建設にどのように貢献できるかを省察する事は平和談論で非常に重要である.

本文ではまずキリスト教は人間と平和をどう理解し(2章)宗教が世俗社会の平和談論に参加するよう世俗社会から要求される背景を確かめ(3章), 宗教が平和プロセスの葛藤を乗り越え平和を建てられる根本原理をどう提示するか(4章), 最後に宗教が特別に平和公論の場に寄与できる, 志向すべき価値は何かを省察しようとする(5章).

東アジアにおける宗教紛争の解消による平和の追求と仏教

柳濟東(リュ·ヂェドン, 成均館大学 講師)

　東アジアも中国とアメリカの対立や北朝鮮の核開発などにより平和への道は未だに遠い所である. 李贊洙教授の減暴力概念を援用すると, 暴力の減少地道にでも進んでいる所で現実的に慰めることもできるだろう.上述したような捉え方を筆者が住んでいる韓半島を囲んだ東アジアの平和状況に適用すれば, 楽観的過ぎるかもしれないが, だとして極度に不安がる必要もないと考えられる. 引いてみると中国·北朝鮮と自由民主主義陣営の対立は中国と北朝鮮の資本主義受容傾向により緩和されていると言える.

　こうした政治経済体制の変化と共に, 中国と北朝鮮での仏教文化復興もまた東アジア平和構築にある程度寄与している.北朝鮮側の学者たちの参加率はまだまだ多くはないが, 仏教学界で韓·中·日学者たちの交流は活発である. 日本は相変わらず東アジア仏教研究で重要な役割をして, 韓国では中国仏教を学ぶための中国留学が頻繁になる一方で中国側から韓国へ文教氏に来ることも増えている. それに日本を含め韓·中·日共同の仏教学術大会も多く開かれている. 平和増進が総合交流と密接な関係があると言う点で非常に良いことだと言える.特に近代東アジアで韓国と中国の侵略と植民地化など否定的役割が大きかった日本内で自己批判的省察の特性を見せている批判仏教運動の登場は注目すべきである. 批判仏教運動で特に注目される点は無我思想の実践的意味に対する深層的穿鑿(せんさく)である. こうした流れから展開される社会的差別撤廃に対する努力が東アジア平和増進に大きく寄与することを期待する.

円仏教霊性と環境, そして南北の平和問題*

元永常(ウォン・ヨンサン, 圓光大学 教授)

円仏教は改革仏教であり参与仏教である. 仏法を現代的に再解釈し,「 物質が開闢され精神を開闢しよう」と言うスローガンを掲げ既成宗教が解決できなかった人類文明の問題を積極的に解決するためであった. 初期仏教の平和と自由を意味する涅槃と解脱を社会化したうえで人類の共業を解消するために日々努力している.

本文ではその円仏教の霊性に映った環境問題からはじめ南北の平和問題を考えている. 初頭ではまず仏法から見た環境と国家の意味を取り上げた. 個人の業報は正報, 人間の頼る環境は依報と言う. これは不二の世界である. 全ては心の一つに帰結される. 国家もまた心が作り上げたものである. こうした基本概念を踏まえて真空妙有と絶対恩の関係として円仏教の霊性世界をとらえている. 真空妙有は円仏教の信仰の対象であり修行の見本である一円相真理の属性に含まれる. うつろの真中にすべての存在が仏として存在するわけである. 絶対恩は一円相心理の主宰者である法身仏の化現である全ての存在が無現絶対の恩に包まれており, 存在の関係もまたなくては生きていけない恩的関係に繋がっていることを意味する. 結局, 我々が生きていく環境の問題はこうした絶対恩の実相を回復することによって解決できる. 人類文明を荒らす戦争もまた仏としてあらゆる存在の絶対性を見つめる時こそ無くなる. 分断で固着化した南北の平和問題もこうして回復的正義を成すことができる. 究極的に円仏教の霊性は世界が一つであり家族に帰結されることで, これによって地球上の問題は解決していけるだろう.

---

* この文は『2018 종교인 대화마당(2018.8.31. 원불교 중구교당)』(2018宗教人対話の場, 2018.8.31, 円仏教中区教堂)にて発表されたものである.

元曉の平和思想

張正泰(チャン・ジョンテ, 韓国民俗仏教学会 会長)

　執着は人間の特性の一つとも言えるだろう. つまり, 自分の信頼に対する無誤差性である. 自分自身にとらわれ自分だけが正しいと主張してくる. こうして個人主義に偏った人々が集団を形成すると自分たちとは違う見解に対し狂気に近い攻撃性を見せるようになる.

　元曉(ウォンヒョ)はこうした極端的性向を見せる個人と集団に対し対話と妥協を勧めでいる. これが「和諍(ファジェン)」の始まりである. 論争が論争を生み出すことを防ぎ, 互いの違いを認め合うことから始まるわけだ. 元曉が主張している「和諍」は単なる和解を意味するのではない. 互いが違うとしても皆それぞれの価値で認められなければならないと言う事を意味する. 様々な教説によって争いと紛争の真只中に置かれていた仏教の全ての異説を和解させ, 仏の正しい真理へと導こうとしていた. 今回の研究で「和諍」はもう一つに勢力化した集団の掛け声として変質したことが分かった. 人々はすぐに自分の考え方や基準によって他人の思想を理解しようとする. 干渉と関心は自分の立場から見た姿である. 自己中心的利己心を乗り越えずに相手と平等に向かい合うことはできない. 客観的な真実をありのままに認識するためには自分の立場を空にする努力が伴うべきだ. 今までの研究が論争の審判者の立場から見た元曉の思想であったが, これからの元曉の研究は政治, 理念的見方ではなく根源的に接近しなければならない. 元曉の思想は単純に一つの主題でまとめることは不可能だからである.

「八紘一宇」による平和概念の変容と受容
―戦時下における韓国キリスト教界の姿勢を中心に

洪伊杓(ホン·イピョ, 山梨英和大学 准教授)

　「八紘一宇」は, 日本の仏教界新宗教である「国柱会」によって1913年造られた概念である. 宗教的側面から創案されたこの言葉は, 1930-40年代のアジア·太平洋戦争, いわゆる「15年戦争」期を経て, 日本の軍国主義者によって戦争動員のための宣伝用語として採択され, その意味がより歪曲されていった. 同時に「八紘一宇」だけが「真の平和」を実現する道という主観的かつ集団的な「絶対的平和」理解へとつながり, 「平和」の概念も歪曲していく. 「八紘一宇」の危険性は, ①「大和民族のみが世界平和を実現できる」という誤った「選民意識」に基づいていること, ②聖業及び聖戦の概念によって「八紘一宇」の実現という名のもとに行われた侵略と戦争行為を正当化したこと, 最後に③日本によってのみ「東洋および世界平和」, また「萬年大計の永遠の平和」が実現できるという「平和」概念の歪曲などが挙げられる.

　このような「八紘一宇」思想の問題点にもかかわらず, 韓国宗教界は戦時体制下でこの概念を積極的に受け入れ, 帝国日本の論理に迎合した. 特に, 韓国キリスト教界は先頭に立って「八紘一宇」を宣伝し, 前述の「天皇と大和民族の絶対性に基づいた八紘一宇」, 「聖業及び聖戦としての八紘一宇」, 「永遠の世界平和実現としての八紘一宇」の概念を宣伝し, 戦争に協力した. 日本における政治の右傾化が進む中で, 昨今においても「八紘一宇」の概念が新たに登場している. この言葉を創案した新宗教団体も背後で「八紘一宇」思想の再起の可能性を模索中であることを考えると, 「八紘一宇」をめぐる議論において宗教界の責任は決して小さいとは言えない. 21世紀のアジアおよび世界平和を論じるにあたって「八紘一宇」概念に宗教家が注目し, 考察すべき理由がそこにある.

キリスト教建築に込められた平和思想*

―ウィリアム・メレル・ヴォーリズ(William Merrel Vories)の作品と思想

神山美奈子(名古屋学院大学 准教授)

　本論文は，キリスト教伝道の目的でアメリカから来日し，日本の滋賀県近江八幡市を中心に活動した建築家及び教育家であるウィリアム・メレル・ヴォーリズ(William Merrell Vories, 1880.10.28-1964.5.7.)が成し遂げた建築事業について，「平和思想」とその限界を中心に考察する.

　ヴォーリズは，日本だけではなく中国や朝鮮半島でも建築事業を展開したが，朝鮮には146件の建築作品を残した. 朝鮮における建築事業の背景とヴォーリズ建築に込められた「平和思想」を，彼が追求したキリスト教信仰と「神の国」という概念を手がかりに明らかにする.さらに，1945年に日本では天皇の戦争責任について，いかなる処分も下されなかった. この時に天皇は罰せられないことを提案したアメリカ人がこのヴォーリズであったと知られている. 当時，日本帝国主義の拡大を推し進めていった日本人キリスト者たちとの交流の中で，ヴォーリズ自身の「平和思想」に現れた限界を指摘しつつ，ヴォーリズが立ち上げた建築事務所が現在どのような形で彼の思想を受け継いでいるかを紹介し，今後模索すべき「平和」の方向性を提案する.

---

*　この文には『湖畔の声』(湖声社 1232-1255)に掲載された著者の拙稿「真の神の国を求めて」の一部を含む.

キリスト教徒による廃仏事件と開運寺(ゲウンサ)宗教平和モデル

孫元暎(ソン・ウォンヨン, ソウル基督大学 教授)

この文は韓国の宗教葛藤, 特にキリスト教徒による廃仏事件を批判的に省察し, それを土台に平和構築の一つのモデルとして「開運(ゲウン)寺宗教平和モデル」を提示することを目的とする. 以上に従って本研究は「開運寺廃仏事件」を中心に廃仏事件の歴史を批判的に検討し, その上で宗教平和モデルの可能性を模索した. そのため本論文はまず宗教葛藤の傾向(宗教内の葛藤, 宗教と宗教間の葛藤, 宗教と国家間の葛藤)を範疇化し, 宗教と宗教間の葛藤に重点を置いてキリスト教徒による廃仏事件を批判的に考察した. 非常に興味深いことに, 1993年から2017年の24年間にわたり起きた合計407軒のキリスト教徒による廃仏事件が, 2016年1月開運寺廃仏事件の後, 教授ソン・ウォンヨンの謝罪と仏堂回復運動があってから弱5年がたち現在に至るまでは起きていないと言う所に注目した. ゆえに筆者は開運寺事件を中心に平和構築に向けた努力をいわゆる「開運寺宗教平和モデル」と名付け, それを韓国社会の一つの宗教平和モデルとして提示した.

開運寺宗教平和モデルは「市民参加型」と「宗教専門家討論型」が総合された統合モデルであり, 二つのモデルが創造的に結合しまるで両羽のように動く時, 宗教平和運動は自由に羽ばたき前へ進めるだろう. 従って宗教平和を極大化するには, 「減暴力的活動」としての市民参加型活動を通じて宗教暴力による傷と葛藤を減らし, 同時に「増平和的活動」としての宗教専門家討論型のような活動を通じて宗教平等と調和をさらに拡大させなければならない. こう言った観点から見て開運寺宗教平和モデルは今後宗教暴力に関わった問題が起きたとき, 効果的な宗教平和モデルとして肯定的に活用できるだろう.

釜山峨嵋洞の大成寺で発見した新しい韓日交流*

山本浄邦(立命館大学 講師)

　植民地期の釜山には多くの日本人が定住し，釜山の地で生を全うする日本人も多くなった．これに伴い，釜山府谷町(現在の釜山市西区アミ洞)には日本人共同墓地が設けられた．だが，敗戦によって日本人は一斉に引き揚げ，墓地は放置されることになった．

　その後，朝鮮戦争において人民軍が南下するなか，避難民で溢れる釜山で，住む場所を求めて，旧日本人墓地にたどり着いた人々がいた．彼らは，建材が極端に不足する状況にあって，日本人が残した墓石を利用して住居を建設し，定住していった．こうして，「碑石の街」アミ洞が形成されたのである．

　そのアミ洞で近年，日本人墓地に葬られた死者を媒介として，アミ洞住民と墓地に葬られた日本人死者の子孫らとの間で，日韓の国境を超えたコミュニケーションの動きがある．アミ洞住民が長年にわたって地元寺院である大成寺で継続してきた日本人墓地の死者を慰霊・追悼する法要に，日本人である死者の子孫らが参拝するようになったのである．

　本稿は，この国境を超えた新たなコミュニケーションに至る過程やその背景について論じるものである．

---

*　この論文は日本で刊行マれた大谷栄一編『戰後日本の宗敎者平和運動』收録の拙論と縮少改變して韓國語譯したものである

絶望の先に未来はあるか
―宗教による平和構築の課題

尾畑文正(同朋大学 名誉教授)

　私の宗教による平和構築を考える前提は，この世界の出来事は私と無関係なものは何もないと見る仏教的存在認識である．つまり縁起的な存在認識である．世界各地で起こる戦争も，国家対立も，温暖化問題によるといわれている異常な自然の猛威も，紛争による難民増加の問題も，それに伴う排外主義の横行なども，私たちの生きる問題と無関係なものは何もない．もしそれらの問題と私とは無関係であるというならば，人間の存在は根無し草のように，大地から引き抜かれて中空に漂うことになる．それは観念として存在しているだけであって現実的な存在ではない．

　縁起的な世界観，人間観からいえば，私の存在は世界の外にあるのではない．また他者から切り離されてあるのではない．全ての存在と空間的に横につながり，全ての存在と時間的に縦につながる存在である．そういう存在の事実に自覚することもなく，世界と自分を対立させ，他者と自分を切り離し，様々な現実の問題を引き起こしているのである．

　例えば，自己中心的に欲望を募らせていく経済至上主義的な経済問題がある．また経済的利権を奪い合う戦争，領土拡大のための戦争．覇権争いの果ての戦争，宗教間対立から生じる戦争がある．また憎悪を伴って引き起こされる民族差別，人種差別がある．また経済的な既得権にしがみついて二酸化炭素を排出し続ける結果の地球温暖化問題がある．これらの現実問題の根本に自己中心的な人間関係・世界観があり，そういう現実を根本から問い直すところに宗教問題がある．そういう立場で，宗教者としての平和構築の課題について問題提起を行いたい．

居る・聞く・手伝う・話す・問う*

寺林脩(元 大谷大学 教授)

　宗教教団や宗教者にとって, 中間集団や中間層にいかに関わるかが宗教による平和構築のためには決定的に重要である. 筆者の小論で強調したことである.

　存在する様々な宗教の教義や, 様々な宗教教団の具体的活動から平和を論じるのではなく, 社会における宗教教団や宗教者の役割に注目している. 国家権力の発動によって平和が脅かされる社会的ファクターとしてのナショナリズム(国家主義・自民族中心主義)やポピュリズム(衆愚政治・大衆迎合主義)にいかに対抗できるかということである. 国家や全体社会と個人を媒介する中間集団である地域社会や職業集団, 宗教教団, 様々なアソシエーション(共通の関心や目的による集団)は, 多元的で多様な社会を支える構造的基盤を形成していて権力の一方的な支配を防止し, 民主的社会の維持と発展に大きな役割を果たす.

　中間層は政治的にも経済的にも社会的にも中間的な立場にある商工業従事者や農業従事者などのいわゆる一般大衆である. 中間集団の主たる構成員である. 彼ら個々人が日常生活において「自己を問い, 社会を問い, 国家や国際関係を問う」ことが重要である. 伝統的な仏教教団が培ってきた教化活動の根幹にあるコミュニケーションのあり方として, 「居る・聞く・手伝う・話す・問う」に注目している. 代表的な中間集団である地域社会において, 数多くの場面で, 人々が自分で考える機会をいかに作り出すことができるか. 地域社会と関わりをもつ宗教教団や宗教者の役割はそこにあるのではないか. それは地域社会の活性化につながり, 宗教による平和構築への一助になるに違いない.

*　この論文は正泉寺國際宗教文化研究所編, 『līlā』(宗教間対話と平和構築), vol.12(京都: 文理閣, 2022.03.15)に同題で掲載された.

「一緒の」ものたちが「一緒に」鳴らす*
―ポストコロナ時代の平和に向けた「宗教的倫理」

朴姸注(パク・ヨンジュ, 東國大学 文化学術院 HK研究教授)

　この原稿は仏教研究者の観点で平和のための人間の救いとその実践倫理を取り上げている. 平和実現のためにはまず救いが先決されるべきであると言う基本的見方を基に筆者は平和実現の動力として宗教の役割に注目し, 諸々の宗教が旧態依然とした宗教倫理から脱皮し宗教の共通的美徳を生の根本的態度とする「宗教的」姿勢と倫理を備えることを強調している.

　仏教の観点から建て直すべき「宗教的」な倫理と実践はどのようなものであるか考える中で, それを「一緒」と言う言葉で圧縮できる人間の連帯意識と取り上げる. 何よりこうした連帯意識は我々が互いに「一緒」であることを認識しその認識が「一緒に」と言う精神と行動パターンを生み出す, すなわち悟りの社会化の過程で「自動的に」出てくる実践と言う事, またこれは具体的に「他者」だと思われる世の中すべての物事と共鳴し疎通し調和することによって実行されること, そしてこれこそが平和を「磨いていく」根本的心構えであり実践であることがこの原稿の論旨である.

　特に今, 人類全体の深刻な危機である同時にその分皆が心を合わせ協力すべき切実な理由が目前に置かれたポストコロナ時代は実に理想的な人間同士の連帯―多様性と違いを抱擁し互いに向け主体的責任意識を持ち, ともに生命共同体を守る開かれた連帯―を実践する時であること, そして宗教はこうした連帯が人間存在の本質であり運命であることをすぐにでも認識できるよう我々を導いて, それによる責任のある行動を皆が尊重し共同の秩序が維持される平和を磨いていく使命を抱いている事実を力説する.

---

*　この原稿は2年間筆者が参加していたレベス(REligion and PEace Studies)フォーラムとアジア宗教平和学会での討論のために発表した短文を選び集め, 主題に合わせ整えたものである. 多少不自然な部分があるかも知れない. 読者方々のご了承願いたい.

誤解と偏見, イスラムに関する小考

李忠範(イ・チュンボム, 協成大学 教授)

　宗教及び宗教界は平和の維持と構築にどのような役割ができるだろう. 様々な方法論の中, 基本的には地球村の一つの地域と宗教に対する嫌悪と偏見を克服するにあたり宗教界の役割を果たすことができる. 中東地域とイスラムに対する誤解と偏見は長い固定的認識として位置づけられた. しかし, その代表的な固定観念を歴史的事実によって検討した結果, その固定観念は歴史的事実ではなく又は誇張されたことがわかる.

　中東＝アラブ・イスラム国家だと言う固定観念を変えなければならない. この地域の国々はそれぞれ多様な歴史と文化を持ち, 各国の理解関係が衝突している. それにも関わらず彼らの地域を大雑把にまとめ一般化させるのは認識の暴力とも言える. 中東地域の戦争やテロリズムがイスラムに根差していると言う考え方も歴史的に考え直さなければならない. ジハード概念はイスラムの中心概念でもなかったものの, すでに歴史からうっすらと消えていく概念であった.

　最後に, ムスリムが「改宗するか死ぬか」のような強圧的布教で帝国を拡張させたと言う認識も歴史深い誤解であった. そしてディンミ(dimmī)制度やミレット(Millet)制度を通じて隷属民たちの宗教を尊重しつつ一方では改宗を奨励する税金制度を運営した歴史的事実で分かるように, イスラムが強圧的布教で帝国を拡張させたと言う主張は説得力がない.

　「アッサビヤ(Assabiya)」を集団連帯意識や集団及び国家の内的存在方式として説明する. 他者に対する誤解と偏見, 嫌悪で総合の「アッサビヤ」が形成できない. ユダヤ教, キリスト教, イスラムはもちろん多様な宗教たちが互いに持っている特徴に向き合い, 「アッサビヤ」を形成すれば現在宗教と言う名目で行われる極端的葛藤が緩和できると思われる.

人類世時代と宗教の平和論

田哲厚(チョン・チョルフ, 圓光大学 創意融合大学 講師)

　近代化の過程で他者化された世界観は自然と人間中心的認識論に繋がる. 全ての自然は己の目的と主体性なしにただ人類文明発展のために利用される. 人間が自然を勝手に搾取できる言い訳となり, 結果的に自然生態系の破壊を招いたわけである.「他者化」は本来抽象的範囲の活動ではない. 支配と搾取の実行に根付いた範疇化過程である.

　最近グローバル化した危険社会のすべての側面が他者化に関わっていると言っても過言ではない. ウルリヒ・ベックは『危険社会』で「富は上層に積もるが, 危険は下層に積もる」と語り, なぜ貧乏な地域の貧しい人々がさらに苦しみ, もっと多い危険に漏出されたまま生きているかに答えている.こうした意識や自覚は宗教の持っている本質的で正しい教えと社会との実践的連帯過程で作られる. ヨハン・ガルトゥングは平和を戦争だけでなく「あらゆる種類の暴力が起きない状態」と定義している. 特に, 構造的暴力は人間の身体だけでなくその精神と魂にまで傷跡を残すと見なした. これは人間内面の性格構造から作られる間接的で精神的な, 又は意図されてない暴力であっても構造的暴力の要因である.

　更に李贊洙は積極的平和構築を一つの完結状態ではなく暴力を減らしていく過程, つまり減暴力(minus-violence)であると述べている. 人間と自然を全く個々の物として価値づける他者化された認識の構造的暴力に対し平和的認識転換が求められる. ゆえに宗教の減暴力手区割りは人間と非人間の他者化された世界観から, 総合関係性と共同運命体としての平和認識へと転換する論議が必要である. 近代化の過程で暴かれた危険社会のグローバル化, その中で宗教が根本的に備えていた平和認識の省察を通じて地球共同体の問題たちに対した倫理と平和共同体の可能性を語ることにする.

三種類の多元主義
—安保・平和・そして宗教

李贊洙(イ・チャンス, 韓国 報勳教育研究院 院長)

　安保とは「外部からの脅威や侵略から国家と国民の安全を守る事」の事を意味し, 国防・国際政治・外交の主要課題となっている. 問題はその安保に当たり誰もが自分に力をつけ, また別な力を防ごうとするところである. それぞれが力をもって自分を守ろうとするがゆえにぶつかり合い, 争いが生まれる. それぞれがちからをつけるほど力同士がぶつかり合い, 安保がむしろ不安のきっかけとなる. 平和も同じである. しかし, 多くの人々が平和を望んではいるものの, 各自の平和だけが真の平和だと思い込むため世界はなかなか平和になれない. この自分だけに有利な平和を考える「自己中心的平和主義(eco-centric pacifism)」により, 平和と言う名の衝突が起きる. こうした問題を解消するには平和が大文字の単数形(Peace)ではなく小文字の複数形(peaces)である事実を認め, 相手を受け入れる姿勢が必要である. 他者を認める分だけ平和の姿は現れる.

　安保も同じである. 「安保たち(securities)」の間の話し合いや妥協を通じて皆の安全を保障する大文字の安保(Security)に進まなければならない. 自己を守るための力を各自が少しずつ降ろして行くべきだ. 消極的観点では国内外の関連者たちの話し合いと妥協による相互軍縮(reduction of armaments)であり, 積極的観点では民主主義及び人権の実践の同時に人間と人間, 人間と自然の共存する生である. ここで「国家安保」は「人間安保」に繫がる. 大文字の平和, 大文字の安保は宗教界で言う「神さまの国」または「仏国土」のように永遠な理想と目標の形で存在している. これは宗教界の「神さまの国」,「仏国土」,「開闢(ゲビョック)」か相手を認める多元主義的道を歩んでこそ可能である事実とも繫がる. 真の「宗教」,「平和」,「安保」は相手を肯定し, 更に上回る共通地点を持続的に確保していく多元主義的道でその姿を表せるだろう.

평화담론과 종교의 지혜 / 김용해

유엔 총회. "세계 인권 선언문". 1948.

김용해. "평화담론과 종교". 『종교교육학연구』. 종교교육학회, 2020.

김용해. "서양의 현대성과 탈종교화: 하버마스와 가톨릭교회를 중심으로". 『신학과 철학』. 서강대학교 신학연구소, 2019.

디터 젱하스. 『문명내의 충돌』. 이은정 역. 서울: 문학과 지성사, 1993.

요한 갈퉁. 『평화적 수단에 의한 평화』, 이재봉 외 역. 파주: 들녘, 2000.

파커 J. 파머. 『비통한 자들을 위한 정치학』. 김찬호 역. 파주: 글항아리, 2012.

하버마스·라칭거. 『대화-하버마스 대 라칭거 추기경』. 윤종석 편역. 서울: 새물결, 2009.

하버마스. 『현대성의 철학적 담론』. 이진우 역. 서울: 문예출판사, 1994.

하버마스. 『인간이라는 자연의 미래』. 장은주 역. 파주: 나남출판, 2003.

Habermas, Juergen. *"Time of Transitions"* edit. and trans. by Ciaran Croninand Max Pensky, polity, 2006.

Hegel. G.W.F., *"Shurkamp-Werkausgabe I"*. Shurkamp Taschenbuch, 1986.

Maritain, Jacque. "The social and political philosophy". London, 1956.

Maritain. "The person and the common good". New York, 1947.

Musto, Ronald G., *"The Catholic Peace Tradition"*, Maryknoll, NY: Orbis, 1980.

Pope Paul II. "Dignitatis humanae". Rome, 1965.

원효의 평화사상 / 장정태

박재현. "원효의 화쟁사상에 대한 제고-화쟁의 소통적 맥락". 『불교평론』8, 2001.

은정희. "원효대사-회통과 화쟁사상을 정립한 신라의 고승". 『한국 불교인물사상사』, 1997.

장정태. "동양사상". 『관광신보사』, 2008.

장정태. "삼국유사를 중심으로 본 원효성사". 『진각종보』, 1993.6.

장정태. "삼국유사를 통해 본 민간신앙 습합". 『문학광장』, 2013.
진동길. "원효의 화쟁사상을 통해 본 종교 간 대화 원리에 대한 연구". 인천 가톨릭대 석사학위 논문, 2007.
가마타 시게오. 『한국 불교사』. 신현숙 역. 서울: 민족사, 2004.
권상로 역주. 『삼국유사』. 서울: 동서문화사, 1978.
김대은 외. 『원효』. 파주: 삼장원, 1989.
김승동. 『불교사전』. 서울: 민족사, 2011.
김영태, 『한국 불교사』, 서울: 경서원. 2006.
문경현 역주. 『삼국유사』. 서울: 민속원, 2015.
운허 용하. 『불교사전』. 동국역경원, 1985.
이기영. 『한국의 불교』. 세종대왕기념사업회, 1985.
이상호. 『삼국유사』. 서울: 과학원출판사, 1960.
이지관. 『역주 역대고승비문』. 가산불교문화연구원, 1993.
한정섭 역주. 『삼국유사』. 삼원사, 1996.

개신교인에 의한 훼불사건과 개운사 종교평화모델 / 손원영

고병철. "공직자의 종교 편향, 차별 예방 교육의 방향". 『종교교육학연구』 21, 2009.
김명희. "종교·폭력·평화: 요한 갈퉁의 평화이론을 중심으로". 『종교연구』 56, 2009.
백봉흠. "국제인권규약상 차별금지와 평등에 관한 연구". 『국제법학회논총』 44: 2, 1999.
석현장. "추천사". 손원영교수불법파면시민대책위원회편. 『연꽃 십자가: 개운사 훼불사건과 종교평화』. 서울: 모시는사람들, 2020.
손원영. "개운사 훼불사건 및 불당회복을 위한 모금운동 일지". 레페스포럼편. 『종교 안에서 종교를 넘어: 불자와 그리스도인의 대화』. 서울: 모시는사람들, 2017.
손원영교수불법파면시민대책위원회편. "종교평화와 교수교권 관련 시민대토론회: 손원영 교수 파면의 시민사회적 의미". 서울시청 NPO지원센터. 2017.5.31.
신옥주. "유럽연합의 반차별지침(Anti-Diskriminierungsrichtlinie) 고찰". 『공법학연구』 9:2, 2008.
안국진·유요한. "한국 내 종교갈등 및 종교차별 상황 극복을 위한 제언". 『종교와 문화』 19, (2010).
양봉식. "불교의 종교평화법은 기독교 고립전략". 『교회와 신앙』. 2012.12.12.

이도흠. "종교폭력의 원인과 대안". 손원영교수불법파면시민대책위원회편. 『연꽃
　　십자가: 개운사 훼불사건과 종교평화』. 서울: 모시는사람들, 2020.
이숙진. "민주화 이후 기독교 인권 담론 연구: '차별금지조항 삭제 파동'을 중심으
　　로." 『종교연구』 64, 2011.
이진구. "최근 한국 불교와 보수 개신교의 갈등: 종교차별, 정교분리, 종교자유 개념
　　을 중심으로" 『종교문화비평』 28, 2015.
이찬수. "대화로서의 평화: 대화의 자기초월성과 감폭력적 평화교육". 한국종교교
　　육학회 추계학술대회 발표자료집. 2019.
홍정기. "훼불의 역사와 대응정책 연구: 한국 개신교의 훼불사건을 중심으로". 동국
　　대학교 불교문화대학원 석사학위청구논문. 2018.
강희천. 『기독교교육사상』. 서울: 연세대학교출판부, 1991.
김종서. 『종교사회학』. 서울: 서울대학교출판부, 2005.
대한불교조계종 교육원 불학연구소 외. 『불교와 국가 권력, 갈등과 상생』. 서울: 조
　　계종출판사, 2010.
문화체육관광부. 『공직자종교차별 예방업무 편람』. 서울: 문화체육관광부, 2008.
손원영. 『연꽃 십자가: 개운사 훼불사건과 종교평화』. 서울: 모시는사람들, 2020.
손원영. 『프락시스와 기독교 교육과정』. 서울: 대한기독교서회, 2001.
손원영 편. 『교회밖교회: 다섯빛깔가나안교회』. 서울: 예술과영성, 2019.
양희송. 『가나안 성도 교회 밖 신앙』. 서울: 포이에마, 2014.
요한 갈퉁. 『평화적 수단에 의한 평화』. 강종일외 역. 서울: 들녘, 2000.
정종섭. 『국내외 종교차별 사례 연구』. 문화체육관광부 연구보고서, 2009.
크리스찬아카데미편. 『열린종교와 평화공동체』. 서울: 대화출판사, 2000.
Armstrong, Karen. *Fields of Blood-Religion and the History of Violence*. New York:
　　Anchor Books, 2015.
Galtung, Johan. *A Theory of Peace: Building Direct Structural Cultural Peace*.
　　Transcend University Press, 2012.
Scott, Kieran. "Three Traditions of Religious Education." *Religious Education*. 79:
　　3(1984), 323-340.
"기독교계 '템플스테이 국고지원을 중단하라'". 『노컷뉴스』. 2010.10.25.
"이웃 종교 비방을 금지하는 '손원영법' 제정하자". 『데일리굿뉴스』. 2017.5.27.
"훼불일지". 『기독교사상』 42:111, 1999.
"훼불일지". 『불교신문』. 1996.6.11.

부산 아미동 대성사(大成寺)에서 발견한 새로운 한일교류 / 야마모토 조호

〈'후손 잃은 일본인 영령' 40년째 제사〉, 『부산일보』, 2009.10.14.
http://mobile.busan.com/view/busan/view.php?code=20091014000129.
〈비석문화마을 '일본인 비석' 전수조사 한다〉, 『부산일보』, 2019.8.15.
http://www.busan.com/view/busan/view.php?code=2019081519050481558.
新矢昌明. 2007 「先祖祭祀」(櫻井義秀·三木英編著 『よくわかる宗教社会学』 ミネル
　　ヴァ書房).
在釜山日本国総領事館 「釜山市立公園墓地にある慰霊碑」
https://www.busan.kr.emb-japan.go.jp/itpr_ja/00_000165.html.

'같은' 것들이 '같이' 울린다 / 박연주

『嵐拾葉集』(『大正新修大』76).
박연주. "셸 위 댄스?—일본 중세 천태불교의 카미神 담론", 김석희 외, 『경희대학교
　　국제지역 연구원 환동해지역연구 시리즈 8: 환동해지역의 오래된 현재』. 서
　　울: 도서출판 해토, 2017.
이찬수. "공동체의 경계는 어디까지일까", 『아시아 평화공동체』. 서울: 모시는사람
　　들, 2017.
김상욱. 『떨림과 울림·물리학자 김상욱이 바라본 우주와 세계 그리고 우리』. 동아
　　시아, 2018.
이찬수. 『평화와 평화들: 평화다원주의와 평화인문학』. 서울: 모시는사람들, 2016.
박연주. "Medieval Tendai Buddhist Views of Kami". Exploring Shinto. Sheffield:
　　Equinox, 2020.
United Nations Peacekeeping (website) "Terminology" https://peacekeeping.
　　un.org/en/terminology ; Luc Reychler, "Peacemaking, Peacekeeping, and
　　Peacebuilding," *International Studies* (March, 2010).
International Studies Association and Oxford University Press, Online article:
https://oxfordre.com/internationalstudies/view/10.1093/acrefore/97801908466
　　26.001.0001/acrefore-9780190846626-e-274
"Religion & Peacebuilding: Religion & Peacebuilding Processes," peacebuilding
　　initiative (online article URL: http://www.peacebuildinginitiative.org/
　　index9aa2.html?pageId=1827) by International Association for Humanitarian

Policy and Conflict Research (www.peacebuidlinginitiative.org), 2007-2008.

오해와 편견, 이슬람에 관한 소고 / 이충범

김남석. "종교간 대화와 협력에 관한 연구: 이슬람교에 대한 한국교회 선교방향 모색", 『신학사상』177, 2017.

김대옥. "구약성서와 꾸란의 대화". 『신학사상』169, 2015.

서원모. "역사 신학적 관점에서 본 기독교와 이슬람: 초기 압바스 시대 기독교인의 대응을 중심으로" 『Muslim-Christian Encounter』6, 2013.

이충범. "선교? 아니면 평화? 무엇이 중요한가". 『기독교사상』740, 2020.

이충범. "영토, 공간, 한류 그리고 선교: 문화융합 공간으로서 한반도와 선교 전략". 『한류로 신학하기』. 서울: 동연, 2013.

이희수. "이슬람의 관점에서 바라본 기독교와 평화". 『한국신학논총』15, 2016.

김동문. 『우리는 왜 이슬람을 혐오할까?』. 구리: 선율, 2017.

꾸란. 『꾸란』, 김용선 역. 서울: 집문당, 2019.

새뮤얼 헌팅턴. 『문명의 충돌』. 이희재 역. 서울: 김영사, 2000.

우스키 아키라. 『세계사 속 팔레스타인 문제』. 김윤정 역. 파주: 글항아리, 2015.

유흥태. 『이란의 역사』. 파주: 살림출판사, 2015.

이찬수. 『평화와 평화들: 평화다원주의와 평화인문학』. 서울: 모시는사람들, 2016.

이충범. 『노래로 듣는 설교』. 서울: 대한기독교서회, 2011.

이희수. 『이슬람학교 1, 2』, 파주: 청아, 2015.

de Blij, Harm. *Why Geography Matters: Three Challenges Facing America, Climate Change, The Rise of China, and Global Terrorism*. New York: Oxford University Press, 2007. 『분노의 지리학』, 유나영 역. 서울: 천지인, 2008.

Diamond, Jared. *Guns, Germs, and Steel*. 『총, 균, 쇠』, 김진준 역. 파주: 문학사상사, 2019.

Farah, Caesar. Islam. New York: Barron's Educational Series, Inc. 1968.

Fletcher, Richard. *The Cross and the Crescent*, London: Penguin, 2003. 『십자가와 초승달』, 박홍식·구자섭 역. 파주: 21세기북스, 2020.

Khaldun, Ibn. *The Muquddimah*. 『무깟디마』, 김정아 역. 서울: 소명출판, 2020.

Lewis, Bernard. *The World of Islam*. 『이슬람 1400년』, 김호동 역. 서울: 까치, 2010.

Lewis. *The Middle East*. 『중동의 역사』, 이희수 역. 서울: 까치, 2015.

Lewis. What Went Wrong. 『무엇이 잘못 되었나』, 서정민 역. 서울: 나무와숲, 2002.

Montefiore, Simon. *Jerusalem: The Biography*. 『예루살렘전기』, 유달승 역. 서울: 시공사, 2012.

Nye, Joseph. *The Paradox of American Power*, New York: Oxford University Press, 2002. 『제국의 패러독스』, 홍수원 역, 성남: 세종연구소, 2002.

Rogan, Eugene. *The Arabs: A History*. 『아랍』, 이은정 역. 서울: 까치, 2016.

Said, Edward. 『오리엔탈리즘』, 박홍규 역, 서울: 고보문고, 2012.

인류세 시대와 종교의 평화론 / 전철후

김상민·김성윤. "물질의 귀환: 인류세 담론의 철학적 기초로서의 신유물론". 『문화과학』97, 2019.

신두호. "환상에서 현실로: 인류세, 기후변화, 문화적 수용의 한계". 『인문과학』60, 2016.

이찬수. "평화 개념의 해체와 재구성: 평화다원주의의 정립을 위하여". 『평화와 종교』1, 2016.

전철후. "함석헌의 평화사상으로 재해석한 촛불집회의 공동체적 함의". 성공회대 NGO대학원 석사논문, 2019.

고모리 요이치. 『인종차별주의』. 배영미 역. 서울: 푸른역사, 2015.

울리히 벡. 『위험사회』. 홍성태 역. 서울: 새물결, 2014.

울리히 벡. 『자기만의 신: 우리에게 아직 신(神)이 존재할 수 있는가』. 홍찬숙 역. 서울: 길, 2013.

이찬수. 『평화와 평화들: 평화다원주의와 평화인문학』. 서울: 모시는사람들, 2016.

주요섭. 『전환이야기』. 서울: 모시는사람들, 2015.

조효제. 『인권의 지평』. 서울: 후마니타스, 2016.

조효제. 『탄소사회의 종말』. 파주: 21세기북스, 2020.

한자경. 『칸트 철학에로의 초대』. 파주: 서광사, 2006.

레페스 심포지엄03

종교로 평화 만들기

등록 1994.7.1제1-1071
1쇄 발행 2022년 8월 29일

기   획 레페스포럼
펴낸이 박길수
편집장 소경희
편   집 조영준
관   리 위현정
디자인 이주향
펴낸곳 도서출판 모시는사람들
03147 서울시 종로구 삼일대로 457(경운동 수운회관) 1207호
전   화 02-735-7173, 02-737-7173 / 팩스 02-730-7173
홈페이지 http://www.mosinsaram.com/

인   쇄 피오디북(031-955-8100)
배   본 문화유통북스(031-937-6100)

값은 뒤표지에 있습니다.
ISBN   979-11-6629-126-5   94210
세트   979-11-88765-02-7   94210